주식 고수들만 아는
애널리스트 리포트
200% 활용법

주식 고수들만 아는
애널리스트 리포트
200% 활용법

지은이 김대욱
펴낸이 이종록   펴낸곳 스마트비즈니스
등록번호 제 313-2005-00129호   등록일 2005년 6월 18일
주소 경기도 고양시 일산동구 정발산로 24, 웨스턴돔타워 T4-414호
전화 031-907-7093   팩스 031-907-7094
이메일 smartbiz@sbpub.net
ISBN 979-11-6343-016-2   03320

초판 1쇄 발행 2019년 7월 18일
초판 2쇄 발행 2019년 9월 10일
초판 3쇄 발행 2020년 2월 17일
초판 4쇄 발행 2020년 7월 17일
초판 5쇄 발행 2020년 12월 28일
초판 6쇄 발행 2021년 5월 20일
초판 7쇄 발행 2023년 3월 24일

생산적 주식투자를 위한
'애널리스트 리포트 완전정복!'

주식 고수들만 아는
애널리스트 리포트
200%
활용법

| 김대욱 지음 |

Sb
smart business

개미들도 할 수 있다,
'애널리스트 리포트 완전정복!'

'내가 지금 읽고 있는 애널리스트의 매수 추천 리포트는 과연 믿을 만한가?'

애널리스트 리포트를 자주 읽는 일반투자자라면 적어도 한 번쯤은 고민해봤을 것이다. 물론 증권사 지점에서 주식영업을 하는 PB들도 마찬가지다. 지점에서 주식영업을 하다 보면, 애널리스트 리포트에 대한 질문을 일반투자자로부터 많이 받는다. 애널리스트의 매수 추천 리포트를 읽고 주식을 샀는데 왜 오히려 주가가 떨어지는가, 실적 발표 전 애널리스트의 실적 전망치와 실제 실적은 왜 다른가 등등 대부분 부정적인 질문이 주를 이룬다.

투자 대상 종목을 고르는 데, 일반투자자들이 가장 많이 이용하고 의존하는 정보가 바로 증권사 애널리스트들의 투자 의견이 실려 있는 리포트다.

이제 주식투자자는 언제 어디서든 원하는 종목의 애널리스트 리포트를 쉽게 구해 읽을 수 있다. 그리고 주식투자 경험이 오래된 일반투자자들은 애널리스트 리포트의 주가 예측이 틀리는 경우도 많다는 사실을 여러 번 경험했을 것이다.

'목표 주가는 믿을 만한가?', '매수 추천 사유에 충분한 근거가 있는가?', '내년도 실적 전망은 신뢰할 수 있을까?' 등등 도대체 신뢰할 만한 애널리스트 리포트를 어떻게 구별해낼 수 있을지, 믿더라도 어느 수준까지 믿어야 할지 모든 주식투자자가 가지고 있는 고민이다.

이 책을 쓰게 된 동기는 아주 단순하다. 필자 역시 증권사 주식영업 경험이 일천했던 시절에, 일반투자자들과 똑같이 애널리스트 리포트에 대한 이해가 부족했다. 그래서 그동안 쌓아온 필자의 경험과 지식을 바탕으로, 일반투자자들이 가지고 있을 애널리스트 리포트 분석의 답답함을 속시원하게 해결해주고 싶었다.

그러기 위해서는 무엇보다 먼저, 필자가 애널리스트 리포트를 분석하는 능력이 뛰어나다고 자부하는 이유를 설명드려야 할 것 같다.

： 기업탐방 경험이 애널리스트 리포트를 이해하는 힘 ：

필자가 20년 이상 증권사에 다니면서 확신하는 것이 하나 있다. 그것은 바로 성공적인 주식투자를 위해서는 투자 대상 기업의 가치를 정확하게 파악해야 하며, 그 유일한 방법이 기업탐방이라는 것이다.

기업이 현재 어떤 제품을 생산하고 있으며, 미래 성장을 위해서 무엇을 준비하고 있는지, 회사의 CEO는 어떤 전략과 비전을 가지고 직원들과 공유하는지, 심지어 직원 복지정책까지도 기업의 가치에 영향을 미친다. 이를 책상 앞에 앉아서 컴퓨터 모니터에 나타나는 주가 차트나 재무제표 분석으로, 어떻게 정확하게 파악할 수 있겠는가?

필자는 기업탐방을 가기 전 주식 IR 담당자와의 미팅 시 질문할 내용을 정리하면서, 많은 양의 관련 애널리스트 리포트를 읽는다. 또한 전자공시에 나와 있는 사업보고서나 분기·반기보고서에서 찾아볼 수 있는 사업의 내용을 꼼꼼히 읽으면서 기업을 분석한다.

그러한 일이 반복되면서 기업과 관련된 애널리스트 리포트에서 어느 부분이 잘못되었는지, 어느 부분은 믿을 만한 내용인지 구별할 수 있는 능력이 생겼다. 심지어 어떤 애널리스트는 사업의 내용을 그대로 인용한 리포트를 내고 있다는 사실도 자연스럽게 알게 되었다.

또한 10년을 넘게 200회 이상 기업탐방을 진행하면서 여러 업종의 기업 IR 담당자, 기술개발 연구원, 생산직 책임자 등 다양한 사람들을 만났다. 그런 경험으로 애널리스트 리포트 중에는 기업의 현실을 제대로 반영하지 못하는 리포트가 다수 있다는 사실도 자주 확인할 수 있었다.

애널리스트 리포트가 기업을 정확하게 예측 분석한 자료가 되지 못한다는 사실은 어제오늘의 일이 아니다. 오히려 주식시장이 어려울수록 애널리스트 리포트는 점점 더 투자자의 신뢰를 잃고 있다.

어쩌면 급변하는 글로벌 경영 환경에서 기업조차도 자신의 미래를 장담하지 못하는 상황에서, 애널리스트에게 정확한 예측을 원한다는 사

애널리스트 리포트 200% 활용법

실 자체가 처음부터 불합리한 기대가 아닐까?

그래서 더더욱 애널리스트 리포트가 만들어지는 과정과 함께, 애널리스트가 어떻게 기업을 분석하고 예측했는지를 자세히 읽는 연습이 필요하다.

여기에 더해서 전자공시 시스템의 기업 실적보고서에 나와 있는 사업 내용과 재무제표 및 재무제표 주석을 자주 읽는다면, 종목을 분석하는 실력이 전문가 못지않은 수준까지 도달할 수 있다.

：이 책의 구성 ：

이 책은 애널리스트 리포트를 제대로 분석하는 국내 유일의 시도라고 필자는 자부한다. 일반투자자들이 쉽게 이해할 수 있도록, 최대한 일반투자자의 입장에서 쓰고자 노력했다.

애널리스트가 리포트를 작성하는 일련의 과정과 구성 항목에 대한 설명을 통해서, 먼저 애널리스트 리포트 전반에 대한 일반투자자들의 이해를 돕고자 했다.

그리고 나서 믿을 만한 리포트인지 아닌지 판단하는 기준에 대해서 기업의 사례를 들어 자세히 설명했고, 애널리스트 리포트를 사례별로 분석하고, 애널리스트 리포트를 이용해서 투자 유망 종목을 찾는 방법을 실전편에 실었다. 아무리 좋은 내용이라도 실전 투자에 도움이 되지 못한다면 무슨 소용이 있겠는가?

애널리스트 리포트에 수록된 재무제표 읽기에서는 일반투자자들이 꼭 살펴봐야 하는 핵심 내용만 다뤘다. 시중에서 판매되고 있는 재무제표 관련 서적의 내용을 전부 숙지한다면 더할 나위 없이 좋다. 하지만 투자하고자 하는 관심 종목들의 재무제표 내용 전체를 파악하는 일은 일반투자자들에게는 현실적으로 쉽지 않다.

본업에 종사하면서 전문투자자도 아닌데 기업 하나하나의 재무제표에 매달린다는 것은 효율성 측면에서도 많이 떨어지는 일이다. 우리는 주식투자에 필요한 재무제표를 읽는 것이 목적이지, 상장기업에 대한 외부 회계감사를 하는 것이 아니다.

주식투자에 꼭 필요하다고 생각되는 핵심과 그동안 일반투자자들이 몰랐던 기업의 현실과는 동떨어진 재무제표 내용들을 다뤘다.

마지막으로 신뢰도가 떨어지는 리포트라고 판단되는 경우에는 되도록 증권사 이름을 피해서 설명했다. 현재 증권업계에 몸담고 있는 처지이기에, 그저 동업자 정신으로 이해해주기 바란다.

무슨 말이 더 필요하겠는가?

이제, 애널리스트 리포트를 완벽하게 정복해보자!

차례

Chapter 1 애널리스트 리포트 '한눈에 들여다보기!'

Chapter 2 목표 주가 계산식의 '종류 이해하기!'

Chapter 3 애널리스트 리포트에 있는 '재무제표 읽기!'

Chapter 4 신뢰할 만한 '애널리스트 리포트를 찾아라!'

Chapter 5 사례별로 '애널리스트 리포트 이해하기!'

Chapter 6 애널리스트 리포트로 '투자 유망 종목 찾기!'

Chapter 1

애널리스트 리포트
'한눈에 들여다보기!'

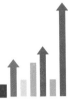

일반투자자들은 특정 종목의 애널리스트 리포트를 접하면, 가장 먼저 목표 주가를 살펴본다. 그다음 리포트 내용을 살펴보고 매수할지를 결정한다. 매수 여부를 판단하는 가장 결정적인 요인이 바로 목표 주가와 현재 주가의 괴리율이다.

목표 주가를 산정한 방법이나 재무제표까지 꼼꼼히 살펴보는 일반투자자는 아마도 많지 않을 것이다. 사실 일반투자자들이 리포트에 나와 있는 기업의 재무제표까지 꼼꼼히 분석하는 일은 현실적으로 쉽지 않다.

애널리스트 리포트에 담겨 있는 구성 항목의 의미를 먼저 이해할 수 있어야, 애널리스트 리포트를 분석할 수 있는 기본 토대가 마련된다.

애널리스트 리포트 200% 활용법

애널리스트 리포트가 모여 있는 곳

애널리스트 리포트는 언제 어디서든 누구나 쉽게 접할 수 있다. 가장 쉬운 방법은 증권사의 홈페이지를 방문하면 애널리스트 리포트를 손쉽게 읽을 수 있다.

〈그림 1-1〉은 한국투자증권 홈페이지에서 애널리스트 리포트를 볼 수 있는 화면이다. 증권사별로 홈페이지 구성에 약간의 차이는 있을 수 있으나, 대부분 투자 정보 〉 리서치 〉 기업 분석 카테고리로 들어가면

애널리스트 리포트를 읽을 수 있다.

또 다른 방법은 증권사에 계좌를 개설한 뒤, 온라인 거래를 위한 HTS 시스템을 이용하면 애널리스트 리포트를 읽을 수 있다. 그런데 위 두 가지 방법의 단점은 해당 증권사 소속 애널리스트 리포트만 읽을 수 있다는 것이다.

같은 종목에 대한 여러 증권사의 애널리스트 리포트를 비교해서 읽을 수 있어야, 일반투자자들에게 더 많은 도움이 될 것이다. 하지만 그렇게 하려면 다수의 증권사 홈페이지나 HTS 시스템을 일일이 접속해야 하는 번거로움이 발생한다. 그래서 일반투자자들에게 아주 유용한 사이트 하나를 소개한다.

한경컨센서스, 모든 애널리스트 리포트를 볼 수 있다

〈그림 1-2〉는 한경컨센서스 메인 화면이다. 우측 상단의 검색창에 검색을 원하는 종목명이나 종목코드를 입력하면, 해당 종목의 모든 애널리스트 리포트 리스트가 자동 생성된다.

또는 검색창 바로 아래에 있는 기업 REPORT를 클릭하면 날짜별로 발행된 애널리스트 리포트를 한눈에 볼 수 있다. 따라서 원하는 종목 또는 오늘은 어떤 리포트가 나왔는지 궁금할 때, 언제 어디서든 손쉽게 애널리스트 리포트를 읽을 수 있다.

그리고 별도의 회원가입 절차가 없다는 장점이 있다. 인터넷 검색창에서 '한경컨센서스'를 입력하면 쉽게 찾을 수 있다.

그림 1-2 한경컨센서스 메인 화면

애널리스트의 현실

항상 을의 입장인 애널리스트

일반투자자들은 증권사 애널리스트는 기업을 분석해서 리포트를 내는 일이 주요 업무라고 생각할 것이다. 증권사 애널리스트 일과의 절반은 기업 분석 및 리포트 작성이 맞다.

하지만 나머지 절반은 본사 법인영업자산운용사 등 국내 기관투자자들 대상 영업이나 국제영업을 도와주는 일을 병행한다. 수시로 국내외 기관투자자들과 미팅하면서 기관투자자들의 질문에 답변하거나, 자신이 커버하는 종목에 대한 현황을 설명해주는 일에 많은 시간을 보낸다.

그래서 가끔 궁금한 사항이 생겨서 본사 리서치센터에 전화를 해도 애널리스트와 통화하는 일이 결코 쉽지 않다. 애널리스트들이 하는 중요한 업무 중 하나가 더 있다. 국내외 기관투자자들이 원하면 기업탐방에 동행해서 기업 IR 담당자와의 미팅 때 도움을 주는 일이다.

또는 국내 상장기업이 해외 NDRNon Deal Road show : 기업설명회 이벤트를 진행할 때 증권사 국제영업 직원, 상장기업 주식 IR 담당자와 동행해서 해외 외국인투자자해외자산운용사 펀드매니저와의 미팅 시 여러 도움을 주는 일도 함께하고 있다.

일정 규모 이상의 상장기업들은 1년에 몇 번씩 유럽, 북미, 아시아주로 홍콩. 싱가포르 지역 외국인투자자를 직접 방문해서 회사의 현황과 미래 전략을 설명하는 기업설명회를 주기적으로 하고 있다.

상장기업들이 정기적으로 해외 NDR을 진행하는 이유는 회사에 대한 외국인투자자들의 이해를 도와, 자기 회사 주식을 외국인투자자들이 더 많이 매수하도록 하기 위해서다. 그렇게 하면 주가도 오르고 기업의 이미지도 상승하는 효과가 있다.

이렇게 기업 분석과는 다른 일을 해야 하는 이유는 애널리스트를 평가하는 데 있어서, 국내외 기관투자자들과 애널리스트의 도움을 받는 소속 증권사 법인영업부나 국제영업부 직원의 평가 비중이 아주 크기 때문이다. 애널리스트들도 전문가라는 신분 이전에 우리와 똑같은 일반 직장인이라는 사실을 기억하자.

또한 자신이 커버주기적으로 리포트를 내는하는 회사에 대해서 부정적인 리포트를 쓰기가 현실적으로 쉽지 않다.

먼저 상장회사의 입장에서 생각해보자. 상장회사에는 주식 IR 업무

애널리스트 리포트 200% 활용법

를 담당하는 직원이 있다. 회사에 대해 투자자들과 증권사 애널리스트들의 질문에 답변해주고, 기업 현황을 설명해주는 일을 주로 하고 있다. 그런데 상장회사 입장에서는 자신의 회사에 대해서 부정적인 리포트를 낸 증권사 애널리스트에게 우호적일 수 있겠는가?

심한 경우 자신의 회사에 대해서 부정적인 리포트를 낸 애널리스트는 아예 회사 방문을 허용하지 않는 경우도 있다. 또한 부정적인 리포트를 냈을 때, 이미 해당 주식을 많이 보유 중인 기관투자자 역시 해당 애널리스트에 대한 평가를 좋게 해줄 리가 없다.

상황이 이렇다 보니, 애널리스트는 부정적인 리포트를 쓰기가 쉽지 않다. 따라서 대부분의 애널리스트는 매수 추천 리포트를 자의 반 타의 반 써야 하는 입장이며, 중립의 투자 의견을 담은 리포트를 내면 이는 사실상 매도 의견인 셈이다.

애널리스트 리포트, 이렇게 만들어진다

애널리스트가 특정 종목에 대한 리포트를 내는 일련의 과정을 먼저 살펴보자.

애널리스트 리포트가 만들어지는 과정을 알면, 애널리스트 리포트를 이해하는 데 충분히 도움이 되기 때문이다.

커버리지 종목과 'Not Rated'의 차이

대부분의 일반투자자들은 애널리스트 리포트를 읽게 되면 가장 먼저 목표 주가가 얼마인지를 확인한다. 그런데 목표 주가 대신 'Not Rated'라고 쓰인 리포트를 어렵지 않게 볼 수 있다. 궁금하지만 그냥 대충 넘어간 투자자들이 대부분일 것 같다. 목표 주가가 있는 리포트와 없는 리포트의 차이점을 분명하게 알아보자.

먼저 목표 주가가 있는 리포트는 증권사 애널리스트가 해당 종목을 정식으로 커버하고 있다는 의미다. 한국거래소에 상장되어 있는 코스피와 코스닥 상장 종목 수가 2,300개 정도가 되다 보니, 애널리스트가 자신이 담당하고 있는 업종의 모든 종목을 커버하는 일은 현실적으로 불가능하다.

따라서 애널리스트 본인의 판단으로 향후 성장성이 높아 투자 유망 종목으로 선정한 종목들을 중심으로 본격적으로 리포트를 쓰게 된다.

특정 종목을 커버하기 전 애널리스트는 해당 회사를 수차례 방문해서 주식 IR 담당자와 미팅을 통해서, 회사의 전반적인 영업 상황과 향후 실적 전망을 자세히 파악한다. 이런 일련의 과정을 반복하고, 회사가 앞으로 성장할 것이라는 확신이 생기면, 커버리지 개시 리포트를 발행하고 정식으로 해당 종목을 커버하게 된다.

그리고 커버리지 개시 리포트는 기업 업데이트 리포트나 실적 코멘트 관련 리포트보다 긴 장문의 리포트인 경우가 일반적이다. 정해진 규정은 없으나, 왜 해당 종목을 정식으로 커버리지 개시했는지 충분한 매수 추천의 이유를 설명해야 한다. 그런 이유로 해당 종목에 대한 투자 포인트와 함께 종목이 속한 산업을 심층 분석하는 내용을 포함하는 경우가 많다.

정식으로 커버하는 종목은 반드시 목표 주가를 제시한다. 또한 기업의 매출액, 영업이익, 순이익 등의 과거 실적뿐만이 아니라 리포트가 나온 해당 연도를 포함한 미래 실적까지도 예측해서 전망한다. 또한 분기 실적 코멘트Earnings Review 또는 Preview를 포함해서 주기적으로 기업에 대한 업데이트 리포트를 내야 한다.

만일 커버리지를 개시한 후 분기 실적이 발표되었는데도 실적과 관련된 리포트를 내지 않는다면, 애널리스트로서의 의무를 다하지 않은 것이다. 이것이 목표 주가가 있는 리포트와 'Not Rated'라고 쓰인 리포트의 가장 큰 차이다.

또한 정식으로 커버하고 있는 종목이 더 이상 투자 유망 종목이라고 판단되지 않으면 당연히 커버리지에서 제외할 수 있으며, 이럴 경우 커버리지에서 제외한다는 사실을 일반투자자들이 알 수 있도록 공지해야 한다. 이를 지키지 않는 경우 역시 애널리스트로서의 의무를 충실히 이행하지 않는 것이다.

애널리스트 리포트를 자주 읽다 보면 어느 순간 커버리지를 제외한다는 사실을 알리지 않고, 슬그머니 더 이상 커버하지 않는 애널리스트를 접하는 경우가 있다. 이는 자신의 신뢰도를 떨어트리는 행동이다.

〈그림 1-3〉은 주성엔지니어링을 새롭게 커버하는 애널리스트 리포트다. 우측 상단에 신규또는 커버리지 개시라고 쓰여 있고, 바로 아래에 목표 주가인 18,000원을 볼 수 있다. 그리고 종목 추천의 내용 마지막에 커

그림 1-3 주성엔지니어링을 새롭게 커버하는 애널리스트 리포트

주성엔지니어링(036930.KQ)

Tel. 368-6121 / swlee6591@eugenefn.com

부활을 꿈꾸는 원조 장비 대장주

- **튼튼한 기본기 갖춘 반도체/디스플레이 장비 업체**
  - 1993년 반도체 장비 업체로 설립되어, 1999년 12월 코스닥에 상장되었다. 상장 당시 국내 반도체 장비 업체의 지존으로 평가되며, 코스닥의 반도체 최고 종목으로 주목을 받았다.
  - 이후 부침이 있기도 했으나, 튼튼한 기본기를 바탕으로 LCD, 솔라셀, LED, OLED에서 경쟁력 있는 제품을 발표하면서, 과거의 영광을 재현할 준비를 하고 있다. 상반기 기준 매출 비중은 반도체 40%, 디스플레이 및 기타 60% 수준이며, 지역별로는 국내 60%, 중국 및 대만 40%의 비중을 차지하고 있다.

- **2017년 및 2018년 실적 전망**
  - 2017년 실적은 매출 2,750억원, 영업이익 434억원으로 전년비 3%, 15% 증가할 전망이지만, 시장의 눈높이에는 다소 미치지 못한 것으로 평가된다.
  - 2018년 실적의 최대 변수는 LG디스플레이의 중국 광저우 투자 여부다. 지연 가능성이 없다고 할 수는 없으나, 결국 정부의 우려사항을 보완해 투자가 진행될 것으로 본다. 2018년 실적은 매출 3,785억원, 영업이익 632억원으로 전년비 38%, 46% 증가할 것으로 기대한다.

- **투자의견 'BUY', 목표가 18,000원 제시**
  - SK하이닉스와 LG디스플레이의 투자 확대에 따른 대표 수혜주로 평가된다. 또한, 과거 중국에서 고생했던 경험은 향후 중국의 반도체 투자가 본격화될 경우 기회가 될 가능성이 있다. 2018년 예상 실적 기준 P/E 15배를 적용해 목표주가를 18,000원으로 산정하고, 투자의견 BUY로 커버리지를 시작한다.

BUY(신규)	
목표주가(12M, 신규)	18,000원
현재주가(11/13)	13,950원

Key Data (기준일 2017. 11. 13)

KOSPI(pt)	2,530.4
KOSDAQ(pt)	741.4
액면가(원)	500
시가총액(십억원)	673.1
52주 최고/최저(원)	18,250 / 8,860
52주 일간 Beta	0.51
발행주식수(천주)	48,249
평균거래량(3M, 천주)	1,110
평균거래대금(3M, 백만원)	16,147
배당수익률(17F, %)	0.0
외국인 지분율(%)	9.7
주요주주 지분율(%)	
황철주 외 4인	28.0

Company Performance

주가수익률(%)	1M	3M	6M	12M
절대수익률	5.3	-4.5	29.2	48.2
KOSPI대비상대수익률	-4.5	-26.5	14.0	29.0

Company vs KOSPI composite

Financial Data

결산기(12월)	2015A	2016A	2017F	2018F	2019F
매출액(십억원)	175.6	268.0	275.0	378.5	408.3
영업이익(십억원)	15.3	37.7	43.4	63.2	66.6
세전이익(십억원)	7.8	25.3	46.3	66.0	67.4
당기순이익(십억원)	7.7	32.6	43.3	57.1	55.4
EPS(원)	160	676	897	1,183	1,149
증감률(%)	흑전	323.0	32.9	31.8	(2.9)
PER(배)	49.3	15.3	15.5	11.8	12.1
ROE(%)	7.0	24.9	27.0	27.6	20.7

버리지를 시작한다는 문장을 볼 수 있다. 앞에서 말씀드린 것처럼, 리포트 하단에 과거 및 미래 실적 전망치를 제시하고 있다.

상장된 종목이 많은 관계로 애널리스트들은 주식시장에 큰 영향을 미치는 대형주 위주로 종목을 커버하는 리포트를 내는 경우가 많다. 이는 어쩌면 지극히 당연하다.

예를 들어 IT업종 애널리스트의 입장에서 주식시장에서 시가총액 비중이 절대적으로 큰 삼성전자와 휴대폰 부품만을 일부 생산하는 회

사 중 어느 종목을 정식으로 커버하고 싶겠는가?

스몰캡중·소형주의 경우 특별히 투자가 유망하다고 확신이 서면 업종 담당 애널리스트가 정식으로 커버하는 경향이 있다. 대부분의 증권사는 리서치 조직 내에 중·소형 주식을 전담하는 스몰캡 팀을 따로 두고 있다.

'Not Rated'는 사전적인 의미로 등급심사나 평가를 하지 않았다는 뜻이다. 한마디로 말해서 애널리스트가 해당 종목에 관심을 가져야 한다고 생각은 하지만, 아직 성장성에 대해서 확신이 없을 때 목표 주가와 투자 의견이 없는 'Not Rated' 리포트를 내는 경우가 많다.

그리고 리포트 말미에 현재 회사가 준비 중인 사업의 실적이 가시화되는 시점에 목표 주가를 제시하고, 정식으로 커버하겠다는 내용을 포함하는 경우가 많다.

'Not Rated' 리포트는 정식으로 커버하는 종목이 아니기 때문에 목표 주가를 제시해서는 안 된다. 또한 대부분의 'Not Rated' 리포트는 리포트가 나온 해당 연도를 포함해서, 미래 실적을 전망하는 수치를 제시하지 않는 경우가 많다.

〈그림 1-4〉는 원전 계측기 생산과 방사능 제염 설비 기업인 우진에 대한 'Not Rated' 리포트 일부분이다. 목표 주가도 없으며, 리포트 발행일 이후의 미래 실적 전망치도 없다.

이제 목표 주가가 있는 리포트와 'Not Rated' 리포트의 차이점을 충분히 이해할 수 있을 것이다.

〈그림 1-5〉에서 보는 것처럼 우진 리포트의 말미에 애널리스트는 신

그림 1-4 우진의 'Not Rated' 애널리스트 리포트

우진 (105840/KS | Not Rated)

방사능 오염소각재 제염시장(후쿠시마현)을 석권(席捲)할 가능성이 매우 높다!!

1980년 설립된 산업용 및 원자력발전소용 계측기 제조전문 기업이다. 현 정부의 탈원전 정책으로 신규 원전향 실적성장을 기대하지 못하는 상황에서 방사능 제염사업 및 원자력 폐로 사업을 중장기적인 성장동력으로 삼으려 하고 있다. 특히, 자회사 NEED 의 정비는 후쿠시마 방사능 오염소각재 제염의 해결사가 될 가능성이 높다. 올해 실적은 매출액 1,160억원, 영업이익 32.5억원으로 3년만에 영업이익 흑자전환이 가능할 것으로 전망한다. 지속적인 적자 자회사 매각 및 구조조정 효과가 흑자전환의 주요 원인이다.

자회사(NEED)의 이동형 제염설비, 일본 진출 가능성 매우 높다

2011년 3월 일본 후쿠시마현에 원자력 발전소의 방사능 누출사고로 인해 일본 국토의 약 10%가 낙진으로 인해 오염되었고, 사고 후 7.5년이라는 시간이 흘렀지만 방사능 제염속도는 아직 사람이 살기에 많이 미흡한 수준이다. 일본 경제연구센터는 방사능 제염에만 약 300조원, 이 중 오염소각재를 방사능폐기물 처분장에 폐기하는 비용만 약 9조원 소요될 것으로 전망하고 있다. 일본 환경성은 막대한 비용도 문제지만 현재 약 16만톤의 오염소각재가 처리할 방법이 없어 소각시설내에 적체중이며, 지속적으로 늘어나고 있는 등 저장공간 부족을 염려해야 하는 상황이라고 밝히고 있다. 일본 정부가 이러한 대규모의 적체된 오염소각재를 빠른 시간내 처리하고 싶어하는 이유는 또 있다. 일본은 2020년 '도쿄올림픽' 개최를 앞두고, 국제사회의 시선을 의식하여 'Clean Japan'을 기치로 내세우며, 원전사고를 완전히 극복한 모습을 전세계에 알리고 싶어한다.

그림 1-5 우진의 실적 전망

3. 실적전망

2018년에는 3년만의 영업이익 흑자전환도 가능할 것으로 예상된다. 연결기준으로 매출액 1,160억원, 영업이익 32.5(흑자전환)억원을 예상한다. 지난해 지속적인 적자를 내던 자회사 두 곳을 매각한 효과 및 구조조정을 통한 비용절감 효과가 기대되는 상황이다. 2019년에는 자회사 NEED 의 이동형 제염설비 일본 진출에 따른 효과가 동사 및 우진개발 등의 주요 자회사에 걸쳐 실적 상승으로 나타날 것이다. 내년 실적 전망에 대해서는 이동형 제염설비에 대한 예상 신규 매출 시점인 내년 상반기에 다시 의견을 밝히도록 하겠다.

규 매출이 가시화되면 다시 의견을 밝히겠다고 했다. 즉 신규사업의 실적이 가시화되면, 그때 가서 목표 주가를 제시하고 정식으로 우진 종목을 커버하겠다는 의미다.

이는 다른 말로 신규 매출이 예상보다 적거나 발생하지 않으면 정식으로 커버하지 않겠다는 의미다. 즉 우진에 대한 애널리스트의 확신이 서지 않는 상태다.

그러나 충분히 성장 가능성이 높은 종목들을 대상으로 애널리스트들이 'Not Rated' 리포트를 쓰기 때문에, 일반투자자는 목표 주가가 없는 리포트라고 해서 절대로 간과해서는 안 된다.

애널리스트 리포트, 이렇게 구성되어 있다

〈그림 1-6〉은 삼성전기에 대한 어느 증권사의 애널리스트 리포트다. 애널리스트 리포트의 구성 항목을 구체적으로 설명하고자 예로 든 것이며, 신뢰할 만한 리포트인지 아닌지를 언급하는 것이 절대 아니다. 다른 어떤 리포트보다도 리포트가 갖춰야 할 구성 항목을 잘 갖췄다고 판단하기 때문에 예로 든 것이다.

일반적으로 애널리스트 리포트는 다음과 같은 순서대로 구성되어 있다. 첫 번째 페이지에는 리포트의 종류, 종목명과 종목코드, 목표 주가와 현재 주가 및 투자 의견, 리포트의 제목, 기업의 영업 현황과 관련된 핵심 내용 및 추천 이유, 주요 투자 정보, 실적과 관련된 주요 데이터와 투자 지표를 설명한다.

두 번째 페이지에는 수정 전후 애널리스트의 실적 전망치를 제시한다. 신규로 커버하는 리포트라면 애널리스트가 예상한 실적 전망치만을 제공해줄 것이다.

세 번째 페이지에는 자신이 제시한 목표 주가를 어떻게 도출해냈는지, 애널리스트의 구체적인 목표 주가 계산식을 보여준다. 투자자들의 이해를 돕기 위해서 기업에 대한 전반적인 영업 현황을 설명해주는 기업 개요 등을 넣는 애널리스트도 있고, 그렇지 않은 애널리스트도 있다.

네 번째 페이지에는 재무상태표, 손익계산서, 현금흐름표, 재무비율 등의 각종 재무제표를 보여준다.

마지막으로 투자 의견 및 목표 주가 변경 내용, 주가 괴리율을 보여준다. 그리고 컴플라이언스 관련 투자자들에게 알려야 할 주요 의무 사항을 싣는다.

애널리스트 리포트는 앞에서 언급한 리포트 구성 항목을 모두 갖춰야 하며, 그중 하나라도 빠신다면 구성 항목을 제대로 갖추지 못한 리포트라고 할 수 있다.

실제로 애널리스트 리포트를 읽다 보면, 주요 구성 항목을 생략하는 리포트를 발견할 수 있다. 물론 잘못된 리포트이며, 특히 목표 주가를 변경하면서 그 이유와 변경된 목표 주가를 계산해낸 방식을 설명하지 않는다면 이는 아주 큰 문제가 있는 것이다.

이제 리포트 구성 내용을 구체적으로 들여다보자.

(1) 리포트의 종류

〈그림 1-6〉은 삼성전기의 2018년 3분기 실적에 대한 프리뷰Preview 리포트다. 분기 실적이 발표되기 전에 애널리스트가 전망하는 분기 실적에 대한 리포트라는 뜻이다.

그림 1-6 삼성전기의 애널리스트 리포트

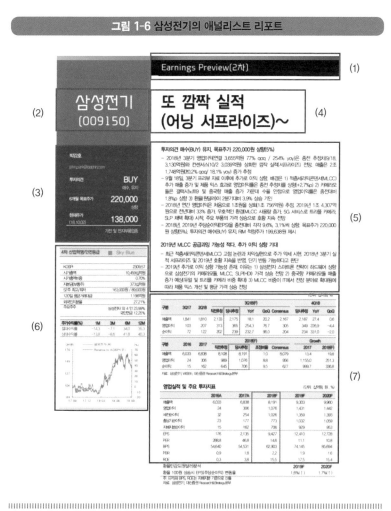

프리뷰 2차 리포트는 3분기 실적을 2번째로 수정 전망한다는 의미다. 즉 기업 실적이 단기간에 급격하게 좋아지거나 나빠졌다고 애널리스트가 판단해서, 재차 실적 전망치를 수정한다는 이야기다. 물론 여기서는 종전의 전망치보다 실적이 더 좋게 나올 것으로 예상되어서 추가적으로 실적 전망치를 상향하겠다는 리포트다.

애널리스트는 리포트를 낼 때 리포트의 종류를 분명히 밝히는 것이 중요하다. 이 리포트가 무엇을 위한 리포트인지, 어떤 내용을 담고 있는지 일반투자자들이 쉽게 구별할 수 있어야 한다. 이는 우선적으로 리포트 종류가 무엇인지를 밝힘으로써 가능하기 때문이다.

리포트의 종류는 다음과 같다.

첫째, 특정 종목을 정식적으로 커버를 시작하면, 신규NEW 리포트라고 쓰고 정식으로 커버리지를 개시한다는 문구를 리포트 첫 문단에 넣는다. 앞에서 살펴본 대로 목표 주가와 향후 실적 전망치를 제시해야 한다.

둘째, 기존에 커버하고 있는 종목의 주가에 영향을 미칠 만한 변화가 기업에 생기면 업데이트Update 리포트를 수시로 낸다. 경우에 따라서는 기업의 영업 환경과 실적 전망치 변화에 맞춰 목표 주가를 변경한다.

셋째, 기업 실적이 발표되면 실적에 대한 애널리스트의 견해를 담은 리포트를 내야 한다. 이런 리포트가 바로 실적 리뷰Earnings Review 리포트다. 경우에 따라서는 실적 발표 이전에 실적 전망치를 담은 실적 프리뷰Earnings Preview 리포트를 낸다.

실적과 관련된 리포트에서 애널리스트는 기업 실적에 변화가 생긴 부분을 반영해서, 새로운 목표 주가를 제시하는 경향이 많다. 따라서 일반투자자들은 보유하고 있는 종목의 실적 관련 리포트는 반드시 읽어서 목표 주가에 변화가 있는지 체크해야 한다.

넷째, 'Not Rated' 리포트로 애널리스트가 목표 주가와 투자 의견을 제시하지 않는 리포트다. 이는 앞에서 충분히 설명했다.

(2) 종목명과 종목코드

추가적인 설명이 필요 없을 듯하다. 삼성전기에 대한 리포트다. 종목코드는009150 증권거래소에서 부여한다.

(3) 목표 주가와 현재 주가 및 투자 의견

투자 의견은 리포트를 발간한 증권사 리서치센터에서 내놓은 종목투자 의견인 매수, 중립, 매도 중 매수 의견에 해당하고 있다. 6개월 목표주가인 220,000원은 삼성전기의 주가가 주식시장에서 제대로 평가받는다는 가정하에, 6개월 후 도달 가능한 적정 주가라고 애널리스트가 판단하는 가격이다.

대부분의 일반투자자들은 애널리스트 리포트를 읽을 때 가장 먼저 보는 부분이 바로 목표 주가다. 리포트 내용은 전혀 읽지 않고 목표 주가와 현재 주가의 괴리율만을 보고, 투자를 결정하는 일반투자자도 분명 있을 것이다. 이제부터는 애널리스트 리포트를 제대로 읽은 후 종합적인 판단을 내리고 투자를 결정하도록 하자.

(4) 리포트의 제목

애널리스트들이 가장 많이 신경쓰는 항목 중 하나가 바로 리포트의 제목이다. 자신이 쓴 리포트가 어떤 내용을 담고 있는지 한마디로 정의한 것이다.

리포트를 많이 읽은 투자자들은 리포트의 제목만 보고도 내용을 충분히 짐작할 수 있다. 이는 펀드의 이름으로 해당 펀드가 어디에 투자하는 펀드인지 충분히 유추할 수 있는 것과 같다.

(5) 기업의 영업 현황과 관련된 핵심 내용 및 추천 이유

종목을 매수 추천한 이유와 그 근거를 제시하는 부분이다. 대부분의 투자자들이 자세히 읽는 항목이다. 그리고 신뢰할 만한 리포트인지 아닌지 판단하는 중요한 근거가 된다.

삼성전기의 2019년 주요 생산품목인 MLCC 공급 과잉 가능성이 적어서 추가로 이익이 상향될 것이라는 전망과 함께, 삼성전기의 목표 주가를 220,000원으로 5% 상향한다는 내용이 포함되어 있다.

(6) 주요 투자 정보

해당 종목의 시가총액_{주가 × 상장주식 수}, 자본금, 외국인 지분율, 주요 주주 등 기업의 주요 투자 정보를 담고 있다.

이 부분은 정해진 규칙은 없으며, 애널리스트 리포트마다 포함되는 내용이 조금씩 다르다. 일반투자자들이 관심 있게 살펴보지 않아도 큰 문제는 없는 부분이다.

(7) 실적과 관련된 주요 데이터와 투자 지표

기업의 과거 실적 및 미래 전망 실적, PER, PBR, ROE 등 주요 투자 지표를 보여준다. 아마도 이 부분을 자세히 살펴보는 투자자들이 많을 것으로 예상된다.

그러나 이는 말 그대로 전망일 뿐 무조건 신뢰해서는 절대 안 된다. 기업의 실적 전망은 영업 현황의 변화에 따라서 언제든지 달라질 수 있으며, 그럴 경우 애널리스트는 목표 주가와 함께 기업의 실적 전망을 수시로 변경하게 된다.

연간 실적 추정 변경

〈그림 1-7〉은 애널리스트가 최근 기업을 탐방해서 영업 현황을 체크해본 결과 직전에 전망했을 때보다 영업 여건이 더욱 좋아져서, 수정 전후로 비교해줌으로써 실적 전망을 변경했음을 구체적으로 보여주고 있다. 애널리스트 본연의 역할에 충실한 리포트라고 판단된다.

그림 1-7 애널리스트 리포트의 연간 실적 추정 변경

연간 실적 추정 변경

(단위: 십억원, 원, %, %p)

	수정전		수정후		변동률	
	2018F	2019F	2018F	2019F	2018F	2019F
매출액	8,108	9,271	8,191	9,303	1.0	0.3
영업이익	989	1,397	1,076	1,431	8.8	2.4
지배지분순이익	645	902	706	929	9.5	3.0
EPS(지배지분순이익)	8,606	12,042	9,427	12,410	9.6	3.1

자료: 삼성전기 | 대신증권 Research&Strategy본부

목표 주가 계산식

〈그림 1-8〉은 애널리스트가 어떻게 목표 주가인 220,000원을 제시하게 되었는지 구체적인 계산식을 보여주고 있다. 증권업계에서는 '어닝스모델 가치 분석Valuation analysis'이라고 표현하는데, 대부분의 일반투자자들은 목표 주가를 어떻게 계산해냈는지 구체적으로 확인하는 작업을 하지 않을 것이다.

그림 1-8 애널리스트 리포트의 목표 주가 계산식

주당 내재가치
RIM(잔여이익모델)

(단위: 십억원, 원, %)

		2018F	2019F	2020F	2021F	2022F	2023F	2024F	2025F	2026F	2027F
I	순이익(지배지분)[주2]	706	929	953	922	952	1,002	1,062	1,115	1,171	1,230
	1. 2020년 이후 연평균 순이익 성장률은 3.2%로 추정										
	2. 2018년 모바일 부진 속에 MLCC 호황으로 순이익은 전년대비 337% 증가 예상										
	3. 2019년 모바일 매출 증가로 수익성 개선, MLCC는 전장 비중 확대로 순이익은 전년대비 32% 증가 예상 등										
	고성장세 지속										
	4. 2020년~2021년 폴더블폰 시장 개화, MLCC의 전장화 가세로 성장 지속 예상										
II	자기자본(지배지분)[주2]	4,881	5,754	6,650	7,515	8,411	8,647	8,840	8,988	9,089	9,140
	추정ROE	15.5	17.5	15.4	12.3	11.3	11.6	12.0	12.4	12.9	13.5
III	필요수익률[주3]	6.1									
	무위험이자율[주4]	2.1									
	시장위험프리미엄[주5]	4.0									
	베타	1.00									
IV	Spread(추정ROE-필요수익률)	9.4	11.4	9.3	6.2	5.2	5.5	5.9	6.3	6.8	7.3
V	필요수익	258	298	351	406	459	513	528	540	549	555
VI	잔여이익(I - V)	448	631	602	516	494	489	534	576	622	675
	현가계수	0.99	0.93	0.88	0.83	0.78	0.74	0.69	0.65	0.62	0.58
	잔여이익의 현가	444	589	529	428	386	360	371	376	384	392
VII	잔여이익의 합계	4,258									
VIII	추정기간(10년) 이후 잔여이익의 현가	6,422									
	영구성장률(g)[주6]	0.0%									
IX	기초자기자본	4,232									
X	주주지분가치(VII+VIII+IX)	14,912									
	총주식수(천주)	74,694									
XI	적정주당가치(원)	199,638									
	현재가치(원)	138,000									
	Potential (%)	44.7%									

주1: RIM(Residual Income Model)은 현시점에서의 자기자본 금액에 추정기간(10년)의 예상순이익을 반영한 초과이익과 추정기간 이후의 잔여이익을 합산하여 주주지분가치를 산출하는 Valuation 방식. 이론적으로는 DDM, DCF, EVA 등의 방식과 같은 주주지분가치를 도출하며 5개의 단 타 회사 대비 추정의 주관성을 최소화하면서 기업의 본질가치를 산출할 수 있는 방식으로 평가
주2: 연결대상 자회사가 존재하는 경우는 보유하고 있는 지분법이익의 가치를 반영하기 위해 비지배지분 차감분이 반영
주3: 필요수익률은 자기자본비용(Cost Of Equity)으로 리스크를 부담하는 주주 입장에서의 기대수익률. CAPM(Capital Asset Pricing Model)을 통하여 산출하며, 산출방식은 자기자본비용 = 무위험이자율 + 베타 * 시장위험프리미엄임
주4: 무위험이자율은 미래 장기 현금흐름에 대한 가치평가를 위해 5년만기 국고채수익률을 준거하여 반영
주5: 시장위험프리미엄은 시장요구수익률과 무위험이자율과의 차이. 일반적으로 6~8% 수준에서 반영되어 왔으나 최근 저성장 국면에서의 낮아진 기대치를 반영하여 3~5% 수준에서 반영
주6: 영구성장률(g)은 추정기간(10년) 이후 잔여이익의 영구적인 성장률을 의미하며, 상존은 없다는 가정 하에 0%를 반영

애널리스트 리포트 200% 활용법

목표 주가 계산식의 종류 및 그에 대한 이해는 아주 중요한 내용이기 때문에 따로 자세히 설명하겠다.

기업 개요

애널리스트는 기업에 대한 간략한 설명 및 주가에 영향을 미치는 주요 요인을 〈그림 1-9〉처럼 요약했다. 그리고 삼성전기의 매출 비중과 영

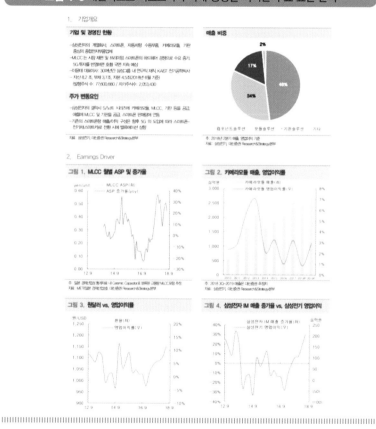

그림 1-9 애널리스트 리포트의 주가에 영향을 미치는 주요 요인 분석

업이익에 영향을 미치는 환율 요인 등을 비교해서 차트로 보여주고 있다. 개인적으로 많은 노력과 공을 들인 리포트라고 생각한다.

재무제표

〈그림 1-10〉은 손익계산서, 재무상태표, 투자 지표, 현금흐름표 등 삼성전기의 재무제표다. 애널리스트가 정식으로 커버하는 모든 리포트는

그림 1-10 삼성전기의 재무제표

재무제표

포괄손익계산서 (단위: 십억원)

	2016A	2017A	2018F	2019F	2020F
매출액	6,033	6,838	8,191	9,303	9,960
매출원가	5,006	5,430	5,786	6,504	7,056
매출총이익	1,027	1,408	2,405	2,799	2,903
판매비와관리비	1,002	1,102	1,329	1,369	1,461
영업이익	24	306	1,076	1,431	1,442
영업이익률	0.4	4.5	13.1	15.4	14.5
EBITDA	633	937	1,725	2,106	2,158
영업외손익	8	-53	-50	-72	-49
관계기업손익	9	8	8	9	9
금융수익	18	11	10	10	10
외환관련이익	229	169	142	147	152
금융비용	-49	-66	-65	-65	-56
외환관련손실	0	0	0	0	0
기타	30	-6	-3	-26	-12
법인세비용차감전순손익	32	254	1,026	1,359	1,393
법인세비용	-9	-76	-253	-326	-334
계속사업순손익	23	177	773	1,032	1,059
중단사업순손익	0	0	0	0	0
당기순이익	23	177	773	1,032	1,059
당기순이익률	0.4	2.6	9.4	11.1	10.6
비지배지분순이익	8	16	67	103	106
지배지분순이익	15	162	706	929	953
매도가능금융자산평가	-64	-14	-14	-14	-14
기타포괄이익	104	-123	85	116	119
포괄이익	64	40	844	1,135	1,164
비지배지분포괄이익	8	11	73	113	116
지배지분포괄이익	56	29	771	1,021	1,047

재무상태표 (단위: 십억원)

	2016A	2017A	2018F	2019F	2020F
유동자산	2,812	2,479	2,785	3,563	3,883
현금및현금성자산	796	445	673	1,192	1,354
매출채권및기타채권	784	914	996	1,121	1,195
재고자산	827	919	910	1,034	1,107
기타유동자산	405	202	206	217	228
비유동자산	4,850	5,289	5,727	5,878	6,117
유형자산	3,714	4,155	4,609	4,774	5,025
관계기업투자금	47	53	62	70	79
기타비유동자산	1,088	1,081	1,056	1,034	1,014
자산총계	7,663	7,767	8,512	9,441	10,000
유동부채	2,043	2,454	2,561	2,644	2,323
매입채무및기타채무	850	752	808	854	881
차입금	842	1,204	1,228	1,252	927
유동성채무	324	468	494	505	482
기타유동부채	27	31	32	33	34
비유동부채	1,282	982	969	944	928
차입금	1,278	898	884	858	841
전환증권	0	0	0	0	0
기타비유동부채	4	84	85	86	86
부채총계	3,325	3,436	3,531	3,587	3,251
지배지분	4,240	4,232	4,881	5,754	6,650
자본금	388	388	388	388	388
자본잉여금	1,045	1,045	1,045	1,045	1,045
이익잉여금	2,534	2,610	3,259	4,132	5,028
기타자본변동	273	189	189	189	189
비지배지분	97	100	100	100	100
자본총계	4,338	4,331	4,981	5,854	6,750
순차입금	1,338	2,001	1,807	1,295	766

Valuation 지표 (단위: 원, 배, %)

	2016A	2017A	2018F	2019F	2020F
EPS	176	2,135	9,427	12,410	12,728
PER	288.8	46.8	14.6	11.1	10.8
BPS	54,640	54,531	62,903	74,145	85,694
PBR	0.9	1.8	2.2	1.9	1.6
EBITDAPS	8,471	12,542	23,101	28,199	28,889
EV/EBITDA	8.4	10.4	7.2	5.6	5.2

현금흐름표 (단위: 십억원)

	2016A	2017A	2018F	2019F	2020F
영업활동 현금흐름	680	718	1,621	1,716	1,860
당기순이익	23	177	773	1,032	1,059
비현금항목의가감	728	864	1,061	1,154	1,188
감가상각비	608	631	650	676	716
외환손익	4	-7	-1	-6	-11
지분법평가손익	-9	-8	-8	-9	-9

애널리스트 리포트 200% 활용법

재무제표를 포함해야 하는데, 이 부분까지 꼼꼼히 살펴보는 일반투자자는 거의 없을 듯하다. 사실 일반투자자한테 재무제표까지 꼼꼼히 파악하라고 말하는 것 자체가 무리일 듯하다.

하지만 우리는 재무제표를 통해서 절대로 투자해서는 안 되는 기업을 충분히 걸러낼 수 있기 때문에, 간과해서는 안 되는 부분이 바로 재무제표다. 이 역시 내용이 상당하고 중요하기 때문에 'Chapter 3'에서 따로 충분히 설명하겠다.

투자 의견 및 목표 주가 변경, 주가 괴리율, 컴플라이언스 관련 주요 사항

〈그림 1-11〉은 리포트를 읽는 투자자들에게 컴플라이언스 관련 주요 내용을 전달하고 있다. 또한 과거 주가와 목표 주가 추이를 차트로 보여주고 있다. 여기서 우리가 알아야 하는 부분이 바로 괴리율이다.

금융감독원은 2017년 9월 1일부터 기업 분석보고서에 목표 주가와 현재 주가의 차이를 나타내는 '괴리율 공시제'를 도입했다. 증권사가 추천 주식의 목표 주가를 지나치게 높게 잡는 것을 막아서, 투자자를 보호하고 신뢰를 쌓겠다는 취지다. 과연 이런 제도가 애널리스트 리포트의 신뢰를 회복하는 데 도움이 되겠는가?

애널리스트는 기업의 미래 실적을 고려해 목표 주가를 산정한다. 그런데 금융감독원이 요구하는 괴리율 20% 내외의 가이드라인을 맞추기 위해서 주가가 하락했다는 이유로 바로 내린다면, 오히려 일반투자자들의 신뢰를 잃을 것이다.

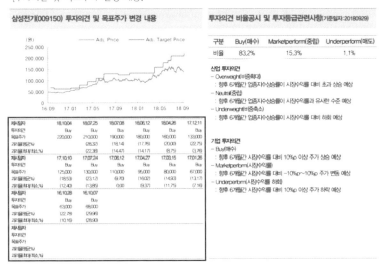

그림 1-11 애널리스트 리포트의 투자 의견 및 목표 주가 변경 내용

[Compliance Notice]

금융투자업규정 4-20조 1항5호사유에 따라 작성할 현재 사전고지와 관련한 사항이 없으며, 당사의 금융투자분석사는 자료작성일 현재 본 자료에 관련하여 재산적 이해관계가 없습니다. 당사는 동 자료에 언급된 종목과 계열회사의 관계가 없으며 당사의 금융투자분석사는 본 자료의 작성과 관련하여 외부 부당한 압력이나 간섭을 받지 않고 본인의 의견을 정확하게 반영하였습니다.
(담당자:박강호)
본 자료는 투자자들의 투자판단에 참고가 되는 정보제공을 목적으로 배포되는 자료입니다. 본 자료에 수록된 내용은 당사 리서치센터의 추정치로서 오차가 발생할 수 있으며 정확성이나 완벽성은 보장하지 않습니다. 본 자료를 이용하시는 분은 동 자료와 관련한 투자의 최종 결정은 자신의 판단으로 하시기 바랍니다.

[투자의견 및 목표주가 변경 내용]

최근과 같이 주가 등락 폭이 심한 시기에 금융감독원의 가이드라인을 맞추기 위해서는 애널리스트들이 목표 주가를 수시로 조정해야 한다. 그러나 목표 주가를 조정하는 이유를 작성하는 데, 분명 한계가 있을 것이다. 그런 행위가 오히려 일반투자자들에게 더 많은 혼돈을 주지 않겠는가?

애널리스트 입장에서도 금융감독원에서 요구하는 목표 주가 괴리율

34   애널리스트 리포트 200% 활용법

을 맞추기가 현실적으로 쉽지 않다. 그래서 아예 목표 주가를 제시하지 않는 'Not Rated' 리포트를 내는 것이 훨씬 마음이 편할 것이다. 실제로 '괴리율 공시제'가 시행된 2017년 9월 1일부터 1년간 발행된 'Not Rated' 리포트는 4,314건이다. 이전 1년 동안 발행된 4,077건보다 6% 가까이 늘어난 수치다.

결국 애널리스트 리포트의 신뢰도를 높이려는 금융당국의 정책 취지가, 오히려 목표 주가가 없는 리포트를 더 많이 양산해낸 결과를 초래했다.

· Chapter 2 ·

목표 주가 계산식의
'종류 이해하기!'

 애널리스트 리포트 전반에 대해서 살펴봤다. 이제 애널리스트 리포트를 본격적으로 분석하도록 하자.

 다니던 직장을 그만두고 외할머니로부터 비법을 전수받아 물냉면 집을 창업하려는 A씨를 예로 들어서 살펴보자.

 외할머니의 남다른 물냉면 솜씨에 평소 물냉면 집을 차리면 대박이 나겠다고 확신하던 A씨는 직장생활을 하면서 수시로 외할머니에게 물냉면 비법을 전수받았다. 그리고 드디어 외할머니의 물냉면과 똑같은 맛을 내자, 창업을 실행하게 되었다.

 그동안 모아둔 종잣돈이 부족하여 고민하던 A씨는 주변 지인들에게

36 애널리스트 리포트 200% 활용법

자신이 만든 물냉면 맛을 보여주고 부족한 자금을 투자받기로 결정했다. 예상대로 A씨가 만든 물냉면을 먹어본 주변 지인들은 입에 착착 감기면서 시원한 물냉면 맛에 반해, 기꺼이 투자하고 이익금을 나눠 갖기로 했다. A씨는 그렇게 자신의 종잣돈과 물냉면 맛을 본 주변 지인의 투자를 받아서자본금 창업을 준비했다. 그리고 부족한 돈은 은행차입부채으로 충당했다.

A씨는 조달한 자산자본 + 부채으로 필요한 임대보증금, 면을 뽑는 기계, 원재료 등을 구입하는 데 사용했다. 그리고 본격적으로 물냉면 집을 오픈했다. 오랫동안 준비하면서 물냉면 비법을 제대로 전수받았기에, 금방 입소문나면서 식당은 문전성시를 이뤘다. 이에 자신감을 얻은 A씨는 투자자들과 상의해서 이익금을 나눠 갖지 않고, 물냉면 집을 확장하기로 결정했다.

상장기업의 경영도 같은 원리다. 주주로부터 투자를 받고자본, 부족한 자금은 외부차입부채을 통해서 자산을 마련해 창업하게 된다. 주주로부터 투자금을 받은 대가로 기업은 주주에게 증권주식을 발행해준다. 그리고 기업은 활발한 경영활동을 통해서 매출을 발생시킨다.

매출액에서 매출원가와 판관비를 제외하여 영업이익을 얻게 된다. 그리고 영업이익에서 이자 비용과 기타 비용, 법인세를 제외하고 최종적으로 순이익이 남는다. 순이익에서 주주 배당금을 제외한 이익금은 이익잉여금이라는 자본계정에 흡수되어, 총자본금은 규모가 커진다. 회사의 영업이 아주 잘되어 이익이 많이 남을수록 최종적으로 자본금은 계속 증가하고, 자연스럽게 주주에게 발행된 주식의 가치도 함께 올라

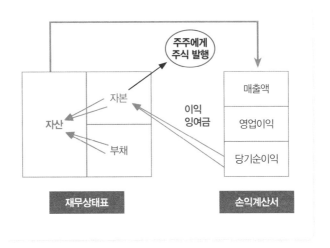

가게 된다.

　반대로 회사의 영업 상황이 어려워져서 적자가 발생하게 되면 자본금 규모는 지속적으로 감소하며, 기업의 주식 가치도 하락하게 된다. 결국 주가는 기업의 영업활동을 반영하는 것이다. 주식투자자는 기업의 영업활동을 자세히 분석해서 어떻게 이익을 내고 있는지, 향후 회사의 이익 전망은 어떤지 정확하게 분석하는 것이 가상 중요하다.

　앞에서 설명했듯이, 주식의 가치는 결국 기업의 경영활동 결과에 직접적으로 영향을 받는다. 그렇기 때문에 기업을 정확하게 분석하기 위해서는 분석하고자 하는 기업을 직접 방문하여 기업 CEO의 경영 마인드, 회사가 영업을 위해 어떤 전략과 목표를 세우고 있는지, 기업의 현재 제품 생산 현황, 미래를 위한 연구개발 및 연구인력 관리 방법 등을 종합적으로 파악하여 분석해야 한다.

필자는 지난 10여 년간 200회 이상 기업을 탐방해 직접 기업을 분석하면서, 역사상 가장 위대한 투자가 중 한 명인 피터 린치가 왜 기업탐방의 중요성을 강조했는지 자연스럽게 알게 되었다.

기업이 어떤 계획을 세우고 어떤 제품으로 이익을 많이 내는지가 주식투자의 성패를 결정짓는 가장 중요한 요인이다. 그런데 이런 내용을 기업에 대한 정확한 분석 없이, 그저 컴퓨터 화면 모니터에 나타나는 주가와 거래량 차트로 파악할 수 있겠는가?

"주가는 속일 수 있어도 거래량은 속일 수 없다."라는 식의 갖은 미사여구로 지금도 일반투자자들을 현혹하는 이들이 많다. 그러나 개인투자자들이 기업을 탐방하는 작업은 현실적으로 쉽지 않다. 일단 상장기업에서는 외국인투자자를 포함한 기관투자자, 애널리스트, 자문사 등 전문투자자의 기업탐방만을 받고 있다. 개인투자자의 기업탐방까지 일일이 받는다면 회사는 업무 폭주로 마비가 될 것이다.

개인투자자의 입장에서도 현업에 종사하면서 기업탐방까지 한다는 일이 쉽지 않다. 따라서 개인투자자들은 애널리스트 리포트를 통해서 기업탐방을 간접적으로 경험할 수밖에 없다. 그리고 개인투자자보다 훨씬 기업 분석 능력이 뛰어나고 기업 분석을 전문적으로 하는 애널리스트 리포트를 제대로 파악한다면, 굳이 기업탐방을 진행하는 수고를 할 필요가 없다.

필자는 10년 이상 기업탐방을 직접 진행하면서 기업탐방을 위한 사전 준비작업으로, 해당 기업의 애널리스트 리포트를 자세히 읽으면서 장단점을 파악하는 능력이 자연스럽게 생겼다. 그런 경험을 토대로 어떤 리포트가 신뢰할 만한 리포트인지 아닌지 구별하는 필자만의 노하우를 일반투자자들과 공유하고 싶었다.

이제 일반투자자들이 애널리스트 리포트에서 가장 관심을 많이 가지고 있는 목표 주가를 어떻게 계산하는지, 그 방식에 관해서 설명해보도록 하자. 결국 애널리스트가 해당 종목을 어떻게 평가하는지를 알려주기 때문에, 목표 주가가 어떻게 계산되어 나왔는지 파악하는 일이 애널리스트 리포트 분석에서 가장 중요하다.

목표 주가는 미래의 특정 시점에 기업 실적이 어느 수준으로 예상되기 때문에, 이 정도 주가는 돼야 한다고 애널리스트가 판단한 가격이다.

PER을 이용한
목표 주가 계산법

애널리스트들이 목표 주가를 산정하는 데 있어서 가장 많이 이용하는 방식이다. PER주가수익비율 : Price Earning Ratio을 계산하는 공식은 다음과 같다.

PER = 주가 / 주당 순이익

즉 기업이 벌어들이는 이익과 비교해서 주가가 어느 수준인지를 나타내는 지표가 바로 PER이다. 따라서 PER이 낮을수록 주가는 기업이익

대비 저평가되어 있다고 말할 수 있고, PER이 높을수록 주가가 기업의 실적 대비 고평가 상태라고 말할 수 있다.

위의 공식은 다시 '주가 = PER × 주당순이익'으로 바꿔 쓸 수 있으며, 애널리스트들은 예상되는 기업의 '주당순이익기업의 전체 순이익을 발행 주식 수로 나눈 값, EPS : Earning Per Share × PER 10배 혹은 12배식'으로 계산해서 목표 주가를 산정한다.

〈그림 2-1〉에서 애널리스트가 PER을 이용해서 목표 주가를 산정한 방식을 살펴보자.

그림 2-1 애널리스트 리포트의 목표 주가를 산출하는 계산식

수출 국가 확대로 실적 성장은 계속된다

Company Report | 2018. 8. 30

체성분 분석기 국내 시장 1위. 미국, 중국, 일본에 이어 유럽, 중동 등 신규 지역 매출 성장 본격화. 12M FWD PER 17.0배로 과도한 저평가 구간

체성분분석기 '인바디', 다양한 웨어러블 디바이스에 접목 가능

동사의 체성분 분석기 '인바디'는 국내 시장 점유율 1위 제품. 독자적인 알고리즘으로 경험변수(나이, 성별 등) 없이도 결과값의 높은 정확도와 재현성 구현이 가능. 피트니스 센터 위주로 공급하며 향후 상대적으로 가정용 제품의 저가형 신제품 출시로 제품 포트폴리오 확대 계획. 또한 밴드, 워치 형태의 다양한 웨어러블 디바이스로도 제품 개발. 스마트폰과 연동된 다양한 컨텐츠 제공으로 향후 스마트 헬스케어 시대 본격화의 수혜 예상

해외 수출로 실적 성장은 계속된다

동사의 국내 매출 비중은 26%에 불과. 미국, 일본, 중국 등 기존 수출 국가 성장 지속. 중국은 로컬업체의 출현으로 경쟁이 심화되고 있으나, 미국 일본 등 성장 여력 여전. 또한 최근 중동, 유럽 등 신규 지역의 의미있는 매출 성장 부각. 2018년 상반기 중동 법인의 매출액은 20억원(+33.6% y-y), 유럽 법인의 매출액은 32억원(+5,865.4% y-y)이며 향후 고성장 지속 전망

미국 의료기기 업종 대비 과도한 저평가

최근 미국 의료기기 업종 multiple 리레이팅. 동사는 국내 시장 M/S 1위를 바탕으로 해외 수출 성장이 본격화 되는 현 시점에서 12M FWD PER 17.0배 수준으로 과도한 저평가 구간. 향후 국내 원격의료 시장 개화, 스마트 헬스케어 시대 도래에 따른 수혜 전망. 12개월 선행 예상 EPS 1,517원에 Target PER 22.5배(미국 의료기기 업종 평균 PER 25배 대비 10% 할인)를 적용한 목표주가 34,000원으로 산출. 투자의견 Buy로 커버리지 개시

Buy (신규)

목표주가	34,000원 (신규)
현재가 ('18/08/28)	25,750원
업종	의료기기
KOSPI / KOSDAQ	2,303.12 / 798.17
시가총액(보통주)	352.4십억원
발행주식수(보통주)	13.7백만주
52주 최고가('18/03/29)	50,600원
최저가('18/08/09)	23,350원
평균거래대금(60일)	4,139백만원
배당수익률(2018E)	0.47%
외국인지분율	24.4%
주요주주	
차기철 외 5인	28.7%

주가상승률	3개월	6개월	12개월
절대수익률 (%)	-26.0	-39.1	-18.1
상대수익률 (%p)	-18.4	-34.6	-33.0

	2017	2018E	2019F	2020F
매출액	93.3	101.1	117.5	132.3
증감률	*16.8*	*8.4*	*16.3*	*12.5*
영업이익	24.9	25.6	28.1	33.8
영업이익률	*26.7*	*25.3*	*23.9*	*25.6*
(지배지분)순이익	19.3	19.9	22.1	27.0
EPS	1,412	1,457	1,615	1,972
증감률	*13.7*	*3.2*	*10.9*	*22.1*
PER	28.4	17.7	15.9	13.1
PBR	5.2	2.8	2.4	2.1
EV/EBITDA	18.7	11.4	10.0	7.8
ROE	19.4	17.2	16.4	17.2
부채비율	5.2	16.2	13.6	11.4
순차입금	-50.4	-36.9	-50.3	-69.0

단위: 십억원, %, 원, 배

그림 2-2 아이센스의 목표 주가 산정 방식 1

아이센스 목표주가 산정 요약

(원, 배)	2018F	비고
EPS	1,280	
목표PER	24.0	최근 3년 평균 PER(28.2배) 15% 할인
산출주가	30,665	
목표주가	30,000	

자료: 신한금융투자
주: 영업이익률(14.9%)이 최근 3년 평균(17.6%)의 약 85% 수준이어서 15% 할인 적용

〈그림 2-1〉은 어느 증권사의 애널리스트가 인바디를 신규로 커버리지 개시하는 리포트다. 12개월 후 예상되는 주당순이익EPS 1,517원에 PER 22.5배를 적용해서 목표 주가를 산출한 계산식을 보여주고 있다.

PER을 이용한 목표 주가 계산식은 한 가지 방법이 더 있다. 어떤 애널리스트는 해당 종목의 과거 몇 년 치 평균 PER 값을 기업의 예상되는 주당순이익에 곱해서 목표 주가를 계산하기도 한다.

〈그림 2-2〉는 아이센스에 대한 어느 증권사 애널리스트 리포트의 목표 주가를 산정한 방식을 보여주고 있다. 아이센스의 최근 3년 평균 PER을 15% 할인 적용한 24배에, 2018년 예상 주당순이익 1,280원을 곱해서 목표 주가인 30,000원을 계산해냈다.

이럴 경우 대부분의 애널리스트는 해당 종목의 과거 PER 밴드 차트를 리포트에 포함해서 투자자의 이해를 도와준다.

〈그림 2-3〉은 아이센스의 과거 PER 추이를 보여주고 있다. 아이센스의 주가는 최근 과거 PER 밴드 하단에 위치해있는 것을 볼 수 있다. 최근 4년간 기업 실적에 비해 주가는 가장 낮은 평가를 받고 있다는 뜻이다.

그림 2-3 아이센스의 과거 PER 밴드 추이

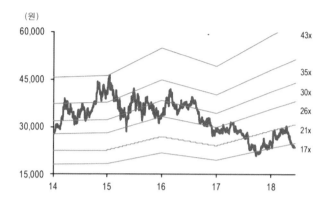

PER을 이용한 목표 주가 계산식인 두 가지 방식에 대한 필자의 견해를 이제 설명하도록 하겠다. 이는 지극히 개인적인 견해이며, 다른 전문가들은 다르게 판단할 수 있다는 사실을 분명히 밝혀둔다.

업종 평균 PER을 이용해서 목표 주가를 계산하는 방식은 다음과 같은 약점을 가지고 있다. 예를 들어 글로벌 경기회복에 대한 기대감으로 대한민국 주식시장이 급등하고, 특정 업종에 속해있는 기업들의 주가역시 올라서 전체 업종 평균 PER이 상승했다고 가정해보자.

그러면 업종 평균 PER이 상승한 만큼 Target PER을 낮추지 않는 이상 목표 주가 역시 자연스럽게 상승하게 된다. 반대로 전체 주식시장이 하락해서 업종 평균 PER이 하락하게 되면, 목표 주가 역시 Target PER을 높이지 않는 이상 하락하게 된다.

결국 기업의 본질 가치와는 전혀 상관없이 전체 주식시장이 어떻게 움직이는지에 따라서, 목표 주가 역시 그에 비례해서 변하게 되는 약점을 가지고 있는 것이다.

앞에서 예를 든 미국 의료기기업종 평균 PER 25배 대비 10% 할인해서 목표 주가를 산정한다는 리포트 역시, 미국 증시의 활황으로 미국 의료기기업종 평균 PER이 상승하면 인바디의 목표 주가도 추가 상향 조정해야 할 것이다.

일반적으로 해당 종목이 과거 특정 기간 동안 적용받았던 PER의 평균값을 가지고 목표 주가를 계산하는 방식이, 상당히 합리적인 판단이라고 생각하기가 쉽다. 따라서 PER을 이용한 목표 주가 계산식에서 애널리스트들이 가장 많이 이용하고 있는 계산식 중의 하나가 바로, 해당 종목의 과거 평균 PER 값을 이용하는 방식이다.

그러나 해당 종목의 과거 평균 PER을 이용해서 목표 주가를 계산하는 방식 역시 단점을 가지고 있다.

〈그림 2-4〉는 같은 증권사에서 2015년 하반기에 나왔던 아이센스 리포트 내용 중 목표 주가 산정 방식이다. 처음 살펴봤던 리포트와 마찬가지로 과거 평균 PER을 적용해서 목표 주가를 계산했다.

그러나 2018년 리포트에서는 Target PER은 24배였고, 2015년 리포트에서는 목표 주가를 계산하는 데 있어서 Target PER을 32.7배 적용했다. 같은 증권사, 같은 종목, 같은 목표 주가 계산 방식임에도 불구하고 두 리포트의 Target PER은 30% 이상 차이가 난다. 그 어떤 전문가도 두 리포트의 Target PER 적용에 30% 이상 차이가 생겨야 하는 당위성을 자신 있게 설명하지 못할 것이다.

애널리스트 리포트 200% 활용법

그림 2-4 아이센스의 목표 주가 산정 방식 2

아이센스 목표주가 산정 요약

(원)	2016F	비고
EPS	1,475	
목표 PER(배)	32.7	최근 2년 평균 PER
주당가치	48,197	
목표주가	48,000	

두 리포트의 차이점은 이렇다. 하나는 아이센스가 주식시장에서 높은 멀티플PER 배수을 적용받고 있던 시기의 평균값을 반영2015년 리포트한 리포트고, 다른 하나는 상대적으로 낮은 멀티플을 적용받고 있던 시기의 평균값을 반영2018년 리포트한 리포트였다는 점이다.

성장에 대한 기대감으로 2015년 이전에는 높은 PER을 적용받았다. 하지만 아이센스의 실제 실적이 주식시장의 기대에 미치지 못하자, 2017년 이후에는 과거보다 낮은 PER을 적용받은 것이다.

만일 아이센스가 현재 준비 중인 연속혈당측정기시장에 순조롭게 진입해서 다시금 큰 폭의 성장을 이루게 된다면, 주식시장에서 당연히 과거와 같은 높은 PER을 적용받게 될 것이다.

결국 과거 특정 기간 동안의 평균 PER 값을 이용해서 목표 주가를 계산하는 방식의 문제점은 어느 시점의 과거 평균 PER 값을 사용하느냐에 따라서 계산된 목표 주가에 큰 차이가 생긴다는 점이다.

EV/EBITDA를 이용한
목표 주가 계산법

먼저 EV기업의 총가치, Enterprise Value 와 EBITDA Earnings Before Interest, Tax, Depreciation and Amortization 용어에 대해서 간략하게 알아보자.

'EV = 시가총액주가 × 상장주식 수 + 총부채 − 현금 및 현금성자산'으로 계산된다. 기업 매수자가 매수 시 지급해야 하는 금액이라 생각하면 쉽다. EBITDA는 한국어로 번역하면 이자 비용, 세금, 감가상각비 등을 떼기 이전의 이익이라는 뜻으로 편의상 '영업이익 + 감가상각비'로 기억해두자.

EV가 실체고, 시가총액은 그림자다

거의 모든 애널리스트 리포트를 들여다보면, 주요 투자 정보에서 특정일 기준 시가총액이 얼마인지를 수치로 보여준다. 물론 투자자들의 이해를 돕기 위함이다. '주가 × 상장주식 수'인 시가총액이야말로 주식 시장에서 평가받고 있는 기업의 총가치를 나타내주는 대표적인 지표로 받아들여지고 있다.

그렇다면 일례를 들어보자. 같은 아파트 단지 내 시세가 10억 원인 30평대 아파트가 7억 원에 급급매물로 나와 있어서, 어느 수요자가 급하게 아파트를 구매하는 상황을 가정해보자.

그런데 막상 아파트 매매 계약서를 작성하려고 보니, 아파트 주인은 아파트 매매 대금인 7억 원 외에 아파트 담보 은행 대출금인 4억 원을 매수자가 부담해야 한다고 주장한다. 결국 아파트 주인은 그 집을 7억 원이 아닌 주변 아파트보다 비싼 11억 원에 팔겠다는 의도인 것이다.

이제 주식시장에 시가총액이 1조 원으로 같은 A와 B 회사가 상장되어 있다고 생각해보자. A 회사는 부채는 전혀 없고 현금만 5천억 원을 보유하고 있고, B 회사는 반대로 현금은 전혀 없고 부채만 5천억 원이 있다고 가정하자.

만일 1조 원의 돈을 들여서 상장되어 있는 주식 모두를 사들였을 때, A 회사를 인수하는 데 드는 실질 비용은 1조 원이 아닌 회사가 보유하고 있는 현금인 5천억 원을 제외한 5천억 원이 될 것이다.

마찬가지로 B 회사를 인수하는 데 드는 실질 비용은 회사가 가지고 있는 부채인 5천억 원을 더해서 1조 5천억 원에 인수하는 결과가 된다. 즉 EV는 기업의 총가치로서 기업 인수자가 매수 시 부담해야 하는 총금액이다.

이렇듯 시가총액은 단순하게 주식시장에서 거래되고 있는 기업의 가치를 나타내주고, 순부채총부채 - 현금성자산를 반영한 EV가 실질적인 기업의 총가치를 나타내는 지표다. 시가총액이 아닌 EV를 살펴봐야 하는 대표적인 기업 중 하나가 바로 대한항공이다.

대한항공의 2018년 8월 시가총액은 2조 6,000억 원대에 불과하지만 부채와 현금성자산을 감안한 EV는 16조 원이 넘는다. 시가총액과 EV의 차이가 무려 7배 가까이 되며, 단순히 시가총액이 2조 원대에 불과하기 때문에 기업의 가치에 비해서 대한항공의 주가가 너무 싸다고 판단해서는 절대 안 된다.

EBITDA는 일반적으로 기업이 영업활동으로 벌어들인 현금 창출 능력을 나타내는 지표다. 감가상각비는 말 그대로 현금의 지출이 없는 비용으로 영업이익을 계산할 때 반영하지만, 기업의 현금흐름표를 들여다보면 감가상각비만큼 현금은 계속해서 기업에 쌓이고 있다.

따라서 영업이익에 현금이 기업 외부로 지출되지 않는 감가상각비를 반영해야, 진정 기업이 영업활동으로 벌어들인 현금 창출 능력을 보여준다는 전문가들의 주장이다.

정리하자면 EV/EBITDA는 기업의 실제 가치가 영업활동을 통해 기

그림 2-5 **롯데케미칼의 EV/EBITDA를 사용한 목표 주가**

롯데케미칼의 밸류에이션이 낮은 것은 증설 Risk 가 크게 작용하고 있기 때문이다. 하지만 미국의 ECC 증설 Risk 는 우려보다 크지 않을 것이다. 2018 년 말 미국 ECC 완공으로 대규모 투자가 일단락되어 매년 1 조원 이상의 현금이 쌓일 전망이다. Risk 가 크지 않고 현금 창출력이 높아지는 상황에서 저평가의 명분이 없다.

분명한 성장주

2017년 15.6조원의 매출액은 현재 제품 가격 기준 2019년 17조를 상회해 인도네시아 100만톤 NCC 가 완공되는 2020년 이후에는 21조원 이상의 매출액 시현이 가능하다. 국내 화학기업 중 성장성이 가장 크고 NCC/ECC 모두를 보유하게되는 유일한 기업으로 할인이 아닌 할증이 필요하다.

저평가의 근거는 무엇인가?

증설 Risk 가 가장 큰 저평가의 이유이다. 그러나 롯데케미칼은 더 이상 PE/EG 위주의 기업이 아니다. ABS/PC/PP/EVA 등 제품군도 과거대비 다양해졌다. 과도한 할인폭은 화학 의존도가 100%이기 때문인데, 경쟁사 역시 지난 수년간 전체 영업이익에서 화학이 차지하는 비중은 100% 내외였다. 롯데케미칼만 그렇게 저평가 받을 이유가 없다.

목표주가 56만원으로 상향

목표주가를 기존 42만원에서 56만원으로 상향한다. 이는 5배의 EV/EBITDA를 적용해 산출했다. 5배 역시 높지는 않으나 업의 특성상 밸류에이션 지표는 실적을 확인하며 후행적으로 높아질 것이다.

애널리스트 리포트 200% 활용법

업이 창출한 이익의 몇 배인가를 나타내는 지표다. 비율이 높을수록 기업 가치가 고평가인 상태이고, 비율이 낮을수록 기업 가치가 저평가인 상태다. 그 어떤 지표보다 기업의 실질 가치와 생산성을 보여주는 지표다. 그러나 EV/EBITDA 지표 역시 단점을 가지고 있다.

〈그림 2-5〉는 롯데케미칼에 대한 어느 증권사의 2017년 애널리스트 리포트다. 위 리포트의 애널리스트는 목표 주가를 계산하는 방식으로 EV/EBITDA를 사용했다. 아마도 애널리스트가 목표 주가 계산에 EV/EBITDA를 사용한 이유는 대규모의 감가상각비가 기업의 목표 주가를 계산하는 데 반영돼야 한다고 판단했기 때문일 것이다.

먼저 〈그림 2-6〉을 살펴보자.

그림 2-6 **롯데케미칼의 재무제표**

(단위: 십억 원, 원, %, 배)

재무정보	2015	2016	2017E	2018E
매출액	11,713	13,224	15,627	15,798
영업이익	1,611	2,544	2,909	3,099
EBITDA	2,099	3,173	3,592	3,827
지배주주순이익	993	1,836	2,323	2,458
EPS	28,957	53,561	67,771	71,708
순차입금	-431	1,519	79	-1,029
PER	8.4	6.9	5.7	5.4
PBR	1.1	1.4	1.1	1.0
EV/EBITDA	3.8	4.5	3.7	3.2
배당수익률	1.0	1.1	1.0	1.0
ROE	14.2	21.7	22.1	19.2

〈그림 2-6〉은 롯데케미칼의 매출액과 EPS주당순이익, PER, EV/EBITDA 등의 지표를 보여주고 있다. 만일 목표 주가 계산식에서 가장 많이 이용되고 있는 PER로 목표 주가를 산정하면, 2018년 예상 주당순이익에 상장기업 시가총액 상위 50개 종목의 최근 3년 평균인 12배만 적용해도 860,000원이라는 목표 주가가 도출된다. 그보다 적은 PER 10배를 적용해도 717,000원이 나온다.

이는 EV/EBITDA를 이용해서 계산한 목표 주가인 560,000원과 2017년 당시 주가 수준인 38만 원대보다 훨씬 부담스러운 목표 주가가 된다. 물론 대규모 설비투자와 그에 따른 대규모 감가상각비를 반영한 목표 주가 산정 방식인 EV/EBITDA를 이용한 계산식은 나름대로 충분한 근거가 있는 방식임은 분명하다.

그러나 PER을 이용한 목표 주가 산정 방식을 사용하기에는 부담스러운 방식인 것도 분명 부정할 수 없는 사실이다. 이는 롯데케미칼을 커버하는 다른 애널리스트의 목표 주가 계산식을 들여다봐도 분명하다. 주가순자산비율PBR : Price Book - value Ratio 1배를 사용해서 목표 주가를 계산하는 애널리스트노 있고, 전체 시장 평균 PER에 미치지 못하는 8배만을 사용해서 목표 주가를 계산하는 애널리스트도 있다.

EV/EBITDA를 이용해서 목표 주가를 계산하는 방식의 더 큰 문제점은 바로 애널리스트들이 EBITDA만을 중심으로 기업을 분석하는 경향이 많다는 사실이다.

대규모로 감가상각비가 발생하는 기업의 경우 감가상각비가 이미 비용으로 반영된 PER순이익 계산에 감가상각비는 비용으로 차감 대신, 목표 주가 계산식에 EBITDA를 이용해야 진정한 기업의 가치를 평가한다고 생각한다. 이 주장이 합리적인 주장이라면, 대규모 감가상각비가 발생한 기업의 경우 EBITDA를 이용한 목표 주가 계산식에 의미 있는 변화가 생겨야 한다.

과연 그런지 예를 들어 살펴보자.

2017년 12월 현재, EV/EBITDA가 8배인 기업이 있다고 가정해보자. 구체적으로 EV는 800억 원, EBITDA는 100억 원인 회사다. 2017년 12월 기업은 신제품 생산을 위해서 800억 원을 은행에서 차입_{부채 증}가하여 800억 원의 생산 기계를 도입했다. 2018년 말 기업의 주가, 영업이익 등이 2017년 12월과 동일하다고 단순 가정했을 때, 2018년 12월 기업의 EV/EBITDA에 변화가 생겼는지 살펴보자.

먼저 감가상각비가 아닌 다른 요인_{주가, 영업이익, 이자 비용, 세금 등}들에 변화가 없다고 가정해야 한다. 그래야 감가상각비 증가가 기업의 목표주가 계산식인 EV/EBITDA에 어떤 변화를 가져왔는지, 차이점을 쉽게 파악할 수 있기 때문이다.

먼저 EV는 1,600억 원으로 증가할 것이다. 기존 EV 800억 원에 은행 차입금_{부채} 800억 원이 증가했기 때문이다. 반면에 EBITDA는 2017년 12월에 새로 도입한 생산 기계의 감가상각 연수를 8년으로 잡았을 때 1년간의 감가상각비인 100억 원이 증가할 것이다.

기업의 2018년 12월 EV/EBITDA는 1,600 / 200이 되어 2017년 12월과 같은 8배로, 대규모 설비투자가 기업의 EV/EBITDA에 아무런 변화를 가져오지 못했다. 이는 추가적인 설비투자 역시 EV/EBITDA에 아무런 변화를 가져다주지 못한다.

설비투자를 위해서 지출한 자금이 외부차입부채의 증가을 통해서였든, 내부 유보금현금성자산의 감소을 통해서였든 이는 EV 계산식에 의해서 EV 의 절대 규모를 투자 금액만큼 증가시키게 되어 있다. 즉 EBITDA만 감가상각비만큼 증가하는 것이 아니라, EV/EBITDA의 분자와 분모 모두 동일한 비율로 증가하게 된다. 그렇기 때문에 설비투자와 그에 따른 감가상각비의 영향은 없는 것이다.

그리고 감가상각비만큼 현금이 회사에 쌓이기 때문에 주가가 저평가 상태라는 주장은 필자로서는 더더욱 받아들이기 어렵다. 이미 기업은 설비투자 비용을 어떤 형식으로든 지급했기 때문이다. 이미 설비투자 에 지출한 비용을 감가상각비를 통해서 매년 일정 부분 회수하는 형식

그림 2-7 EV/EBITDA가 0.6배 저평가 상태로 파악한 애널리스트 리포트

자동차용 콘덴서 기대감

동사의 사업부문 중 고수익 아이템인 자동차용 콘덴서에 대한 기대감이 높다. 자동차용 콘덴서(콘덴서 내 매출 비중 10.5%)는 3Q18 누적 -5.1% yoy 수준으로 부진한 모습을 보이다가 4Q18 +29.9% yoy으로 성장하였다. 또한 2019년 하반기 전장용 콘덴서의 고객선 다각화가 진행될 가능성이 높아, 동 사업부문의 기대감이 높다.

생활가전 부문 강화

최근 환경관련 프리미엄가전(ex 건조기, 무선청소기, 공기청정기 등)의 수요가 증가하면서 전해콘덴서의 수익성이 개선되고 있는 상황(프리미엄 가전의 경우 높은 ASP)이다.

대규모 순현금 보유 & Valuation 저평가

동사는 순현금 2,307억원(시가총액의 88%)을 보유하고 있어 자산가치가 높다. 이를 고려한 2019년 EV/EBITDA 0.6배는 저평가 상태로 판단된다.

이지, 감가상각비가 공짜로 생기는 현금은 절대 아니다.

또한 부채를 제외한 순현금성자산이 시가총액보다 더 큰 신도리코는 분자인 EV 자체가 현재 마이너스 상태인 관계로, EV/EBITDA 계산식으로는 기업의 목표 주가 자체를 계산해낼 수 없게 된다.

〈그림 2-7〉은 어느 기업에 대한 애널리스트 리포트 일부분이다. 2019년 EV/EBITDA가 0.6배로 저평가 상태라고 주장한다. 일반적인 EV/EBITDA는 기업 간 인수합병 시 피인수 기업의 가치를 평가하는 데 자주 이용되고 있다.

기업 간 인수합병 시 적용되는 EV/EBITDA는 평균 7~8배 사이라고 한다. 이와 비교해보면 상기 종목은 기업 인수 시 들어간 비용을 회수하는 기간을 말도 되지 않게 아주 짧은 기간, 1년이 되지 않는다고 설정해놓았다. 즉 기업의 목표 주가를 산정하는 데 EV/EBITDA를 적용하기엔 무리가 있는 리포트다.

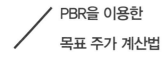

PBR을 이용한
목표 주가 계산법

PBR주가순자산비율, PBR : Price Book - value Ratio을 계산하는 방식은 다음과 같다.

$$PBR = 주가 / 주당순자산(BPS : Book - value per Share)$$

즉 주가가 주당순자산의 몇 배에 거래되고 있는지를 측정하는 지표다. PBR이 1 미만이면, 주가가 현재 장부상 순자산 가치인 청산 가치에도 미치지 못한다는 뜻이다. 신도리코가 대표적인 저PBR 주식 중 하나다. PER 계산 방식이 기업의 수익성에 초점을 맞춘 목표 주가 산정 방식이라면, PBR은 자산 건전성에 초점을 맞춘 목표 주가 산정 방식이다.

PBR은 업종에 따라서 큰 차이를 보인다. IT, 인터넷, 바이오제약, 소프트웨어 등 높은 성장성이 기대되는 업종은 평균 2배 이상의 높은 PBR을 적용받고 있다. 반면에 유틸리티, 은행, 철강, 금속, 제지 등 경쟁이 치열하여 성장성에 대한 기대감이 상대적으로 적은 업종은 낮은 PBR을 적용받고 있다. 즉 PBR이 높고 낮은 이유는 미래의 수익성이 반

그림 2-8 POSCO의 애널리스트 리포트

공급 감소 방향성엔 변함 없다, 목표주가 460,000원 유지

다음 달 1일에 시행 예정인 중국 동절기 감산이 연기 또는 규모가 완화될 것이라는 예상이 나오고 있다. 전일 주가 하락의 원인으로 작용했다. 이것이 사실이라면 4분기와 내년 1분기 중국 공급 감소폭이 당초 예상보다 낮아진다. 그러나 분명한 것은 공급이 감소한다는 방향성에는 변함 없다는 것이다. 연기가 되든 완화가 되든 공급은 감소하고 철강 수급은 더 타이트해질 것이다. 현재도 철강 업황은 호조세이며 동절기에 진입하면서 확산될 것이다. 양호한 업황과 PBR 0.5배에 근접한 valuation을 감안하면 현재 주가는 비이성적으로 저평가되어 있다. 투자의견 '매수'와 목표주가 460,000원(목표 PBR 0.7배)를 유지한다.

	매출액 (십억원)	영업이익 (십억원)	순이익 (십억원)	EPS (원)	증감률 (%)	EBITDA (십억원)	PER (x)	EV/EBITDA (x)	PBR (x)	ROE (%)	DY (%)
2016A	53,084	2,844	1,363	16,627	801.2	6,058	15.5	6.5	0.5	3.3	3.1
2017A	60,655	4,622	2,790	34,464	107.3	7,919	9.6	5.3	0.6	6.5	2.4
2018F	62,303	5,496	3,588	44,845	30.1	8,617	6.8	4.1	0.6	7.9	3.3
2019F	65,866	5,984	4,295	53,691	19.7	8,998	5.7	3.6	0.5	8.9	3.3
2020F	75,261	6,915	4,815	60,191	12.1	9,856	5.1	2.8	0.5	9.2	3.3

그림 2-9 **POSCO의 PBR 밴드 추이**

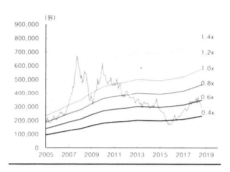

영되었는지 여부에 따라 결정된다.

이제 PBR을 이용한 목표 주가 계산 방식의 문제점을 살펴보자.

〈그림 2-8〉은 POSCO에 대한 어느 증권사의 애널리스트 리포트다. PBR 0.7배를 적용한 목표 주가 460,000원을 제시하고 있다. 하단에 있는 POSCO 기업 실적 수치를 살펴보면 2016년 이후 계속해서 PBR 0.5배 내외로, 주가가 자산 가치에 비해서 낮은 평가를 받고 있는 상태가 지속되고 있다. 그렇다면 POSCO 주가는 전형적으로 낮은 PBR이 적용된 회사였을까?

〈그림 2-9〉 차트를 살펴보자.

〈그림 2-9〉는 같은 날 발표된 POSCO 리포트의 PBR 밴드 추이다. 2008년 무렵 POSCO의 PBR은 어림짐작으로 살펴보더라도 2배 이상까지 상승했다. 만일 2008년에 목표 주가를 PBR 0.7배로 계산했다면, 목표 주가가 현재가보다 절반 이하가 되었을 것이다.

당시 POSCO는 중국의 눈부신 경제 성장으로 대중국 철강 수출이 급증하면서 기업이익도 크게 증가하던 시기였다. 최근과는 다르게 회사의 이익이 가파르게 증가하고 있어서 높은 PBR을 적용받았다. 이는 PER과 마찬가지로 특정 기간 회사가 적용받았던 PBR 평균이 얼마냐에 따라서 목표 주가는 크게 차이가 생길 수 있는 것이다.

PBR을 이용한 목표 주가 산정 방식의 또 다른 문제점은 다음과 같다. 기업이 유·무형의 자산을 투입해 제품을 만들어서 매출을 일으키게 되면, 정상적인 기업이라면 영업이익과 순이익이 발생한다. 그리고 순이익은 연말 결산에서 배당금을 제외하고는 자본의 이익잉여금 계정으로 흡수가 된다.

즉 주당순자산이 매년 이익잉여금 증가분만큼 증가할 것이고, 애널리스트가 같은 PBR을 적용한다면 목표 주가 역시 매년 주당순자산 증가분만큼 계속 올라가게 된다. 적자가 발생하지 않는 이상 모든 기업의 목표 주가가 매년 올라가야 하는 것이다. 이는 대부분의 기업 주가를 제대로 설명하지 못한다.

RIM을 이용한
목표 주가 계산법

아마도 일반투자자들이 가장 이해하기 어려운 목표 주가 계산식이 바로 RIM잔여이익모델, RIM : Residual Income Model일 것이다. 최근 RIM을 이용한 목표 주가 계산식이 자주 이용되기 이전에, 현금흐름할인법DCF : Discounted Cash Flow 을 애널리스트들은 목표 주가를 계산하는 데 자주 이용했다.

현금흐름할인법이란 미래 영업활동으로 발생하는 기업의 모든 현금흐름을 일정한 할인율로 할인하여 더한 값을 가지고, 기업의 가치를 평가하는 방식이다.

현금흐름의 추정이 가능한 기간보통 10년의 현금흐름은 할인하고, 그 이후에는 영구성장률을 가지고 현재 가치로 할인한 합계로 목표 주가를 계산해낸다.

현금흐름할인법의 문제점은 현재의 기업 경쟁력, 산업의 성장 단계, 기업의 연구개발 현황 등을 토대로 미래의 기업 현금흐름을 구한다. 그렇기 때문에 새로운 경쟁기업의 등장, 신사업 진출 등 기업 실적에 큰 변화를 줄 수 있는 요인이 발생할 때마다 기존의 미래 현금흐름 추정은 계속해서 수정해야 하는 것이다.

10년 전만 하더라도 애널리스트의 목표 주가 계산식에 자주 이용되었으나, 현재는 RIM 계산식에 그 자리를 내준 상황이다. 실제로 최근 현금흐름할인법을 사용해서 목표 주가를 계산한 애널리스트 리포트를 찾아보기 쉽지 않다.

이제, RIM에 대해서 알아보자. 〈그림 2-10〉을 먼저 보고 설명하도록 하자.

〈그림 2-10〉은 SK하이닉스에 대한 어느 증권사의 2018년 7월 애널리스트 리포트다. 이 리포트에서는 '잔여이익모델'을 사용해서 목표 주

그림 2-10 **잔여이익모델을 사용해 목표 주가를 계산한 식** ━━━━

주당 내재가치
RIM(잔여이익모델)

(단위: 십억 원 %)

	2018F	2019F	2020F	2021F	2022F	2023F	2024F	2025F	2026F	2027F
I 순이익(지배지분)[주2]	16,559	18,148	18,329	18,512	18,697	19,071	19,453	19,842	20,239	20,644

2018년: DRAM 가격 상승하며 순이익 증가 견인
2019년: DRAM 가격 하락하며 순이익 제한적 증가
2020년~2022년: 중국 메모리 반도체 기업의 양산 시작되며 공급 증가, 메모리 반도체 가격 약세 기록, SK하이닉스는 원가철감으로 대응하며 순이익 보전
2023년~2026년: SK하이닉스 등 국내 기업은 차세대 메모리 반도체를 개발하여 중국과의 기술 격차를 벌리고 연평균 5% 이익 성장 기록

	2018F	2019F	2020F	2021F	2022F	2023F	2024F	2025F	2026F	2027F
II 자기자본(지배지분)[주2]	49,669	66,404	83,145	99,892	116,824	134,131	151,819	169,896	188,369	207,248
추정ROE	39.7	31.3	24.5	18.5	16.0	14.2	12.8	11.7	10.7	10.0
III 필요수익률[주3]	6.4									
무위험이자율[주4]	2.4									
시장위험프리미엄[주5]	4.0									
베타	1.00									
IV Spread(추정ROE-필요수익률)	33.3	24.9	18.1	12.1	9.6	7.8	6.4	5.3	4.3	3.6
V 필요수익	2,164	3,179	4,250	5,321	6,393	7,477	8,584	9,716	10,873	12,056
VI 잔여이익(I-V)	14,395	14,969	14,079	13,191	12,304	11,595	10,868	10,125	9,365	8,588
현가계수	0.97	0.92	0.86	0.81	0.76	0.71	0.67	0.63	0.59	0.56
잔여이익의 현가	14,017	13,699	12,110	10,664	9,349	8,279	7,294	6,387	5,552	4,785
VII 잔여이익의 합계	92,135									
VIII 추정기간이후 잔여이익의 현가	74,762									
영구성장률(g)[주6]	0.0%									
IX 기초자기자본	33,815									
X 주주지분가치VII+VIII+(X)	200,713									
총주식수(천주)	706,734									
XI 적정주당가치(원)	284,000									
현재가치(원)	86,100									
Potential (%)	229.8%									

RIM(Residual Income Model)은 현시점에서의 자기자본 금액에 추정기간(10년)의 예상실적을 반영한 초과이익과 추정기간 이후의 잔여이익가치를 합산하여 주주지분가치를 산출하는 Valuation 방식, 이론적으로 DDM, DCF, EVA 등의 방식과 같은 주주지분가치를 도출하게 되지만, 타 방식 대비 추정의 주관성을 최소화하면서 기업의 본질가치를 산출할 수 있는 방식으로 평가 연결대상 자회사가 존재하는 경우는 보유하고 있는 지분만큼의 가치를 반영하고 있음 비지배지분 가치를 차감하여 반영, 필요수익률은 자기자본비용(Cost Of Equity)으로 리스크를 부담하는 주주 입장에서의 기대수익률, CAPM(Capital Asset Pricing Model)을 통하여 산출하며, 산출방식은 자기자본비용 = 무위험이자율 + 베타 * 시장위험프리미엄, 무위험이자율은 미래 장기 현금흐름에 대한 가치평가를 위해 5년만기 국고채수익률에 준하여 반영, 시장위험프리미엄은 시장포트폴리오 기대수익률과 무위험이자율과의 차이, 일반적으로 6~8% 수준에서 반영되지 않으나, 최근 저성장 국면에서의 낮아진 기대치를 반영하여 3~5% 수준에서 반영, 영구성장률(g)은 추정기간(10년) 이후 잔여이익의 영구적인 성장률을 의미하며, 성장은 없다는 가정 하에 0%를 반영

가를 계산해낸 식을 보여주고 있다. 하단에 잔여이익모델 계산식에 대한 설명도 친절하게 넣었다.

주주 입장에서 자기자본을 안전자산인 국고채 등에 투자하지 않은 대가인 필요수익률화면에서 6.4% : 일종의 기회 비용으로 생각하자을 초과하는 잔여이익순이익 - 자기자본 필요수익 10년 치 합계의 현가와 그 이후 영구성장률을 반영한 잔여이익 현가를, 기초자기자본에 더해서 얻어지는 주주

지분 가치를 총발행 주식 수로 나누어서 적정 주당 가치를 계산하는 것이다.

너무 어려운가?

그냥 주주 입장에서의 투자 원금인 자기자본에, 자기자본을 초과하는 미래이익의 현재 가치를 합한 금액으로 이해하자. 일단, 애널리스트는 처음부터 납득하기 어려운 목표 주가를 제시한다.

〈그림 2-11〉을 보자.

〈그림 2-11〉은 SK하이닉스에 대한 잔여이익모델로 목표 주가를 계산한 리포트의 첫 번째 페이지, 목표 주가가 나와 있는 부분이다. 애널리스트는 목표 주가로 잔여이익모델 기준 주당 내재 가치인 284,000원에 한참 미치지 못하는 109,000원을 제시하고 있다.

잔여이익모델에 따라 목표 주가를 계산했다면, 당연히 주당 내재 가치에 근접한 목표 주가를 제시했어야 한다. 그렇지만 애널리스트는 전혀 다른 목표 주가를 제시하고 있으며, 그에 대한 납득할 만한 그 어떤 설명도 하고 있지 않다.

'Chapter 1'에서 예로 든 삼성전기 리포트의 애널리스트는 잔여이익모델로 산출한 내재 가치와 비슷한 수준의 삼성전기 목표 주가를 제시

그림 2-11 **잔여이익모델로 제시한 목표 주가**

투자의견 매수 유지 목표주가 109,000원 유지
 - 2Q18 실적 발표 이후 공시된 시설투자와 자사주 매입의 영향은 종합적으로 동사의 주가에 긍정적. 잔여이익모델 기준 주당 내재가치 284,000원 제시

하고 있다.

RIM 계산식은 재무제표에서 찾을 수 있는 순이익을 사용하기 때문에, 현금흐름할인법에 비해서 객관적이라고 평가하는 전문가들도 있다. 그러나 필자가 생각하는 잔여이익모델 역시 현금흐름할인법과 마찬가지다. 현재의 기업영업 현황을 기준으로 먼 미래의 기업이익을 예측하고, 필요 자기자본 수익을 제외한 잔여이익을 현재 가치로 할인해서 기업 가치에 반영한다는 단점이 있다.

급변하는 글로벌 경영 환경 속에서 기업의 미래는 한 치 앞도 내다보기 어려운 실정이다. 당장 3개월 뒤의 분기 실적도 예측하기 어렵다. 하물며 현재 영업 환경을 기준으로 앞으로 기업의 영업에 영향을 줄 만한 큰 변화가 없다는 가정하에, 10년 이상 긴 기간 동안의 기업이익을 예측해서 목표 주가를 계산해낸 방법 자체가 누구나 쉽게 공감하기 어려운 것이다.

〈그림 2-12〉는 'Chapter 1'에서 예로 든 삼성전기 리포트가 나오기 대략 3개월 전, 같은 애널리스트가 작성한 리포트의 잔여이익모델 계산식이다. 두 리포트에서 계산한 적정 주당 가치는 157,944원과 199,638원으로 25% 이상 차이가 있다.

그런데 3개월 전 리포트도 애널리스트는 삼성전기의 주력제품인 적층세라믹콘덴서MLCC 마진 상승으로 잔여이익모델로 산출한 적정 주당 가치를 직전 리포트보다 5% 상향시키는 리포트였다.

3개월 만에 두 번이나 잔여이익모델 기준 주당 내재 가치를 변경시키는 현실인데, 10년 이상의 기업이익을 예측한다는 사실 자체가 논리에

그림 2-12 애널리스트 리포트의 잔여이익모델 계산식

주당 내재가치
RIM(잔여이익모델)

(단위: 십억원, 원, %)

		2018F	2019F	2020F	2021F	2022F	2023F	2024F	2025F	2026F	2027F
I	순이익(지배지분)^{주2}	554	696	736	744	774	828	886	939	995	1,045
	1. 2020년 이후 연평균 순이익 성장률은 5.1%로 추정										
	2. 2018년-2019년 MLCC 매출 확대, 스마트폰 하드웨어 상향과 자율주행, 전기자동차 생산 확대로 전장시장에서 MLCC 수요 증가. 공급부족으로 가격 상승 예상, 호황 구간 지속										
	3. 2020년-2021년 MLCC 성장 약화 전망, 스마트폰 정체 예상으로 매출, 이익 증가는 제한적 전망										
II	자기자본(지배지분)^{주2}	4,729	5,368	6,047	6,734	7,451	7,702	7,910	8,073	8,188	8,254
	추정ROE	12.4	13.8	12.9	11.0	10.4	10.7	11.2	11.6	12.2	12.7
III	필수수익률^{주3}	6.3									
	무위험이자율^{주4}	2.3									
	시장위험프리미엄^{주5}	4.0									
	베타	1.00									
IV	Spread(추정ROE-필요수익률)	6.0	7.5	6.6	4.7	4.0	4.4	4.9	5.3	5.8	6.3
V	필요수익	268	300	340	383	427	472	486	502	512	519
VI	잔여이익(I-V)	285	397	396	360	347	355	397	437	483	526
	현가계수	0.97	0.92	0.86	0.81	0.76	0.72	0.67	0.63	0.60	0.56
	잔여이익의 현가	278	363	341	292	264	255	268	277	288	295
VII	잔여이익의 합계	2,920									
VIII	추정기간이후 잔여이익의 현가	4,646									
	영구성장률(g)^{주6}	0.0%									
IX	기초자기자본	4,232									
X	주주지분가치(VII+VIII+IX)	11,797									
	총주식수(천주)	74,694									
XI	적정주당가치(원)	157,944									
	현재가치(원)	148,500									
	Potential (%)	6.4%									

맞지 않는다.

앞에서 살펴본 SK하이닉스에 대한 리포트를 낸 애널리스트는 중국의 반도체산업 진입 등 앞으로 벌어질, 수치화하기는 어렵지만 분명 리스크가 될 수 있는 위험요소를 반영한 것일 수 있다. 그래서 자신이 RIM을 이용해 계산한 적정 주당 가치에 크게 미치지 못하는 목표 주가를 제시했는지도 모르겠다.

ROE를 이용한
목표 주가 계산법

ROE자기자본이익률, ROE : Return On Equity 를 계산하는 공식은 다음과 같다.

$$ROE = 당기순이익 / 자기자본 \times 100(\%)$$

투하된 주주 자본을 이용해서 어느 정도의 이익을 내고 있는지를 나타내는 지표로서, 기업이익 창출 능력을 보여준다. 주주 입장에서는 ROE가 당연히 시중 금리보다 높아야 기업에 지분투자를 한 의미가 있는 것이다.

따라서 ROE가 낮은 기업의 경우 주가가 낮게 형성될 가능성이 높고, ROE가 높은 기업의 경우 당연히 주가가 높게 형성이 될 가능성이 크다. 먼저 ROE를 이용한 애널리스트 리포트의 예를 살펴보자.

〈그림 2-13〉은 하나금융지주에 대한 어느 증권사의 애널리스트 리포트 중 일부 내용이다. ROE는 기업의 목표 주가를 계산하는 데 단독으

그림 2-13 **하나금융지주의 애널리스트 리포트**

목표주가 56,500원으로 하향 조정하나 투자의견은 Buy 유지

하나금융지주에 대한 목표주가를 56,500원으로 18% 하향 조정한다. 하나금융지주의 목표주가를 하향하는 주된 근거는 1) 금리 여건 변화에 따라 하나금융지주의 2019년 및 2020년 순이익 전망치를 각각 5.5%, 4.6% 하향 조정했고, 2) 하나금융지주의 지속가능 자기자본이익률(ROE)을 기존의 8.2%에서 7.6%로 하향 조정한 것이다. 하나금융지주의 현 주가는 12M fwd 기준 PBR 0.45배 (향후 3년 예상평균 ROE 9.0%)로 저평가 상태인 것으로 판단한다. 또한 중간배당 등 적극적인 배당정책으로 인해 2018년 및 2019년 기준 시가배당수익률이 각각 4.4%, 4.7%인 점도 주가에는 긍정적일 전망이다. 투자의견은 Buy를 유지한다.

애널리스트 리포트 200% 활용법

로 사용되지 않으며, 보통 PBR을 이용해서 목표 주가를 계산하는 데 함께 이용되는 경우가 많다. 이는 금융업종뿐만이 아니라 철강 등 다른 업종에서 목표 주가를 계산하는 데 있어서도 마찬가지다.

ROE는 산업이 이제 막 성장 단계에 진입했는지 또는 사양산업인지에 따라서 크게 영향을 받는다. 또한 기업 간 경쟁이 치열한 상황인지, 부가 가치가 상대적으로 높은 업종에 속하는지에 따라서 ROE가 크게 차이가 난다.

따라서 어느 특정 기업의 ROE를 판단할 때에는 ROE 숫자 자체만 볼 것이 아니라, 그 기업이 속한 산업 내 다른 기업의 ROE와 비교해야 한다. 그래야 기업의 정확한 이익 창출 능력이 파악된다. 그러나 ROE는 다음과 같은 단점을 가지고 있다.

먼저 표에 있는 두 기업을 살펴보자.

A기업과 B기업 모두 같은 업종에서 동일 제품을 생산하는 경쟁기업이라고 가정해보자. 경쟁력이 동일한 제품을 생산하는 관계로 두 회사의 매출액과 순이익이 같다고 가정했다.

A기업은 자본금의 규모가 10억 원이고 부채도 10억 원이라서 부채비율이 100%인 재무 구조가 건전한 기업이다. 그리고 B기업은 자본금이 5억 원이고 부채는 15억 원이라서 부채비율이 무려 300%인 재무 구조가 열악한 기업이다.

그런데 A기업의 ROE는 20%_{2억 원 / 10억 원 × 100%}이고, B기업은 40%_{2억 원 / 5억 원 × 100%}로 B기업의 자기자본이익률이 A기업보다 두 배나 좋다. 그러나 재무상태표를 들여다보면 ROE가 크게 차이가 나는 두 기업의 차이점은 단지 자산을 구성하고 있는 자본과 부채의 차이고, 재무 구조가 우량한 기업이 오히려 주주 입장에서는 기업이익 창출 능력이 떨어져 보이는 어처구니없는 결과를 만들어낸다.

ROE보다는 ROA를 봐야 한다

애널리스트 리포트에서 ROE를 많이 볼 수밖에 없는 주된 이유가 있다. 부채는 결국 타인 자본이고, 타인 자본을 이용한 대가인 이자는 이미 채권자들에게 지급했다.

이자를 지급하고 남은 당기순이익이 주주 입장_{투하한 자기자본}에서 볼 때, 기업에 자본을 투자해서 위험을 떠안은 행위에 대한 진정한 보상이다. 그렇기 때문에 ROE를 많이 사용하는 것이 아닌가 하는 개인적인 판단이다.

애널리스트 리포트 200% 활용법

워런 버핏이 기업의 ROE를 중요하게 여긴 대표적인 인물이다. 그러나 ROE는 동일한 조건이라면 부채비율이 높은 회사의 ROE가 높아지는 위와 같은 문제점을 가지고 있기 때문에, 총자산순이익률Return on Asset 을 살펴보는 것이 훨씬 기업이익 창출 능력을 잘 보여준다.

ROA를 구하는 계산식은 다음과 같다.

$$\text{ROA} = \text{당기순이익} / \text{총자산(자본 + 부채)} \times 100(\%)$$

필자가 기업의 경영 성과를 판단하는 데 있어서 ROE보다 ROA를 더 유용한 지표라고 판단하는 이유는 자기 돈자본이든 남의 돈부채을 빌려서 영업했든, 기업이 조달한 회사의 전체 자산을 얼마나 효율적으로 운용해서 성과를 냈느냐를 잘 보여주기 때문이다.

ROE의 또 다른 문제점은 바로, 기업이 얼마든지 그 수치를 조절할 수 있다는 것이다.

앞의 하나금융지주 리포트를 보면, 기업이 적극적인 배당 정책을 써서 시가배당률이 4%를 넘는다는 내용을 담고 있다. 기업이 벌어들인 이익을 배당으로 많이 지출하면, 그만큼 자기자본총계가 줄어든다. 그렇기 때문에 같은 이익 규모에도 ROE를 얼마든지 높일 수 있다. 이는 기업이 마음만 먹으면 중요하다고 인식되는 수익성 지표를 원하는 대로 바꿀 수 있다는 이야기다.

부분 가치합산을 이용한
목표 주가 계산법

부분 가치합산Sum of Part 방식으로 목표 주가를 산정하는 대표적인 회사가 지주회사다.

〈그림 2-14〉는 지주회사인 LS에 대한 어느 증권사의 애널리스트 리

그림 2-14 **LS의 애널리스트 리포트**

- **동 가격 상승 가능성이 동사의 주가를 상승시킬 듯**

   동사의 자회사들 대부분은 사업구조상 동 가격과 매우 높은 상관관계를 가지고 있다. 따라서 동사의 주가와 동 가격의 상관관계는 매우 높은 편이다.

   달러강세 추세가 지속됨에 따라 6월 중순부터 동 가격이 하락하기 시작하였다. 이에 따라 동사의 주가도 지속적으로 하락 하였다.

   그러나 지난 12일(현지시간) 미중 무역분쟁 우려·완화 기대감으로 달러 인덱스가 하락함에 따라 동가격이 상승하였다. 이와 같이 동 가격 상승 가능성 등이 향후 동사의 주가를 상승시킬 수 있을 것이다.

- **재무구조 개선 및 전기차 사업 등 향후 신성장동력 가시화 될 듯**

   지난해 7월 LS엠트론은 자동차 전장 부문 자회사인 LS오토모티브 지분 일부 및 동박 사업을 1조500억원에 미국계 투자회사인 KKR에 매각하였으며, 이어 8월 말에는 LS니꼬동제련이 해외 자원개발 회사 지분을 약 7100억원에 캐나다 기업에 매각하였다.

   이러한 자금을 바탕으로 재무구조 개선 뿐만 아니라 기존 주력인 전선·에너지 사업에 제4차 산업혁명 등을 활용한 첨단기술을 접목하는 방식으로 글로벌 경쟁력을 키울 것으로 예상된다.

   또한 LS전선이 중국 자회사 LSCW(LS케이블&시스템 우시) 지분 47%를 사모투자펀드(PEF) 운용사 파라투스인베스트먼트에 매각하였으며, LS전선의 하네스&모듈 사업을 물적분할하여 LS EV KOREA을 신설한 이후 47% 지분도 매각하였다. 이에 따라 향후 전기차 사업을 본격화 할 것으로 예상된다.

- **밸류에이션 매력적**

   동사에 대하여 투자의견 매수에 목표주가를 Sum-of-part 밸류에이션을 적용하여 95,000 원으로 하향한다. 자회사 가치의 경우 상장회사는 평균시장가격을, 비상장회사는 장부가치를 적용하여 산출하였다.

66

애널리스트 리포트 200% 활용법

포트다. 자회사의 지분 가치를 어떻게 반영해서 목표 주가를 산정했는지 친절히 설명해주고 있다.

〈그림 2-15〉에서 애널리스트는 자회사의 지분 가치를 자세히 도표로 보여주고 있다. 부분 가치합산 계산식은 자회사의 영업 상황에 따라서 목표 주가가 달라지기 때문에, 언제 어떻게 목표 주가가 변경될지 예측하기가 쉽지 않다.

적용이 가능한 목표 주가 계산식이 한정되어 있는 기업도 아주 많다

모든 애널리스트는 분석하고자 하는 기업의 목표 주가를 산출하는 데 있어서, 가장 합리적인 방식이라고 판단하는 목표 주가 계산식을 사용한다. 그러나 기업에 따라서는 적용이 가능한 목표 주가 계산식이 한정되어 있는 경우도 아주 많다.

그림 2-15 **LS의 지분 가치를 자세히 보여주는 애널리스트 리포트**

〈표 3〉 LS 주당 가치 및 자회사 가치평가 (단위: 억원)

투자지분가치	25,670
영업가치	3,200
순차입금	2,450
NAV	26,420
발행주식수(자사주제외)	27,767,071
주당 NAV(원)	95,149

자회사	지분율(%)	자회사 가치
LS산전	46.0%	8,043
LS전선	89.2%	3,085
LS엠트론	100.0%	4,334
LS니꼬동제련	50.1%	5,695
LS아이앤디	90.5%	2,639
기타		1,874

그림 2-16 대한항공의 재무제표 연결손익계산서

연결포괄손익계산서

제 56 기 2017.01.01 부터 2017.12.31 까지

제 55 기 2016.01.01 부터 2016.12.31 까지

제 54 기 2015.01.01 부터 2015.12.31 까지

(단위 : 원)

	제 56 기	제 55 기	제 54 기
매출	12,092,211,497,503	11,731,852,588,629	11,544,831,301,113
매출원가	9,991,152,334,349	9,435,221,360,181	9,517,396,914,141
매출총이익	2,101,059,163,154	2,296,631,228,448	2,027,434,386,972
판매비와관리비	1,161,276,913,569	1,175,822,057,924	1,144,346,106,332
영업이익	939,782,249,585	1,120,809,170,524	883,088,280,640
금융수익	72,872,182,881	51,443,446,042	56,270,826,080
금융비용	530,661,566,148	558,649,498,188	515,966,951,313
지분법이익(손실)	11,318,844,695	(112,267,348,951)	17,485,046,270
기타영업외수익	1,493,129,276,882	510,958,243,203	385,914,005,492
기타영업외비용	864,741,865,377	1,729,693,987,134	1,313,154,335,851
법인세비용차감전순이익(손실)	1,121,699,122,518	(717,399,974,504)	(486,363,128,682)
법인세비용(수익)	319,802,097,703	(160,555,543,917)	(85,493,975,209)
계속영업손실	801,897,024,815	(556,844,430,587)	(400,869,153,473)
중단영업손실			(162,098,133,747)
당기순이익(손실)	801,897,024,815	(556,844,430,587)	(562,967,287,220)

먼저 대한항공 종목을 살펴보자.

〈그림 2-16〉은 대한항공의 2015~2017년 3년간 재무제표 연결손익

계산서다. 기업은 매년 1조 원에 가까운 영업이익을 내고 있으나, 당기

순이익은 매년 크게 달라지고 있다. 그 주된 이유는 높은 부채비율, 그

에 따른 이자 부담, 환차손익 등 기타영업외수익과 비용이 얼마나 많

은지 혹은 적은지에 따라서 당기순이익이 많은 영향을 받고 있기 때문

이다.

따라서 애널리스트들은 목표 주가를 산정하는 데 있어서 PER을 사

용하기 힘든 회사다. 실제로 2018년 대한항공에 대한 리포트를 내는

증권사 중에서 PER을 이용해서 목표 주가를 계산하는 증권사는 전혀

없다. 대부분의 회사가 PBR을 이용해서 목표 주가를 계산하고 있다.

일부 증권사가 RIM과 DCF 모델을 사용하고 있다. 하지만 이는 향후 매년 순이익을 낸다는 가정을 한 목표 주가이기 때문에, 지난 10년간 당기순손실을 낸 해가 더 많았던 대한항공의 목표 주가를 계산하는 방식으로는 적당하지 않다.

대한항공보다 목표 주가를 산정하기가 훨씬 어려운 회사들도 있다. 바로 신약개발회사들이다.

〈그림 2-17〉은 코스닥 시가총액 순위 2위업체인 신라젠에 대한 애널리스트 리포트들이다. 신라젠의 2018년 10월 19일 시가총액은 6조 원이다. 2017년 상장 이후 신라젠에 대한 리포트는 8개뿐이었으며, 전부 목표 주가가 없는 'Not Rated' 리포트다. 그 이유를 〈그림 2-18〉에서 찾을 수 있다.

〈그림 2-18〉은 신라젠의 지난 4년간 재무제표 연결손익계산서다. 현

그림 2-17 **신라젠의 애널리스트 리포트들**

작성일	제목	적정가격	투자의견
2018-06-14	신라젠(215600)항암바이러스 개발 선두...	0	Not Rated
2018-03-22	신라젠(215600)중국 임상 환자 모집으...	0	Not Rated
2018-01-24	신라젠(215600)하반기 간암 3상 중간...	0	Not Rated
2017-09-11	신라젠(215600)REGN2810, 미국 FDA 혁...	0	Not Rated
2017-08-31	신라젠(215600)펙사벡, 면역항암제 시...	0	Not Rated
2017-06-15	신라젠(215600)글로벌 면역항암제 개...	0	Not Rated
2017-06-09	신라젠(215600)한국의 Incyte를 기대...	0	Not Rated
2017-03-21	신라젠(215600) 잠재가치가 큰 Pexa-V...	0	Not Rated

그림 2-18 신라젠의 재무제표 연결손익계산서

신라젠 (215600)

Income Statement

(십억원)	2014	2015	2016	2017
매출액	2.1	1.8	5.3	6.9
매출액증가율 (%)		-13.2	192.4	29.7
매출원가	0.0	0.0	0.0	0.0
매출총이익	2.1	1.8	5.3	6.9
판매관리비	17.0	25.6	52.1	57.5
영업이익	**-15.0**	**-23.8**	**-46.8**	**-50.6**
영업이익률	-718.8	-1,313.3	-885.1	-737.9
금융손익	-7.3	-29.3	-23.8	-4.6
종속/관계기업손익	0.0	0.0	0.0	0.0
기타영업외손익	-2.0	-1.0	-0.6	-0.9
세전계속사업이익	-24.3	-54.1	-71.2	-56.2
법인세비용	0.0	1.8	2.8	0.8
당기순이익	**-24.3**	**-55.9**	**-74.0**	**-57.0**
지배주주지분 순이익	-24.3	-55.9	-74.0	-57.0

재 신약개발 중인 회사인 관계로 매출은 거의 없으며, 당연히 영업이익과 당기순이익은 지속적으로 적자인 상태다.

물론 현재 임상 중인 신약개발에 대한 기대감으로 시가총액이 한때 10조 원을 넘었던 회사였으나, 어느 애널리스트도 신약개발의 가치를 수치화해서 목표 주가를 계산하지 않았다.

즉 언제 신약개발이 마무리되어 환자 투여가 시작될 지 아무도 예측하기 어렵기 때문이다.

절대적인 목표 주가 계산식은 존재하지 않는다

지금까지 우리는 애널리스트들이 사용하는 목표 주가 계산식의 종류에 대해서 살펴봤다. 여러분은 목표 주가 계산식에서 과연 무엇이 가장 중요하다고 생각하는가?

바로 기업의 이익이다. PER, EV/EBITDA를 이용한 목표 주가는 기업의 미래 예상되는 이익을 어떻게 반영해서, 목표 주가를 어떻게 계산할 것인가 하는 방법상의 차이일 뿐이다. 기업이익이 증가하면 어떤 방식을 이용하든 목표 주가는 오르게 되어 있다.

PBR을 이용한 목표 주가 산정 방식 역시 기업이익이 증가하게 되면 자본의 구성 항목인 이익잉여금이 증가한다. 결과적으로 주당순자산 BPS이 증가하고 목표 주가도 오르게 되어 있다.

잔여이익모델 방식도 미래의 기업이익이 증가하면 목표 주가도 자연스럽게 오르게 되어 있다. 모든 목표 주가 계산식은 최종적으로 기업이익이 얼마나 증가하느냐에 따라서 결정된다.

또한 기업이 속한 업종의 경쟁관계 정도, 산업의 성장 단계, 신기술의 등장 등 다양한 외부 영향과 CEO의 경영 마인드, 연구개발현황, 회사가 임직원들과 공유하는 비전 등 내부적으로도 기업이익에 크게 영향을 미치는 수치화하기 어려운 요인들이 아주 많다.

기업을 둘러싼 여러 다양한 변수가 존재하는데, 어떻게 하나의 도구로 모든 기업을 평가하는 일이 가능하겠는가?

결국 모든 업종에 적용될 수 있는 적정 주가를 정확하게 예측할 수 있는 마법과 같은 계산식은 존재하지도 존재할 수도 없다.

따라서 애널리스트 리포트를 읽을 때, 어떤 방식을 이용해서 목표 주가를 계산했느냐에 집중하기보다는 미래의 기업이익이 어떤 영업 전략에 의해서 얼마나 증가할지, 애널리스트는 어떻게 예측했는지, 그 부분을 집중적으로 분석하는 일이 훨씬 중요하다.

그리고 그런 노력과 고민하는 과정이 계속될수록, 애널리스트 리포트를 읽는 능력이 몰라보게 성장할 것이다.

Chapter 3

애널리스트 리포트에 있는 '재무제표 읽기!'

애널리스트 리포트 마지막 부분에는 대부분 기업의 재무제표가 포함되어 있다.

　재무제표는 손익계산서, 재무상태표, 현금흐름표, 재무비율 및 각종 투자 지표, 주석 등 여러 항목들로 구성되어 있다. 하지만 재무제표와 관련된 모든 내용을 다루기엔 이 서적의 근본 취지와는 맞지 않기 때문에, 주식투자자들이 반드시 알아야 할 핵심 내용만을 다루고자 한다.

　또한 시중에 나와 있는 재무제표 관련 서적들의 내용 중, 기업의 현실과는 너무도 다른 부분을 설명한다.

재무제표를 읽기 위한 원칙

시중에 나와 있는 재무제표 관련 서적들을 살펴보면 모든 책이 천편일률적으로 재무제표와 관련된 모든 내용을 다루고 있다. 필자는 일반인들, 특히 주식투자자들이 재무제표의 방대한 내용들을 모두 알고 있어야 한다고는 생각하지 않는다.

물론 다양한 지식을 알고 있다면 모르는 것보다 훨씬 도움이 된다. 하지만 일반투자자들이 기업의 외부 회계감사를 실시하는 것도 아니고, 기업의 회계와 관련된 모든 내용을 숙지할 필요는 없다.

실제로 회계와 관련된 모든 내용을 분석하고 파악하려면 하루 종일 특정 기업에만 매달려야 할 것이다. 우리의 목표는 애널리스트 리포트 분석을 통해서 투자 유망 종목을 얻고자 하는 것이지, 특정 기업에 대한 철저한 재무제표 분석이 아니다.

10년 이상 기업을 탐방하고 관련 애널리스트 리포트를 수없이 많이 읽으면서, 일반투자자들이 꼭 알아야 한다고 생각되는 내용들을 정리했다. 사실 여기서 다루는 내용만 충분히 이해한다면, 주식투자를 위해서 굳이 더 많은 재무제표 관련 지식은 필요 없다.

본격적으로 애널리스트 리포트에 있는 재무제표를 설명하기에 앞서, 재무제표를 읽기 위한 원칙을 소개하고자 한다. 이는 지극히 개인적인 견해이며, 수없이 많이 진행한 기업탐방 경험에서 나오는 필자만의 원칙이다.

첫째, 기업의 재무제표는 숫자가 클수록 중요하다. 애널리스트 리포트를 분석하면서 재무제표를 읽을 때 큰 숫자부터 살펴보는 습관을 들이도록 하자. 실제로 숫자가 큰 부분이 기업의 재무제표에서 중요하다. 왜 큰 숫자들이 발생했으며, 어떻게 해결되었는지 추적 관찰하는 것만으로도 기업의 전체적인 경영 성과를 파악하는 데 충분하다.

예를 들어 투자하고자 하는 기업의 매출채권이 전 분기 대비 크게 증가했다면, 그 원인이 무엇이며 급증한 매출채권이 향후 제대로 회수가 될 것인지 분석하는 일이 중요하다.

둘째, 기업의 재무제표에 절대적인 정답이 없는 경우도 많다는 사실을 기억하자. 재무제표에 '이것은 맞고 저것은 틀리다' 식의 이분법적인 논리보다는 기업이 현재 처해있는 상황에 따라서 달라지는 경우가 필자의 경험상 더 많았다.

예를 들어 자기자본 증가로 주주 가치가 훼손될 수 있기 때문에 유상증자가 주주 입장에서는 결코 달가운 것이 아니다. 하지만 기업의 매출과 이익이 크게 증가할 가능성이 높은 획기적인 신제품 출시를 위한 시설투자용 자금 마련을 위한 유상증자라면, 그런 유상증자는 호재라고 할 수 있다.

반면에 지속적인 영업 부진으로 부족한 운전자본을 마련하기 위한 주주배정 유상증자라면, 이는 당연히 기존 주주에게는 큰 악재다. 즉 같은 유상증자라도 기업이 어떤 상황에서 유상증자를 실시하게 되느냐에 따라 기존 주주들에게 호재일 수도 악재일 수도 있다.

셋째, 기업의 재무제표는 조화와 균형이 가장 중요하다. 예를 들어 매출채권은 매출이 증가하게 되면 그에 비례해서 증가하는 것이 자연스럽다. 물론 매출채권이 적으면 적을수록 기업의 현금흐름은 개선된다. 하지만 기업 간 거래에서 현금 거래만을 고집한다면, 그 기업은 외면을 당하게 되고 결과적으로 영업에 큰 문제가 발생하게 된다. 따라서 매출채권은 기업의 전체 매출 규모와 비교해서 과다하지만 않다면 큰 문제가 될 것은 없다.

넷째, 기업의 재무제표를 분석해야 하는 이유는 투자해서는 안 되는 기업을 걸러내는 작업이지, 결코 투자 유망 종목을 발굴하는 작업이 아니라는 사실이다.

시중에 나와 있는 재무제표 관련 서적들은 상장기업의 재무제표만 잘 이해하고 분석해도 투자 유망 종목을 찾을 수 있다고 언급하고 있다. 그 결과, 많은 일반투자자들은 재무제표 분석만 잘하면 주식투자로 큰돈을 벌 수 있다고 믿는다. 하지만 실상은 전혀 그렇지 못하다.

예를 들어 ROE자기자본이익률가 높은 기업에 투자하라고 수많은 재무제표 관련 서적들이 주장하고 있다. 어느 재무제표 관련 서적은 ROE가 높은 기업이 그렇지 못한 기업보다 얼마나 훌륭한 기업인지를 수치로 비교해서 보여주고 있다.

매년 이익잉여금이 기업에 쌓이는 만큼 자기자본이 증가하기 때문에 높은 ROE를 지속적으로 유지하기 위해서는 기업은 매년 더 많은 이익을 내야 한다. 이는 수학적인 상식을 가진 투자자라면 누구나 알 수 있는 내용이다.

그런데 그런 것을 마치 남들은 모르는 특별한 투자 방법인 양 포장하는 서적을 볼 때마다, 과연 그런 내용들이 주식투자자들에게 도움이 될까 하는 생각을 했다. ROE가 높은 기업에 투자하라는 이야기는 수능시험을 아주 잘 보면 좋은 대학에 갈 수 있다는 주장과 별반 다르지 않다.

정작 중요한 것은 앞으로 ROE가 높아지거나 현재의 높은 ROE를 지속적으로 유지할 수 있는 투자 유망 종목을 어떻게 찾아내는지, 그 방법을 알려주는 것이다. 그런데 그런 내용은 재무제표 관련 서적 어디에서도 찾아볼 수 없다.

현재 ROE가 높은 기업이 결코 미래에도 높은 ROE를 유지한다는 보장이 없기 때문에, 그 누구도 자신 있게 말할 수 없다. 기업 간 경쟁이 점점 더 치열해져 가는 상황에서 높은 ROE를 지속적으로 유지한다는 것은 정말 어려운 일이다. 실제로 ROE가 타의 추종을 불허할 정도로 높았던 기업들 중 상당수는 수년 이내에 수익성 저하로 기업 가치와 주가 하락을 겪는 모습을 필자는 수없이 많이 지켜봐 왔다.

그러나 우리는 재무제표 분석을 통해서 절대로 투자하면 안 되는 기업은 충분히 걸러낼 수 있다. 자세한 내용은 이번 'Chapter 3'에서 충분히 설명할 것이다.

이제 본격적으로 애널리스트 리포트에 나와 있는 기업 재무제표를 분석해보자.

〈그림 3-1〉과 〈그림 3-2〉는 어느 애널리스트 리포트의 삼성전자 재무제표 부분이다. 거의 모든 재무제표는 손익계산서, 재무상태표, 현금흐름표, 재무비율 및 각종 투자 지표로 구성되어 있다. 여기서 설명하는

그림 3-1 삼성전자의 재무제표 1

포괄손익계산서

12월 31일 기준(십억원)	2016	2017	2018E	2019E	2020E
매출액	201,867	239,575	243,803	238,902	258,904
매출원가	120,278	129,291	127,171	142,097	152,307
매출총이익	81,589	110,285	116,631	96,805	106,597
(매출총이익률, %)	40.4	46.0	47.8	40.5	41.2
판매 및 일반관리비	52,348	56,640	57,746	56,694	61,295
영업이익	29,241	53,645	58,885	40,111	45,302
(영업이익률, %)	14.5	22.4	24.2	16.8	17.5
영업외손익	1,473	2,551	920	1,182	991
금융수익	11,386	9,737	11,287	11,400	11,556
금융비용	10,707	8,979	11,123	11,123	11,123
지분법손익	20	201	1,200	1,200	1,200
기타	774	1,591	(444)	(294)	(642)
세전이익	30,714	56,196	59,805	41,294	46,293
법인세	7,988	14,009	14,951	10,323	11,573
(법인세율, %)	26.0	24.9	25.0	25.0	25.0
계속사업이익	22,726	42,187	44,853	30,970	34,720
중단사업이익	0	0	0	0	0
순이익	22,726	42,187	44,853	30,970	34,720
(순이익률, %)	11.3	17.6	18.4	13.0	13.4
지배주주순이익	22,416	41,345	43,958	30,352	34,027
비지배주주순이익	310	842	895	618	693
EBITDA	49,954	75,762	82,880	64,995	70,438
(EBITDA 이익률, %)	24.7	31.6	34.0	27.2	27.2
EPS (지배주주)	2,735	5,421	6,033	4,468	5,012
EPS (연결기준)	2,773	5,532	6,156	4,559	5,114
수정 EPS (원)*	2,735	5,421	6,033	4,468	5,012

재무상태표

12월 31일 기준(십억원)	2016	2017	2018E	2019E	2020E
유동자산	141,430	146,982	162,116	165,594	187,658
현금 및 현금등가물	88,182	83,184	95,957	95,131	112,492
매출채권	24,279	27,696	29,081	30,535	32,062
재고자산	18,354	24,983	25,424	27,967	30,308
기타	66,686	63,758	65,221	64,453	69,682
비유동자산	120,745	154,770	166,958	173,991	176,365
투자자산	12,642	14,661	18,444	21,361	22,872
유형자산	91,473	111,666	118,807	121,842	123,491
무형자산	5,344	14,760	16,024	17,106	16,320
기타	11,285	13,682	13,682	13,682	13,682
자산총계	262,174	301,752	329,074	339,585	364,023
유동부채	54,704	67,175	68,400	67,611	67,104
매입채무	6,485	9,084	9,538	10,492	11,017
단기차입금	12,747	15,768	15,768	15,768	15,768
기타 유동부채	35,472	42,324	43,094	41,351	40,319
비유동부채	14,507	20,086	20,164	20,231	20,342
사채 및 장기차입금	1,238	2,710	2,710	2,710	2,710
기타 비유동부채	13,270	17,375	17,454	17,521	17,631
부채총계	69,211	87,261	88,564	87,842	87,445
지배주주지분	186,424	207,213	232,336	242,951	267,093
자본금	898	898	898	898	898
자본잉여금	4,404	4,404	4,404	4,404	4,404
이익잉여금	193,086	215,811	240,634	250,949	274,791
기타	(11,963)	(13,899)	(13,599)	(13,299)	(12,999)
비지배주주지분	6,539	7,278	8,173	8,792	9,485
자본총계	192,963	214,491	240,510	251,743	276,578
순부채	(72,900)	(64,370)	(77,143)	(76,317)	(93,688)

그림 3-2 삼성전자의 재무제표 2

현금흐름표

12월 31일 기준(십억원)	2016	2017	2018E	2019E	2020E
영업활동에서의 현금흐름	47,386	62,162	66,836	49,721	54,009
당기순이익	22,726	42,187	44,853	30,970	34,720
현금유출이없는 비용 및 수익	30,754	36,211	36,853	32,852	34,545
유형자산 감가상각비	19,313	20,594	22,258	22,966	23,350
무형자산 상각비	1,400	1,524	1,736	1,918	1,786
기타	10,042	14,094	12,858	7,968	9,409
영업활동 자산부채 변동	(1,181)	(10,621)	(1,057)	(5,027)	(5,089)
투자활동에서의 현금흐름	(29,659)	(49,385)	(36,932)	(30,592)	(31,994)
유형자산 증감	(23,872)	(42,484)	(29,400)	(26,000)	(25,000)
장단기금융자산의 증감	(5,686)	2,377	(4,032)	(1,092)	(5,494)
기타	(100)	(9,278)	(3,500)	(3,500)	(1,500)
재무활동에서의 현금흐름	(8,670)	(12,561)	(19,135)	(20,037)	(10,195)
차입금의 증가(감소)	2,408	3,532	0	0	(10)
자본금의 증가(감소)	0	0	0	0	0
배당금	(3,115)	(6,804)	(10,140)	(10,042)	(10,185)
기타	(7,963)	(9,288)	(8,995)	(9,995)	0
현금증감	26,365	(4,998)	12,773	(827)	17,362
기초현금	61,817	88,182	83,184	95,957	95,131
기말현금	88,182	83,184	95,957	95,131	112,492
Gross cash flow	53,481	78,398	81,706	63,822	69,265
Free cash flow	23,243	19,370	37,436	23,721	29,009

참고 * 일회성 수익(비용) 제외
** 완전 희석, 일회성 수익(비용) 제외
*** P/E, P/B는 지배주주기준
자료 삼성전자, 삼성증권 추정

재무비율 및 주당지표

12월 31일 기준	2016	2017	2018E	2019E	2020E
증감률 (%)					
매출액	0.6	18.7	1.8	(2.0)	8.4
영업이익	10.7	83.5	9.8	(31.9)	12.9
순이익	19.2	85.6	6.3	(31.0)	12.1
수정 EPS**	24.5	98.2	11.3	(25.9)	12.2
주당지표					
EPS (지배주주)	2,735	5,421	6,033	4,468	5,012
EPS (연결기준)	2,773	5,532	6,156	4,559	5,114
수정 EPS**	2,735	5,421	6,033	4,468	5,012
BPS	26,636	30,427	34,221	35,785	39,340
DPS (보통주)	570	850	1,416	1,500	1,725
Valuations (배)					
P/E***	16.9	8.5	7.6	10.3	9.2
P/B***	1.7	1.5	1.3	1.3	1.2
EV/EBITDA	4.8	3.3	2.9	3.7	3.2
비율					
ROE (%)	12.5	21.0	20.0	12.8	13.3
ROA (%)	9.0	15.0	14.2	9.3	9.9
ROIC (%)	18.1	29.6	28.2	18.1	19.5
배당성향 (%)	15.6	12.4	19.2	29.5	30.2
배당수익률 (보통주, %)	1.2	1.8	3.1	3.3	3.7
순부채비율 (%)	(37.8)	(30.0)	(32.1)	(30.3)	(33.9)
이자보상배율 (배)	49.7	81.9	81.4	55.5	62.6

내용만 정확하게 이해하고 숙지해도 기업의 재무제표를 분석하는 데 큰 어려움이 없을 것이라고 확신한다.

⁄ 재무상태표 읽기

외할머니로부터 비법을 전수받은 물냉면 집을 창업하는 경우를 다시 한번 생각해보자. A씨가 가장 먼저 해야 할 일은 창업을 위한 자본금을 마련하는 일이다. A씨는 퇴직금과 물냉면 집 성공에 확신을 가진 주변 지인들로부터 출자금을 받아서 자본금을 마련했다. 그리고 부족한 돈은 은행에서 대출부채을 받았다.

기업의 창업도 똑같다. 기업 경영에 필요한 자금을 조달하는 방법은 크게 주주의 투자자본금와 외부차입부채으로 해결한다. 재무상태표는 기업이 필요로 하는 자금을 어떻게 조달부채 + 자본했고, 조달한 자금자산을 어디에 얼마나 사용하고 있는지를 일목요연하게 보여주는 것이다. 따라서 자산 = 부채 + 자본의 등식이 성립하게 된다.

│ 삼성전자 2018년 재무상태표 요약 │	
자산 총계 : 329조 원	부채 총계 : 89조 원
	자본 총계 : 240조 원

삼성전자는 2018년 말 329조 원의 자산을 가지고 있으며, 자산을 형성하는 데 필요한 자금은 외부차입으로 89조 원, 주주가 출자한 자본과 그동안 회사가 벌어들인 주주 몫인 이익잉여금의 합인 240조 원으로 구성되어 있다.

자산 항목 읽기

〈그림 3-1〉에서 삼성전자 재무상태표의 자산 항목은 크게 유동자산과 비유동자산으로 나눠져 있다. 즉 유동성을 기준으로 1년 이내에 현금화가 가능한 유동자산과 현금화하는 데 1년 이상 걸리는 비유동자산으로 분류했다.

유동자산은 크게 현금 및 현금성자산^{상기 재무상태표에는 현금 및 현금등가물이라고 표현함}, 매출채권, 재고자산, 기타 부분으로 구성되어 있다.

기업은 일정 부분의 현금을 손에 쥐고 있어야 한다. 설비투자가 필요할 때마다 외부에서 차입하거나, 기존 주주에게 손을 벌릴 수는 없기 때문이다. 또한 긴급하게 기업운전 자금이 필요한 경우도 있다.

그러나 너무 많은 현금을 손에 쥐고 가만히 앉아있는 것은 기업이 자산을 효율적으로 운용하지 못한 것이기도 하다. 기업의 매출 규모에 비례하여 적절한 현금을 보유하고 있어야 좋은 기업이다.

매출채권은 말 그대로 기업이 제품을 판매할 때 외상으로 판 금액이다. 기업 간 거래에서 외상 거래는 일반화되어 있기 때문에, 상장기업들은 일정 부분의 매출채권을 가지고 있다. 따라서 기업의 매출이 증가하면서 매출채권도 증가하는 것은 자연스러운 현상이다.

여기서 중요한 부분은 매출채권이 길게는 전년 대비, 짧게는 전 분기 대비 크게 증가했다면 그 원인이 무엇인지 확인해야 한다. 그리고 급증한 매출채권을 향후 어떻게 회수할 것인지 반드시 파악해야 한다. 그것은 직접 해당 기업을 방문하거나, 해당 기업의 주식 IR 담당자와의 전화통화를 통해서만 가능하다.

재고자산 역시 마찬가지다. 기업의 규모가 커지게 되면 매출이 늘어나고 재고자산도 증가하는 일은 자연스러운 것이다. 다만 갑자기 재고자산이 크게 증가하게 된다면, 그 원인이 무엇인지 직접 회사를 통해서 확인해야 한다.

반대로 재고자산이 너무 적은 기업도 문제가 될 수 있다. 갑자기 기업의 제품이 잘 팔리게 되는 경우 제품 수요에 적절히 대응하지 못하는 일이 발생할 수 있기 때문이다.

몇 해 전 완구 유통을 전문으로 하는 손오공회사는 관계회사가 만든 '터닝메카드'라는 완구가 어린이들 사이에서 선풍적인 인기를 얻게 되자, 주식시장의 관심을 받은 적이 있다. 터닝메카드의 인기가 절정이었을 당시 모든 백화점이나 마트의 완구코너에서 터닝메카드를 구입할 수 없었으며, 터닝메카드 품절이라는 안내 문구만 볼 수 있었다. 기업의 재고 부족으로 더 많은 제품을 판매하지 못하는 상황이었다.

기업의 재고자산 역시 조화와 균형이 필요한 항목이다. 대부분의 재무제표 관련 서적은 유동자산 구성 항목에 대한 설명만을 하고 있다. 그러나 우리 주식투자자들에게는 매출채권이나 재고자산은 기업이익 및 현금흐름과 직결되기 때문에, 큰 숫자적 변화가 생기면 그 원인을 정확하게 체크하는 습관을 길러야 한다.

기업의 운전자본은 매출채권과 재고자산으로 구성되어 있다. 따라서 기업의 절대 규모에 비해서 매출채권과 재고자산이 많게 되면 기업의 운전자본은 더 많이 필요하게 된다. 그리고 부족한 자금을 외부차입으로 조달하게 된다면 금융 비용 증가로 이어져, 기업의 수익성을 훼손시킨다는 사실도 기억하자.

여기서 한 가지 더 설명하자면, 일부 재무제표 관련 서적에서는 기업이 재고자산을 통해서 기업이익을 부풀릴 수 있다고 설명하는 경우가 있다. 우리는 기업의 전체 매출에서 매출원가와 판관비를 제외하고 영업이익을 계산할 수 있다. 기업이 매출원가를 낮추면 낮출수록 영업이익이 증가하게 되는 것이다. 그리고 매출원가를 계산하는 공식은 다음과 같다.

매출원가 = 기초재고자산 + 당기 제품 생산 비용 - 기말재고자산

따라서 매출이 증가하지 않는 상황에서 제품을 많이 생산해 기말재고자산으로 많이 보유하고 있으면, 기업의 매출원가가 낮아져서 영업이익이 증가할 수 있다. 재고자산은 유동자산으로 분류되어 기업의 자산 증가와 동시에 유동비율_{유동부채 / 유동자산}을 개선시키는 효과가 있다는 이유로, 그런 기업을 조심해야 한다고 주장하는 서적을 본 기억이 있다. 또 어느 서적에서는 재고자산을 통한 분식회계라는 표현까지 쓰기도 한다.

애널리스트 리포트 200% 활용법

그러나 필자는 이것이 기업에 대해서 하나만 알고 둘은 모르는 주장이라고 생각한다. 재고자산이 증가하면 유동자산이 증가하는 것은 맞지만, 반대로 현금성자산이 감소하거나 부채나 자본도 동시에 증가해야 한다. 재고자산을 증가시키기 위해서 필요한 자금을 어떻게든 조달해야 하기 때문이다.

결국 기업은 자체 보유 현금의 사용, 외부에서 필요 자금 조달 또는 기존 주주에게 아쉬운 소리를 해야 한다는 것이다. 또한 영업활동 현금흐름에 마이너스 효과를 줘, 재고자산이 증가하는 만큼 기업의 실제 현금흐름은 악화되는 것이다.

이는 기업의 현실을 정확하게 이해하지 못하고 하는 주장이다. 영업이익을 부풀리기 위해서 매출이 증가하지 않는 상황에서 공장 가동률을 올리고, 팔리지 않는 제품을 재고로 쌓아두고 있는 비정상적인 상장기업을 필자는 20년간 접해본 기억이 없다. 이는 거의 자해행위와 다를 바 없다.

재고자산이 증가할수록 생산 비용은 증가하고 회계상의 영업이익은 증가하나, 실제 현금은 외부로 지속적으로 유출된다. 이는 재무상태표 재고자산 증가 와 현금흐름표 영업활동 현금흐름 마이너스 에 즉각적으로 나타나기 때문에, 이런 속임수로 주식투자자를 한두 번은 속일 수 있어도 지속적으로 속이는 일은 거의 불가능하다. 정상적인 기업이 한두 해만 장사하고 그만두겠는가?

개인적으로 필자가 재무상태표의 비유동자산에서 중요하게 살펴보는 항목 중 하나가 바로 유형자산이다. 그 이유는 제조업의 경우 매출

그림 3-3 모뉴엘의 손익계산서

손 익 계 산 서
제 10 기 2013년 1월 1일부터 2013년 12월 31일까지
제 9 기 2012년 1월 1일부터 2012년 12월 31일까지

주식회사 모뉴엘   (단위 : 원)

과 목	제 10(당) 기	제 9(전) 기
매출액(주석 18, 26)	1,140,984,800,757	825,132,396,901
매출원가(주석 19, 26)	975,017,812,971	695,004,618,072
매출총이익	165,966,987,786	130,127,778,829
판매비와관리비(주석 20)	60,901,995,462	44,155,336,130
영업이익	105,064,992,324	85,972,442,699
영업외수익	10,413,250,321	4,651,952,777

을 일으키는 힘이 바로 유형자산이기 때문이다.

유형자산은 토지와 건물, 기계장치, 차량 등 기업이 제품이나 서비스를 생산하는 데 이용되는 물리적인 형태를 가진 자산이다. 따라서 제조업체는 자산 항목 중에서 유형자산의 규모가 가장 크며, 회사의 매출뿐만이 아니라 재정적으로 어려운 상황에서 유형자산을 담보로 외부차입을 할 수 있는 유동성 문제도 해결해주는 아주 중요한 핵심자산이다.

먼저 2014년에 파산한 모뉴엘의 손익계산서를 〈그림 3-3〉에서 살펴보자.

〈그림 3-3〉은 전자공시 시스템에서 발췌한 모뉴엘의 손익계산서다. 한때 모뉴엘은 IT 혁신기업으로 극찬받으며 기업 매출과 이익이 괄목할 만한 성장을 이룬 기업으로 유명했다. 그러나 대부분의 매출이 가공의 매출인 것으로 밝혀지면서 2014년에 파산했다.

2013년 매출액은 1조 1,400억 원에 달하고 있다. 제조업업종에 따라

그림 3-4 모뉴엘의 유형자산 규모

단기매매증권	247,798,619		136,454,843	
매출채권(주석 6)	37,332,957,902		29,244,556,373	
단기대여금(주석 25)	3,496,050,000		1,160,000,000	
대손충당금	(250,000,000)		(200,000,000)	
미수금	4,041,862,337		1,264,871,245	
대손충당금	–		(208,228)	
정부보조금	(405,620,499)		(257,302,733)	
선급금	1,394,225,821		808,126,110	
선급비용	182,428,994		401,151,095	
미수수익	465,716,501		246,206,616	
이연법인세자산(주석 14)	2,733,663,720		501,476,187	
재고자산(주석 7)		145,784,631,913		84,691,477,473
비유동자산		97,847,017,668		61,475,627,447
투자자산		48,180,338,360		34,858,111,989
장기금융상품	540,192,241		600,942,111	
장기대여금(주석 25)	1,769,057,367		1,704,290,727	
대손충당금	(315,975,000)		–	
매도가능증권(주석 8)	10,400,000,000		6,030,000,000	
지분법적용투자주식(주석 9)	35,787,063,752		26,522,879,151	
유형자산(주석 10)		48,500,365,764		25,323,885,545
무형자산(주석 11)		489,211,733		688,741,193
기타비유동자산		677,101,811		604,888,720

서 그리고 기업의 생산 전략에 따라서 달라지겠지만, 제조업체 평균 유형자산의 매출액 대비 비중은 대략 30~60% 선이다. 그러면 모뉴엘의 유형자산 규모를 확인해보자.

〈그림 3-4〉는 모뉴엘의 유형자산 규모를 보여주고 있다. 2013년 유형자산 규모는 485억 원으로 매출액 대비 4% 수준이었다. 그리고 유형자산 주석을 통해서 유형자산의 세부 내역을 들여다보면, 485억 원도 대부분 건물이며 기계장치 유형자산 규모는 10억 원대였다.

이를 두고 일부 전문가들은 모뉴엘의 재무제표가 가지고 있던 문제점 중 하나로 지적하는 것을 자주 본 기억이 있다. 그러나 모뉴엘은 사기극

그림 3-5 S-Oil의 손익계산서

연결포괄손익계산서

제 43 기 2017.01.01 부터 2017.12.31 까지
제 42 기 2016.01.01 부터 2016.12.31 까지
제 41 기 2015.01.01 부터 2015.12.31 까지

(단위 : 백만원)

	제 43 기	제 42 기	제 41 기
매출액	20,891,374	16,321,843	17,890,272
매출원가	18,783,141	14,020,892	16,438,773
매출총이익	2,108,233	2,300,951	1,451,499
판매비와관리비	734,968	684,062	633,895
영업이익(손실)	1,373,265	1,616,889	817,604
기타수익	377,085	486,419	485,716
기타비용	314,010	475,037	392,871
금융수익	330,283	185,006	145,963
금융비용	126,884	244,830	253,480
공동기업및관계기업투자주식지분법손익	5,130	6,649	9,799
법인세비용차감전순이익(손실)	1,644,869	1,575,096	812,731
법인세비용	398,380	369,732	181,409
당기순이익(손실)	1,246,489	1,205,364	631,322

이 세간에 알려지기 이전에 대부분의 가전제품 생산을 외주 생산한다고 밝혔다. 그러면 매출액 대비 유형자산이 극히 적은 이유가 설명된다.

모뉴엘 기업이 사기 행각을 벌인 기업이긴 했으나, 유형자산이 없어서 처음부터 사기 회사였다고 주장하는 것은 잘못된 해석인 것이다. 필자가 굳이 모뉴엘의 사례를 예로 든 이유는 매출액 대비 유형자산 규모가 절대적으로 작기 때문이다.

하여튼 제품을 직접 생산하는 기업이라면 〈그림 3-5〉와 같은 매출액 대비 유형자산을 가지고 있는 것이 정상적인 기업이다.

〈그림 3-5〉는 S-Oil의 손익계산서다. 매출액이 2017년 20조 원이 넘

그림 3-6 S-Oil의 유형자산 규모

연결재무상태표

제 43 기 2017.12.31 현재
제 42 기 2016.12.31 현재
제 41 기 2015.12.31 현재

(단위 : 백만원)

	제 43 기	제 42 기	제 41 기
자산			
유동자산	6,774,846	7,974,398	5,689,780
현금및현금성자산	480,052	767,438	201,203
매출채권	1,538,758	1,154,608	1,030,881
기타채권	219,631	181,249	253,208
기타금융자산	1,711,098	3,433,772	2,497,628
파생상품자산	24,312	2,078	17,302
재고자산	2,790,742	2,423,440	1,598,710
기타유동자산	10,048	11,813	16,709
당기법인세자산	205		74,139
비유동자산	8,312,605	5,984,629	5,105,746
기타채권	62,941	64,895	72,007
기타금융자산	49,843	49,308	50,154
종속기업, 공동기업 및 관계기업 투자	32,353	33,295	35,433
유형자산	7,968,693	5,710,804	4,730,793
무형자산	105,155	54,462	47,243
기타비유동자산	27,823	43,731	170,116
순확정급여자산	65,797	28,134	
자산총계	15,087,451	13,959,027	10,795,526

그림 3-7 우진플라임의 손익계산서

연결포괄손익계산서

제 26 기 2017.01.01 부터 2017.12.31 까지
제 25 기 2016.01.01 부터 2016.12.31 까지
제 24 기 2015.01.01 부터 2015.12.31 까지

(단위 : 원)

	제 26 기	제 25 기	제 24 기
수익(매출액)	229,589,677,096	228,313,547,320	183,188,498,342
매출원가	171,913,593,671	166,058,964,845	148,242,541,618
매출총이익	57,676,083,425	62,254,582,475	34,945,956,724
판매비와관리비	51,458,655,799	46,117,585,306	45,661,733,446
영업이익(손실)	6,217,427,626	16,136,997,169	(10,715,776,722)
기타이익	4,712,291,041	7,381,282,229	5,618,055,141
기타손실	4,823,303,103	2,539,689,430	10,577,001,475
금융수익	76,380,993	4,832,668	21,026,735
금융원가	5,038,354,682	5,237,290,006	5,122,514,832
지분법손실	0	0	210,949,778
법인세비용차감전순이익(손실)	1,144,441,875	15,746,132,630	(20,987,160,931)
법인세비용	400,782,884	945,260,814	(3,734,920,670)
당기순이익(손실)	743,658,991	14,800,871,816	(17,252,240,261)

는 수준이다.

〈그림 3-6〉은 S-Oil의 유형자산 규모를 보여주고 있다. 2017년 말 8조원 정도의 유형자산을 보유하고 있으며, 매출액 대비 40% 수준이다. 아주 정상적인 수준의 유형자산 규모다.

〈그림 3-7〉은 사출성형기 제조업체인 우진플라임의 3년간 손익계산서다. 2017년 2,300억 원 수준의 매출액이다. 문제는 2016년과 매출은 비슷한 규모지만, 영업이익은 2016년 160억 원에서 2017년 62억 원으로 거의 100억 원 가까이 줄어들었다.

〈그림 3-8〉에서 우진플라임의 유형자산 규모를 살펴보자. 우진플라임은 애널리스트 리포트 내용에 있듯이 2017년에도 내재화를 위한 투자를 계속 진행했다. 그리고 2017년 말 1,700억 원이 넘는 유형자산을 보유 중이며, 매출액 대비 75% 수준으로 과잉 설비투자 상태라고 이야기할 수 있다.

그림 3-8 우진플라임의 유형자산 규모

비유동자산	172,837,415,728	162,840,890,533	171,755,458,221
장기매출채권 및 기타비유동채권	511,231,123	292,748,207	336,156,042
장기매출채권	315,760,200	97,277,900	101,124,160
대손충당금	(101,085,320)	(60,318,780)	(33,750,518)
장기보증금자산	303,375,214	256,645,464	278,782,400
대손충당금	(10,000,000)	(10,000,000)	(10,000,000)
장기선급금	0	0	0
장기선급비용	3,181,029	9,143,623	0
유형자산	170,608,848,273	160,752,260,804	169,484,487,188
영업권 이외의 무형자산	825,628,206	947,134,000	1,243,694,548
투자부동산	0	0	0
기타비유동금융자산	350,700,000	478,851,140	480,192,609
비유동매도가능금융자산	350,700,000	478,851,140	478,851,140
비유동파생상품자산	0	0	1,341,469
장기금융상품	541,008,126	369,896,382	210,927,834

애널리스트 리포트 200% 활용법

즉 기업의 매출에 비해서 유형자산이 적은 기업도 문제지만, 매출액 대비 그 규모가 과도하게 많은 기업 역시 시장 상황을 제대로 예측하지 못해서 과잉 설비투자 상태다. 그런 기업은 감가상각비 부담이 크다는 사실을 일반투자자들은 꼭 기억해야 한다. 우진플라임은 대규모 감가상각비로 2017년 영업이익이 크게 줄어든 회사다. 유형자산 역시 조화와 균형이 중요하다.

비유동자산 항목 중 투자자산은 기업이 장기금융상품, 타 기업 지분, 부동산 등에 투자한 금액이다. 적정 규모의 현금성자산을 제외하고 기업은 잉여 자금을 적극적으로 운용해서, 기업이익을 극대화하는 일이 지극히 당연하다.

기업이 투자자산을 많이 가지고 있다는 사실은 두 가지를 의미한다.

첫째, 그동안 기업이 영업을 잘해서 이익잉여금을 크게 증가시켰고 그만큼 우량한 재무 구조를 가지고 있다는 증거다.

둘째, 상대적으로 수익성이 될 만한 신사업 영역을 찾지 못하고 있다는 방증이 될 수도 있다. 마땅한 투자처가 없기 때문에 투자자산으로 쌓아두고 있는 것이다. 이는 현재 기업이 추가적인 성장에 어려움을 겪고 있다는 것을 의미한다.

형체가 없다는 의미의 무형자산은 영업권, 개발비, 특허권, 상표권, 각종 권리금 등으로 구성되어 있다. 일반 주식투자자들이 무형자산 전체를 다 이해할 필요는 없다. 무형자산 중 비중이 가장 큰 영업권과 개발비만 기억하자.

영업권은 타 기업을 인수할 때 기업의 실제 가치를 초과하여 지급하는 금액인 경우, 비용이 아닌 무형자산으로 회계 처리하는 항목이다. 피인수 기업이 미래에 이익을 가져다준다고 판단해서 기업 인수 시 프리미엄을 지급한 것이며, 무형자산으로 회계 처리가 가능하다.

개발비는 신제품개발에 들어가는 연구 비용을 무형자산으로 회계 처리하는 것이다. 일상적인 연구활동은 비용으로 처리하나, 예를 들어 바이오회사가 신약개발을 위해서 지출하는 연구개발 비용은 무형자산으로 회계 처리가 가능하다. 드라마 제작회사 역시 특정 드라마 제작 비용을 무형자산으로 회계 처리하고, 일정 기간 비용으로 감가상각하는 일이 가능하다.

부채 항목 읽기

재무상태표에서 유동부채 항목은 크게 매입채무, 단기차입금, 기타 유동부채로 구성되어 있다. 여기서는 매입채무와 단기차입금 부분만 설명하도록 하겠다.

매출채권의 반대 개념이 매입채무다. 기업 간 외상 거래에서 기업은 제품 생산에 필요한 원재료를 현금이 아닌 외상으로 사는 경우도 많이 발생한다. 이를 매입채무라 한다. 매입채무만큼 기업이 운전자본에 여유가 생겼다고 유추할 수 있다. 외상으로 원재료를 사왔기 때문에 이자 비용은 그만큼 줄어드는 효과가 있다. 필자의 기업 분석 경험상 매입채무보다는 단기차입금이 더 중요하다.

1년 이내에 상환 의무가 있는 단기차입금이 부채 항목 중에서 차지하는 비중이 큰 기업일수록, 당연히 단기 자금 사정이 좋지 않은 회사다.

특별히 유동성 장기부채가 갑자기, 그것도 큰 규모로 발생하는 기업은 반드시 그 원인을 파악해야 한다.

유동성 장기부채의 존재 여부는 애널리스트 리포트에 나와 있는 재무제표 부분에서는 확인하기 어렵다. 추가적으로 전자공시DART 시스템의 상장기업 실적보고서분기, 반기, 사업보고서 재무에 관한 사항 중 재무제표나 재무제표 주석란에서 확인이 가능하다.

유동성 장기부채라는 용어가 낯선 주식투자자가 있을 것이다. 혹시 들어본 기억이 있는 투자자라도 무심코 그냥 흘려보냈을 것이다. 일단 용어 자체가 너무 어렵다. 말 그대로 장기부채인데 유동성이 있는 부채다. 유동성 장기부채란 원래는 만기가 1년 이상인 장기부채였는데, 만기가 1년 이내로 짧아지면서 이자 및 원금까지 단기간에 갚아야 할 부채가 된 것이다. 따라서 유동성 장기부채의 증가는 기업의 단기 자금 부담이 되는 차입금이다.

기업이 자금을 조달하는 방법 중 흔한 방법이 은행으로부터 자금을 빌리는 것이다. 이는 은행의 중요한 수입원이다. 은행의 입장에서는 낮은 이자를 주고 개인들로부터 예금을 받아서 기업에 고금리로 장기간 담보 대출을 해줘야 남는 장사다. 은행 입장에서는 어느 정도 돈을 떼일 위험성을 감수하면서도 기업에 대출을 해주려고 애쓴다.

보통 은행이 기업에 대출을 해주는 기간은 3~5년의 장기간이다. 그리고 은행은 기업의 재정 상태가 아주 악화가 되지 않는 이상 대출금을 재연장해줘 높은 이자를 계속 받고 싶어 한다. 그런데 은행의 대출 심사에서 도저히 기업의 재정 상태가 좋지 않아 위험하다고 판단을 내리면, 3~5년 만기 대출금을 재연장해주지 않고 대출금을 회수해갈 것이다.

투자하고자 하는 주식의 재무제표에 유동성 장기부채가 생기면 구체적인 상환 계획을 알아야 하며, 이는 기업의 주식 IR 담당자에게 전화해서 확인이 가능하다. 이는 아주 중요한 사항으로, 꼭 체크해야 한다. 급한 불을 꺼야 하는 상황에서 구체적인 상환 계획을 가지고 있는지 아닌지는 현재의 기업 자금 사정을 알려주는 것이기 때문이다.

비유동부채는 자금 상환 의무가 1년 이상인 장기부채로서 사채, 장기차입금, 기타 비유동부채 항목으로 구성되어 있다. 유동부채보다 비유동부채가 많은 기업이 당연히 단기 자금 압박이 덜하다.

자본 항목 읽기

기업의 자본자기자본, 순자본은 크게 자본금, 자본잉여금, 이익잉여금, 기타 자본 항목으로 구성되어 있다. 기업이 경영활동을 하는 데 필요한 자금을 마련하는 방법 중 하나다.

기업이 액면가가 5천 원인 증권 20만 주를 발행해서 주당 2만 원으로 자금을 조달한다면, 주주가 출자한 자본금은 10억 원액면가 5천 원 × 20만 주이며, 자본잉여금은 30억 원15,000원 × 20만 주이 된다. 즉 발행된 주식의 액면가 합계가 자본금이며, 초과 발행된 금액의 합계가 자본잉여금이다. 자본금과 자본잉여금은 주주들의 호주머니에서 나온 금액이다.

이익잉여금은 기업이 벌어들인 순이익 중에서 주주에게 배당하고 남은 금액의 합계다. 기업은 계속해서 영업과 관리활동을 해야 하므로 자

애널리스트 리포트 200% 활용법

금이 필요하고, 그렇기 때문에 벌어들인 돈 전부를 배당금으로 주주에게 지급해서는 안 된다.

여기서 일반투자자들이 혼동하기 쉬운 부분을 설명하고자 한다. 이익잉여금은 전부 기업이 보유하고 있는 현금이라고 잘못 판단하기 쉽다. 이는 단어 자체에서 오는 혼돈이라고 생각된다. 상장기업들이 성장을 위한 투자는 하지 않고 회사에 유보금만 쌓아둔다는 경제 관련 뉴스에 자주 노출되어서, 이익잉여금은 현금으로 쌓아둔 유보금으로 판단하는 일반투자자들이 많다.

그러나 이익잉여금은 자산을 마련하기 위해서 필요한 자금을 조달한 방법 중 하나며, 이익잉여금은 자산의 여러 항목에 골고루 사용되어 있다. 이익잉여금의 원천인 순이익에는 매출채권도 포함되어 있다는 사실을 기억하면 이러한 오해는 없을 것이다. 기업이 벌어들인 이익잉여금을 전부 현금 및 현금성자산으로 가지고 있지 않은 이상, 유보금으로 쌓아두고 있다는 뉴스는 사실과 다르다.

기업은 회사 경영에 필요한 자금을 외부에서 조달부채할 수도 있지만 기존 주주를 대상으로 유상증자를 실시하여 자본금과 자본잉여금을 늘려 자금을 조달할 수도 있다. 기업이 지속적으로 이익을 창출하여 설비투자 등 필요 자금을 자체적으로 마련하는 것이 가장 바람직하다.

그러나 지속적인 경영난과 기업의 신용도 하락으로 외부에서 자금을 차입부채하는 일이 어려워져서, 유상증자를 통해서 기존 주주에게 지속적으로 부담을 준다면 기존 주주 입장에서는 얼마나 짜증이 나겠는가?

한두 번도 아니고 자신이 투자한 기업이 지속적으로 손을 벌리면, 잘못 투자했다는 생각과 함께 투자원금을 회수^{주식} 매도하고 싶은 욕구가 강해질 것이다.

따라서 최근 주식시장에서 유상증자는 일반적으로 악재로 받아들여지고 있다. 특히 장기간의 실적 부진으로 외부차입을 통한 자금 조달이 사실상 불가능해져서 부족한 운전자본을 주주 대상 유상증자를 통해 조달하는 기업의 경우, 유상증자를 발표하면 주가는 거의 하한가까지 곤두박질치는 모습을 자주 목격한다.

그렇다면 모든 유상증자가 주주 입장에서는 악재일까?

매출의 대부분이 수주에서 발생하는 기업이, 어느날 갑자기 고객인 기업으로부터 대량의 주문을 수주하는 경우를 생각해보자. 그 기업은 제품 생산에 필요한 운전자본이 당연히 많이 필요할 것이고, 외부 조달로 충분치 않아서 유상증자를 결정하는 경우가 있을 것이다.

유상증자에 따른 발행 주식 수 증가로 주주의 가치가 희석되는 부정적인 부분도 있으나, 매출 증가에 따른 기업이익 증가라는 긍정적인 효과가 너 클 것이다. 이 경우 유상증자는 악재가 아닌 호재다.

특정 기업이 무상증자 실시를 발표하면 해당 기업의 주식이 단기간 급등하는 모습을 쉽게 목격할 수 있다. 무상증자란 자본의 구성 항목 중 하나인 이익잉여금 계정에 있는 자금을 자본금 계정으로 이동시키는 것이다. 즉 자본총계에는 변화가 생기지 않고, 단지 구성 항목만 조정하는 행위에 불과하다.

무상증자를 실시하게 되면 기존 주주는 무상증자 비율대로 주식을 무상으로 받게 되어 공짜로 주식 수가 증가하는 효과가 생기게 된다. 이론적으로는 무상증자만큼 주가가 권리락되어 기존 주주에게 실질적인 이익은 없으나, 주식 수가 증가한다는 이유로 주가는 급등한다.

따라서 필자는 결코 인정하고 싶지 않지만 무상증자는 주식시장에서 단기 호재로 작용한다. 하지만 결국 기업의 주가는 기업 가치에 회귀하기 마련이고, 장기적으로 보면 무상증자 효과는 대부분 사라진다.

손익계산서 읽기

기업의 재무제표 종류 중에서 가장 중요한 것이 무엇이냐고 회계전문가에게 질문하면, 대다수의 전문가는 손익계산서라고 답변할 것이다. 물론 필자도 같은 생각이다.

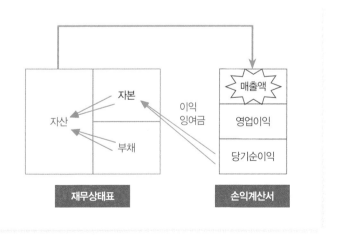

무엇보다도 기업이 정상적인 영업활동을 통해서 많은 이익을 내야 순차적으로 재무상태표, 현금흐름표, 각종 재무비율 및 투자 지표도 좋아지게 되기 때문이다.

그렇다면 손익계산서에서 가장 중요한 항목은 무엇일까?

표에서 보는 것처럼 기업의 경영활동을 살펴보면, 재무상태표와 손익계산서는 자금의 흐름을 통해서 서로 긴밀하게 연결되어 있는 것을 확인할 수 있다.

기업은 주주로부터 출자받은 자금자본과 외부차입금부채으로 건물, 기계장치, 차량자산 등을 구매하여 본격적으로 제품을 생산 판매하여 매출을 발생시킨다. 총매출액에서 제품 생산에 들어간 매출원가, 판매비, 관리비를 제외하여 영업이익을 얻게 된다.

그리고 영업이익에서 영업외수익은 더하고 비용은 제외하고 나서 법인세를 납부하면, 최종적으로 당기순이익을 얻게 된다. 당기순이익에서 주주에게 배당금을 지급하고 남은 나머지는 이익잉여금이라는 자본계정에 흡수가 된다.

자본금이 증가한 만큼 기업의 자산도 증가하고, 기업은 다시 규모가 더 커진 자산을 활용하여 더 많은 제품을 생산 판매하여 매출을 발생시킨다.

이런 기업의 영업활동에서 무엇이 가장 중요할까?

아마도 많은 회계전문가는 매출이라고 답변할 것 같다. 필자 역시 손익계산서에서 매출이 가장 중요한 항목이라고 생각한다. 재무제표에서 숫자가 클수록 중요하다고 필자가 제시한 원칙을 기억하도록 하자.

기업이 자산을 효율적으로 활용한다면 당연히 매출은 증가할 것이다. 원재료 상승이나 마케팅 비용 상승, 대규모 감가상각비로 인해서 기업이익이 감소하는 부분은 사실 기업이 완벽하게 통제할 수 없다. 그런 어려운 시기를 견뎌내면 원재료 안정이나 감가상각비 감소로 기업이익은 다시 늘어날 수 있다.

그러나 매출이 줄어든다는 사실은 기업이 여러 가지 문제점을 가지고 있다는 증거다. 기업 간 경쟁이 치열해져서 제품단가를 인하해야 하는 경우도 있으며, 경우에 따라서는 기업이 점점 경쟁력을 잃고 있다는 방증이 된다.

일단은 기업의 매출이 증가해야 이익을 개선시킬 여지가 있다. 하지만 매출이 줄어드는 상황에서 비용을 줄이거나 하면서 기업이 이익을 증가시키는 데에는 분명 한계가 있다. 이는 실제 기업의 성장 과정에 잘 나타나 있다.

손익계산서에서 매출액 다음으로 중요한 부분은 영업이익이다. 어느 회계 서적에서 기업 경영활동의 최종 결과물인 순이익이 가장 중요하다고 주장하는 글을 읽은 기억이 있는데, 필자는 그 의견과는 생각이 다르다.

정상적인 영업활동을 한 기업의 경우 영업이익이 법인세를 납부하고 얻은 당기순이익보다 커야 한다. 당기순이익은 일회성 요인에 의해서 얼마든지 크게 달라질 수 있다. 하지만 영업이익은 기업이 매출원가와 판관비를 제대로 관리하고 있는지 여부를 나타내주기 때문에, 매출과 함께 기업의 영업 상황을 잘 반영해주는 것이다.

주식시장에서도 영업이익을 순이익보다 중요한 수치로 평가하고 있다. 즉 당기순이익은 실제 전망치보다 적더라도 영업이익이 주식시장의 전망치보다 더 잘 나왔다면, 주가는 상승하는 경우가 더 많다. 결과적으로 손익계산서는 앞에서 언급했듯이 숫자가 큰 순서로 중요하다.

매출이 주가 상승의 가장 큰 원동력

〈그림 3-9〉는 파트론의 주가 차트다. 파트론의 주가는 2008년 이후부터 2013년 5월까지 크게 상승했다. 같은 기간 기업의 실적에 어떤 변화가 있었는지 확인해보자.

〈그림 3-10〉은 전자공시 시스템에서 찾은 파트론에 대한 2008~2010

그림 3-9 파트론의 주가 차트

그림 3-10 파트론의 2008~2010년 재무제표

손익계산서

제8기   2010년 01월 01일 부터 2010년 12월 31일 까지
제7기   2009년 01월 01일 부터 2009년 12월 31일 까지
제6기   2008년 01월 01일 부터 2008년 12월 31일 까지

(단위 : 원)

과 목	제8기	제7기	제6기
매출액	232,611,440,126	192,157,700,290	117,399,421,635
제품매출액	232,611,440,126	192,157,700,290	117,399,421,635
매출원가	170,796,467,873	134,075,651,416	76,241,576,705
제품매출원가	170,796,467,873	134,075,651,416	76,241,576,705
기초제품재고액	4,955,872,055	6,201,489,595	2,666,154,058
당기제품제조원가	170,017,596,128	127,435,654,426	78,882,116,111
타계정에서대체	5,418,029,875	39,948,122,617	2,907,212,686
타계정으로대체	(3,875,847,925)	(34,806,388,949)	(2,270,878,826)
기말제품재고액	(5,715,453,467)	(4,955,872,055)	(6,201,489,595)
재고자산평가손실	(3,728,793)	252,645,782	258,462,271
매출총이익(손실)	61,814,972,253	58,082,048,874	41,157,844,930

그림 3-11 파트론의 2011~2013년 재무제표

연결손익계산서

제 11 기 2013.01.01 부터 2013.12.31 까지
제 10 기 2012.01.01 부터 2012.12.31 까지
제 9 기 2011.01.01 부터 2011.12.31 까지

(단위 : 원)

	제 11 기	제 10 기	제 9 기
수익(매출액)	1,099,543,375,850	873,081,343,707	425,917,896,278
매출원가	885,941,743,163	726,084,839,891	353,695,931,526
매출총이익	213,601,632,687	146,996,503,816	72,221,964,752
판매비와관리비	78,693,778,104	55,845,634,466	41,950,823,985
연구개발비	0		
영업이익(손실)	134,907,854,583	91,150,869,350	30,271,140,767
기타영업외수익	42,525,416,004	26,081,946,389	13,480,201,969
기타영업외비용	30,263,810,170	23,178,245,789	11,719,485,626
지분법이익	0	105,309,398	0
지분법손실	101,463,122	311,355,459	380,970,811
금융수익	733,105,271	428,739,250	569,332,648
금융원가	6,038,362,343	3,520,098,586	2,200,502,992
법인세비용차감전순이익(손실)	141,762,740,223	90,757,164,553	30,019,715,955
법인세비용	31,397,761,940	19,470,186,092	5,742,918,297
당기순이익(손실)	110,364,978,283	71,286,978,461	24,276,797,658

년까지 사업보고서의 재무제표에서 발췌한 실적이다. 2008년 이후 파트론의 매출이 증가하면서, 주가는 2012년 이후 가파르게 상승했다.

2012년 이후 파트론의 실적을 살펴보자.

〈그림 3-11〉은 파트론에 대한 2011~2013년까지 사업보고서의 재무제표에서 발췌한 실적이다. 2011년부터 기업의 매출과 이익은 급증했다. 6년 만에 파트론의 매출은 1.1조 원까지 거의 10배 가까이 성장했다. 일단은 매출이 증가해야 기업이익이 증가할 수 있는 발판을 마련하는 것이다.

파트론은 국내 글로벌 대기업에 스마트폰 주요 부품을 납품하는 회사다. 파트론 실적은 글로벌 대기업의 스마트폰 판매 증가 시기와 같다.

그림 3-12 파트론의 2014~2016년 재무제표

연결손익계산서

제 14 기 2016.01.01 부터 2016.12.31 까지
제 13 기 2015.01.01 부터 2015.12.31 까지
제 12 기 2014.01.01 부터 2014.12.31 까지

(단위 : 원)

	제 14 기	제 13 기	제 12 기
수익(매출액)	791,415,720,748	805,803,651,919	769,815,864,333
매출원가	685,231,148,505	678,891,229,946	631,864,236,190
매출총이익	106,184,572,243	126,912,421,973	137,951,628,143
판매비와관리비	37,089,251,876	37,615,882,997	40,597,240,262
연구개발비	30,871,571,171	30,507,177,444	31,120,773,407
영업이익(손실)	38,223,749,196	58,789,361,532	66,233,614,474
기타영업외수익	40,777,784,186	38,485,385,674	36,186,797,418
기타영업외비용	40,891,858,395	32,177,358,024	31,998,043,826
지분법이익			
지분법손실	38,354,919	1,013,175,651	26,645,803
금융수익	742,050,700	788,900,326	996,916,858
금융원가	1,167,714,555	2,352,502,580	4,859,002,758
법인세비용차감전순이익(손실)	37,645,656,213	62,520,611,277	66,533,636,363
법인세비용	9,377,555,477	16,882,507,462	17,121,880,179
당기순이익(손실)	28,268,100,736	45,638,103,815	49,411,756,184

파트론의 주가는 2013년 이후 다시 크게 하락했다. 기업의 실적에 어떤 변화가 있었는지 파악해보자.

〈그림 3-12〉는 파트론의 2014~2016년까지 기업 실적이다. 2013년 1조 원이 넘었던 파트론의 매출은 2014년 이후 감소하여, 더 이상 증가하지 못하고 이익은 계속 감소했다. 그런데 매출이 더 이상 감소하지 않는 상황에서도 이익은 계속 감소하고 있다.

판매비, 관리비, 연구개발비에 큰 변화가 없는 것으로 볼 때 파트론의 감가상각비가 증가한 것으로 추측된다. 실제로 생산 설비에서 발생하는 감가상각비가 포함되는 매출원가가 2015년부터 500억 원 가까이 증가했다. 2013년 매출 1.1조 원이었을 당시 이미 유형자산이 크게 증

그림 3-13 인터플렉스의 주가 차트

그림 3-14 인터플렉스의 2007~2009년 재무제표

손익계산서

제16기   2009년 01월 01일 부터 2009년 12월 31일 까지
제15기   2008년 01월 01일 부터 2008년 12월 31일 까지
제14기   2007년 01월 01일 부터 2007년 12월 31일 까지

(단위 : 원)

과 목	제16기	제15기	제14기
매출액	279,460,355,071	253,843,489,829	191,937,133,745
제품수출매출	166,199,604,386	179,879,537,752	95,060,787,693
제품국내매출	106,887,999,693	70,774,911,744	89,752,046,914
상품매출액	6,372,750,992	3,189,040,333	7,124,299,138
매출원가	255,195,484,566	243,080,667,812	201,972,746,367
제품매출원가	248,570,098,047	240,150,470,469	194,962,572,382
기초제품재고액	5,861,923,436	12,679,031,633	5,652,100,353
당기제품제조원가	250,643,464,707	234,179,656,799	202,760,478,356
기말제품재고액	(7,619,019,124)	(5,861,923,436)	(12,679,031,633)
관세환급금	(316,270,972)	(846,294,527)	(770,974,694)
상품매출원가	6,625,386,519	2,930,197,343	7,010,173,985
매출총이익(손실)	24,264,870,505	10,762,822,017	(10,035,612,622)
판매비와관리비	8,142,189,750	8,790,988,824	9,856,492,217

그림 3-15 인터플렉스의 2010~2012년 재무제표

포괄손익계산서

제 19 기 2012.01.01 부터 2012.12.31 까지
제 18 기 2011.01.01 부터 2011.12.31 까지
제 17 기 2010.01.01 부터 2010.12.31 까지

(단위 : 원)

	제 19 기	제 18 기	제 17 기
수익(매출액)	765,391,479,241	517,735,322,122	419,189,930,329
매출원가	702,124,071,110	465,082,101,651	380,036,273,684
매출총이익	63,267,408,131	52,653,220,471	39,153,656,645
판매비와관리비	16,738,274,761	12,266,712,205	8,445,107,814
영업이익	46,529,133,370	40,386,508,266	30,708,548,831
금융수익	15,019,066,839	12,295,511,969	9,748,568,795
금융비용	18,006,666,609	15,882,544,091	12,179,564,548
기타수익	24,747,588,911	4,364,166,691	6,464,242,895
기타비용	3,693,544,205	7,427,070,130	6,364,937,293
지분법손익	4,386,328,733	5,441,596,095	6,359,693,135
법인세비용차감전순이익	68,981,907,039	39,178,168,800	34,736,551,815
법인세비용	14,543,415,172	8,096,822,100	4,163,049,681
당기순이익	54,438,491,867	31,081,346,700	30,573,502,134

가했다. 그리고 그에 따라 감가상각비도 크게 증가했을 것이다.

〈그림 3-13〉은 FPCB를 생산하고 있는 인터플렉스의 주가 차트다. 2009년 이후 주가는 거의 3년 만에 아주 크게 상승했다. 2009년 이전과 이후의 주가는 크게 다르다.

인터플렉스의 실적에 어떤 변화가 있었는지 살펴보자.

〈그림 3-14〉는 인터플렉스의 2007~2009년까지 실적이다. 매출액이 꾸준히 증가하고 있으나 주가는 오르지 못하는 상황이었다.

2010년 이후의 기업 실적을 살펴보자.

〈그림 3-15〉에서 보면 인터플렉스의 매출과 이익은 2010년 이후부터 급증했다. 그리고 주가도 같은 기간 아주 크게 상승했다. 물론 매출이 증가해도 이익이 증가하지 못했다면 주가도 크게 상승하지 못했을 것이다. 그러나 매출이 가파르게 증가하는 상황에서 기업이익이 증가하지 못하는 기업을 제조업체 중에서 본 적이 필자는 없다.

매출이 시가총액보다 훨씬 큰 기업을 찾아라

먼저 PSR주가매출비율 : Price per Sales Ratio에 대해서 알아보자. PSR은 주가를 주당매출액으로 나눈 수치다. 즉 현재의 주가가 주당매출액의 몇 배인가를 나타내는 수치다. 일반적으로 PSR이 낮은 기업일수록 주가가 저평가된 것으로 해석되고 있다.

그러나 이는 PSR에 대한 정확한 해석은 아니다. 일반적으로 PSR의 기준을 1로 잡는다. 즉 PSR이 1 이상이면 주가에 비해 기업 매출액이 적은 상태이며, 1 이하여야 주가보다 기업의 매출이 많은 상태라 해석되고 있다.

먼저 PSR을 계산하는 공식을 살펴보자.

$$PSR = 주가 / 주당매출액$$

위의 공식을 분자와 분모에 상장주식 총수를 곱하면 다음과 같이 계산된다.

$$PSR = \frac{주가 \times 상장주식\ 수}{주당매출액 \times 상장주식\ 수}$$

$$= 시가총액 / 총매출액$$

즉 PSR은 회사의 시가총액과 총매출액의 비율을 나타내는 것이다. 그리고 현재 시가총액이 기업의 매출액보다 현저하게 낮다는 이유로 단순히 저평가 상태라고 말하는 것은 정확한 해석이 아니다.

이를테면 기업이익이 시가총액보다 현저하게 적다거나, 기업이 속한 업종이 향후 기업 간 경쟁이 치열해질 것으로 예상된다는 등 PSR이 현저하게 낮은 충분한 이유가 존재할 수 있기 때문이다.

실제로 PSR비율이 낮은 기업들은 대부분 현재 영업이익률이 지극히 낮거나 적자 상태인 기업들이다. 단지 PSR은 향후 주가가 상승할 가능성이 아주 높은 기업을 찾아내는 데 유용하게 이용되는 지표.

개인적으로 많은 기업탐방을 진행하면서 기업의 영업 환경이 호전되면 영업이익률이 10%까지는 어렵지 않게 개선되는 것을 자주 목격했다. 충분한 자산을 가지고 정상적인 영업을 하는 기업이라면, 외부 영업 환경 개선은 곧바로 기업의 영업이익 상승으로 나타나는 경우가 아주 많다.

현재는 영업이익률이 아주 낮거나 적자 상태인 기업이라도 언제든지 매출액 대비 10% 정도의 영업이익은 낼 수 있는 잠재력을 가지고 있는 경우가 대부분이다. 따라서 현재 기업의 매출액에 비해서 시가총액이 현저히 낮은 기업은 영업이익률 개선이 이루어지면 주가도 아주 가파르게 상승할 계기를 맞게 된다.

예를 들어 현재 매출액이 1천억 원인 회사의 시가총액이 200억 원이라고 가정해보자. 매출액은 1천억 원인데 현재 영업이익은 원재료의 상승으로 적자인 상태다. 그런데 국제 원재료 가격이 하향 안정화되면서 10% 영업이익률을 달성하게 된다면, 기업의 영업이익은 100억 원이 될 것이다.

그리고 순이익도 100억 원이라고 가정한다면, 주가가 오르지 않은 상태에서 기업의 PER은 2배인 아주 심한 저평가 상태가 된다. PER이 2배가 계산된 식은 다음과 같다.

$$\text{PER} = \frac{\text{주가 / 주당순이익} = \text{주가} \times \text{상장주식 수}}{\text{주당순이익} \times \text{상장주식 수}}$$

$$= \text{시가총액 / 순이익}$$

따라서 필자는 수시로 PSR비율이 낮은 제조업체들을 검색해서 기업의 영업 상황을 관심 있게 지켜보고 있다. 언제든지 기업이익은 주가 수준에 비해서 가파르게 상승할 여지가 있기 때문이다.

애널리스트 리포트 손익계산서에서는 찾기 어려운
기업의 비용 구조를 파악하자

기업의 매출원가와 판관비 부분에 대해서 알아보자. 매출원가와 판관비는 제품 생산, 생산된 제품을 판매하기 위한 본사 마케팅 및 관리 비용이기 때문에 기업이익과 직결된다. 또한 향후 비용을 줄여서 기업 이익을 증가시킬 여지가 있는지 파악할 수 있기 때문에, 매출원가와 판관비의 구성을 파악하는 일은 아주 중요하다.

문제는 애널리스트 리포트에 나와 있는 재무제표상의 손익계산서에는 매출원가, 판매비와 관리비 총액만 표시가 되어 있다는 것이다. 그래서 구체적인 비용은 전자공시 시스템의 기업 실적과 관련된 보고서 재무제표 주석란에서 파악이 가능하다.

특정 기업의 구체적인 비용 구조를 파악하기 위해서는 일반투자자들은 불편하더라도 상장기업 실적보고서의 재무제표 주석란을 찾아봐야 한다.

〈그림 3-16〉은 전자공시 시스템에 나와 있는 삼성전자의 2018년 3분기 매출원가 및 판매비와 관리비에 대한 구체적인 내역을 보여주고 있다. 숫자가 클수록 중요하다는 재무제표 읽기 원칙이 여기에서도 해당된다. 우리는 기업 회계감사가 목적이 아니기 때문에, 주식투자와 관련해서 중요한 부분만 파악하면 된다.

그림 3-16 삼성전자의 2018년 재무제표

18. 비용의 성격별 분류 :

당분기 및 전분기 중 비용의 성격별 분류 내역은 다음과 같습니다.

(단위: 백만원)

구 분	당분기		전분기	
	3 개 월	누 적	3 개 월	누 적
제품 및 재공품 등의 변동	(739,625)	(3,632,439)	(2,418,855)	(4,186,999)
원재료 등의 사용액 및 상품 매입액 등	20,440,504	58,245,296	21,509,283	58,907,132
급여	5,500,229	16,459,120	5,648,974	16,427,353
퇴직급여	237,477	705,644	244,320	721,416
감가상각비	6,481,244	18,569,050	5,270,583	14,886,343
무형자산상각비	342,615	1,020,676	383,537	1,155,447
복리후생비	988,504	3,098,028	922,622	2,871,547
지급수수료	1,501,583	4,150,720	1,944,076	5,703,997
광고선전비	880,905	2,816,358	1,360,249	3,722,742
판매촉진비	1,806,935	5,265,512	2,036,701	5,227,382
기타비용	10,444,757	29,722,330	10,614,252	29,662,537
계(*)	47,885,128	136,420,295	47,515,742	135,098,897

(*) 연결손익계산서상의 매출원가 및 판매비와관리비를 합한 금액입니다.

기업의 매출원가, 판매비와 관리비의 주요 구성 내용은 크게 원재료와 상품매입액, 급여인건비, 감가상각비, 기타 비용수도, 전기, 운송비 등이다.

네 가지 비용은 다시 고정비와 변동비로 나눠서 파악할 수 있다. 원재료와 상품매입액은 당연히 변동비다. 국제 원자재 가격의 변화에 따라 기업이 구매하는 비용이 달라지기 때문이다. 수도, 전기, 운송비 등의 기타 비용은 변동비다. 기업의 매출과 관련되어 증가하거나 감소하기 때문이다.

급여인건비는 고정비로 분류된다. 기업이 매출과는 상관없이 고정적으로 지급해야 한다는 사실을 생각하면 쉽다. 최저임금 상승으로 영업이익이 감소한 기업들을 생각하면 된다. 감가상각비 역시 고정비다. 유 · 무형자산을 일정 기간 비용 처리하기 때문에 고정비다.

또한 모든 비용은 제품 생산에 들어간 비용이라면 매출원가에 반영하고, 본사 영업 마케팅 및 관리비에 들어간 비용이라면 판매비와 관리비에 포함시킨다.

예를 들어 같은 인건비라도 생산직 직원들의 인건비는 매출원가에 반영되며, 본사 부서 직원들의 인건비는 판매비와 관리비에 포함된다. 동일한 감가상각비라도 생산 설비에서 발생하는 감가상각비는 매출원가에 반영되고, 본사 건물과 차량 등에서 발생하는 감가상각비는 판매비와 관리비에 포함된다.

굳이 기업의 비용을 고정비와 변동비로 나눠서 파악하는 이유는 기업의 미래 이익 증가 여부를 어느 정도 예측할 수 있기 때문이다. 예를 들어 석유화학, 정유업체, 철강회사 등 원재료 비중이 높은 기업의 경우 원재료 가격이 하향 안정화되기 시작하면 당연히 기업이익은 증가한다. 우리는 그런 기업의 주식을 적절한 시기에 매수해서 투자 수익을 얻을 수 있다.

또한 신약개발회사, 반도체 설계 및 디자인만 하는 회사, 소프트웨어 관련 프로그램 판매 및 유지보수회사 등 고정비인 인건비 비중이 높은 기업의 경우 매출이 증가할수록 기업이익은 고정비 레버리지 효과로 급증한다.

그렇기 때문에 고정비 비중이 높은 기업이 신제품 출시 등으로 매출이 증가하는지 여부를 파악해야 한다.

앞의 내용들은 사실 많은 재무제표 관련 서적에서 다루고 있다. 그러나 대부분의 서적이 여기까지만 설명하고 있다. 필자의 경험상 원재료 비중이 높은 기업의 경우 원재료 가격이 하락하는 시기에 주식을 매수하면 수익을 내는 일이 가능했다.

그러나 고정비 비중이 높은 기업은 수시로 기업의 매출 현황을 파악해야 하기 때문에, 일반투자자들이 실전 투자에 적용시키는 일은 쉽지 않다. 실전 투자에 이용하는 방법에 대해서는 'Chapter 6'에서 더 자세히 다루겠다.

현금흐름표 읽기

현금흐름표를 읽어야 하는 이유

필자는 재무제표를 읽는 원칙 중 하나로 절대 투자해서는 안 되는 기업을 파악할 수 있다고 언급했다. 우리는 현금흐름표를 자세히 분석함으로써 절대 투자해서는 안 되는 기업을 충분히 걸러낼 수 있다.

따라서 현금흐름표는 아주 중요한 재무제표 중 하나다. 구체적인 내용을 살펴보자.

〈그림 3-17〉은 반도체장비회사인 테스에 대한 어느 증권사의 애널리스트 리포트 재무제표 부분 중 현금흐름표 내용이다. 영업활동 현금흐름, 투자활동 현금흐름, 재무활동 현금흐름의 주요 내용만을 다루고 있다.

그림 3-17 테스의 현금흐름표

현금흐름표

(단위: 십억원)

	2016A	2017A	2018F	2019F	2020F
영업활동현금흐름	22	37	68	51	56
당기순이익	31	54	46	39	52
유형자산감가상각비	3	4	5	5	6
무형자산상각비	2	2	2	1	2
자산부채변동	(21)	(28)	15	5	(4)
기타	7	5	0	1	0
투자활동현금흐름	(22)	(50)	(11)	(21)	(54)
유형자산투자	(11)	(11)	(14)	(15)	(16)
유형자산매각	0	7	7	7	7
투자자산순증	(7)	(40)	(2)	2	(4)
무형자산순증	(4)	(4)	(2)	(0)	(4)
기타	0	(2)	0	(15)	(37)
재무활동현금흐름	17	(7)	(13)	(9)	(9)
자본의증가	25	2	0	0	0
차입금의순증	(7)	4	(5)	(1)	(1)
배당금지급	(2)	(4)	(8)	(8)	(8)
기타	1	(9)	0	0	0
기타현금흐름	(0)	(0)	0	0	0
현금의증가	17	(21)	44	21	(6)

거의 모든 애널리스트 리포트에 있는 현금흐름표는 대략적인 내용만을 다루기 때문에, 기업의 정확한 현금흐름을 파악하기가 쉽지 않다.

따라서 일반투자자들은 다소 번거롭더라도 전자공시 시스템에 나와 있는 기업의 재무제표 현금흐름표와 현금흐름표 주석란을 꼼꼼히 체크해야 한다.

영업활동 현금흐름이 기업의 영업활동을 통한 현금흐름을 제대로 보여주는 것일까?

현금흐름표의 중요성은 일반적으로 손익계산서가 보여주지 못하고 있는 기업의 실제 현금흐름을 제대로 보여주기 때문이라고 알려져 있다. 기업이 외상으로 제품을 팔았을 경우, 발생주의 회계 원칙에 따라서 손익계산서상으로는 이익을 낸 것으로 표기가 된다. 하지만 현금이 회사로 유입된 것이 아니기 때문에, 실제로 회사로 돈이 유입되고 유출된 내역을 봐야 한다는 주장이다.

이와 더불어 흑자 도산 기업을 미리 사전에 파악하기 위해서라도 현금흐름표를 활용해야 한다는 주장이다. 즉 외상으로 물건을 많이 팔아서 분명 많은 흑자를 냈으나, 매출채권이 회수되지 않아서 결국은 부도를 내는 기업이 있다는 것이다. 그래서 그런 기업을 사전에 파악하기 위해서 현금흐름표가 중요하다는 주장이다.

그러나 필자는 수없이 많은 기업을 탐방하면서 흑자 도산할 정도로 매출채권을 부실하게 관리하는 기업을 단 한 번도 본 적이 없다. 이는 극히 이례적인 사건을 일반화한 것이 아닌가 생각된다. 실제로 흑자 도산한 기업은 20년 이상 증권사에 다니면서 뉴스상으로 두어 번 정도 들은 것이 전부인 것 같다.

어쨌든 현금흐름표의 중요성은 잘 알려진 사실이다. 그렇다면 모든 재무제표 관련 서적에서 설명하고 있는 영업활동 현금흐름이, 기업의 영업활동을 통한 현금흐름을 정말로 제대로 보여주는 것일까?

〈그림 3-18〉은 어느 상장기업의 2017년 상반기와 2018년 상반기 연

그림 3-18 어느 상장기업의 연결현금흐름표

연결현금흐름표

제 27 기 반기 2018.01.01 부터 2018.06.30 까지

제 26 기 반기 2017.01.01 부터 2017.06.30 까지

(단위 : 원)

	제 27 기 반기	제 26 기 반기
영업활동현금흐름	8,200,755,085	(4,886,139,003)
영업으로부터 창출된 현금흐름	11,702,886,291	(1,518,003,392)
이자지급(영업)	(2,978,731,611)	(2,482,614,269)
이자수취(영업)	61,517,975	5,192,471
법인세납부(환급)	(584,917,570)	(890,713,813)
투자활동현금흐름	(4,694,631,760)	3,117,923,090
유형자산의 취득	(5,561,119,829)	(3,562,877,970)
유형자산의 처분	118,895,283	5,181,818
무형자산의 취득	(206,079,881)	(96,033,818)
금융상품의 취득	(287,770,343)	(137,778,444)
금융상품의 처분	127,560,000	72,796,701

결현금흐름표를 보여주고 있다. 여기서 기업명은 생략하기로 하겠다. 충분히 오해의 소지가 있을 수 있기 때문이다.

기업의 현금흐름표를 살펴보면 영업활동 현금흐름이 2017년 상반기에는 마이너스 48억 원, 2018년 상반기에는 플러스 82억 원이었다.

현금흐름표의 구성은 영업활동 현금흐름, 투자활동 현금흐름, 재무활동 현금흐름으로 되어 있다. 그중에서 영업활동 현금흐름이 가장 중요한 것으로 여겨진다. 기업의 실제 영업활동에서 발생한 현금흐름이기 때문에 가장 중요한 것은 어쩌면 당연하다.

영업활동 현금흐름 중에서도 이자 수익, 비용, 법인세를 제외한 순수하게 영업으로부터 창출된 현금흐름을 살펴보자.

〈그림 3-19〉는 영업으로 창출한 실제 현금흐름의 세부 내역이다. 영업활동 현금흐름의 출발점이자 가장 핵심인 순이익은 오히려 2017년 상반기 30억 원 흑자였으며, 2018년 상반기에는 65억 원 적자였다. 전체 영업활동 현금흐름과는 완전히 반대의 결과다.

그림 3-19 영업으로 창출한 현금흐름 세부 내역

(1) 영업으로부터 창출된 현금흐름

(단위: 천원)

구 분	당반기	전반기
반기순이익(손실)	(6,549,524)	3,046,941
조정항목		
법인세비용	(824,929)	196,905
대손상각비	27,351	(259,272)
기타의대손상각비	8,367	–
재고자산평가손실	(179,779)	248,963
감가상각비	5,783,872	5,007,832
무형자산상각비	137,368	112,038
이자비용	2,979,470	2,460,601
외화환산손실	242,456	860,643
투자자산처분손실	5,798	–
유형자산처분손실	11,799	–
매각예정비유동자산처분손실	–	410,516
기타충당부채의 전입	9,833	9,825
파생상품거래손실	11,179	–
파생상품평가손실	1,403	–
이자수익	(61,131)	(5,192)
외화환산이익	(995,588)	(278,796)
유형자산처분이익	(18,129)	(5,181)
파생상품거래이익	(1,336)	(45,647)
파생상품평가이익		(26,569)
순운전자본의 변동		
장기매출채권의 감소	–	35,291
장기선급금의 감소	–	(43,272)
장기선급비용의 감소	2,819	2,774
장기보증금의 증가	(31,332)	(42,765)
단기매출채권의 감소(증가)	9,432,368	(7,891,424)
단기미수금의 감소	370,852	416,774

어떻게 이런 일이 발생했는지는 아랫부분에서 파악할 수 있다. 단기 매출채권이 2017년 상반기에는 79억 원 가까이 증가해서 영업활동 현금흐름에 마이너스 기여했고, 2018년 상반기에는 단기매출채권이 94억 원 감소하여 영업활동 현금흐름에 플러스 기여했기 때문이다.

즉 기업의 영업활동에 의한 순이익보다 훨씬 더 규모가 큰 단기매출채권 증감에 따라, 전체 기업의 영업활동 현금흐름이 더 많은 영향을 받은 것이다. 현금흐름표가 기업의 영업활동에 의한 실제 현금흐름을 제대로 보여주는 경우도 있지만, 예를 든 기업의 경우처럼 영업활동이 아닌 단순히 매출채권의 증가와 감소의 영향을 더 많이 받는 경우도 있다.

그런 이유로 우리는 영업으로부터 창출된 현금흐름 세부 내역까지 자세히 살펴봐야 하는 것이다.

정상적인 기업은 당기 순이익이
영업활동 현금흐름보다 지속적으로 클 수가 없다

먼저 앞에서 예로 든 모뉴엘의 현금흐름표를 살펴보자. 필자가 모뉴엘의 재무제표에서 문제가 많다고 생각하는 부분 중 하나이기 때문이다.

〈그림 3-20〉은 모뉴엘의 2012~2013년 결산현금흐름표다. 2012년과 2013년 당기순이익은 각각 358억 원, 599억 원이었으나 영업활동 현금흐름은 각각 143억 원, 15억 원이었다. 당기순이익을 많이 낸 것으로 보이고 있다.

그림 3-20 모뉴엘의 결산현금흐름표

주식회사 모뉴엘   (단위 : 원)

과 목	제 10(당) 기		제 9(전) 기	
영업활동으로 인한 현금흐름		1,540,010,343		14,308,676,185
당기순이익	59,966,452,180		35,804,358,613	
현금의 유출이 없는 비용 등의 가산	36,764,834,874		22,358,596,340	
단기매매증권처분손실	3,371,960		–	
매출채권처분손실	13,279,127,686		10,599,000,042	
대손상각비	10,847,320,985		700,474,901	
감가상각비	1,013,507,946		1,224,669,614	
무형자산상각비	249,919,460		243,593,163	
퇴직급여	1,093,103,419		910,743,110	
외화환산손실	335,223,496		545,130,156	
기타의대손상각비	365,766,772		194,548,228	
재고자산평가손실	4,031,174,659		2,466,389,173	
재고자산감모손실	–		429,974,580	
지분법손실	5,026,142,829		5,096,733,373	
지분법적용투자주식손상차손	509,019,935		–	
유형자산처분손실	11,155,727		–	
마일리지비용(환입)	–		(52,660,000)	
현금의 유입이 없는 수익 등의 차감	(2,280,603,800)		(1,049,857,452)	
외화환산이익	1,231,414,078		1,027,635,448	
단기매매증권평가이익	7,798,619		5,422,161	
지분법이익	975,174,673		16,799,843	
유형자산처분이익	4,908,091		–	
리스해지이익	61,308,339		–	
영업활동으로 인한 자산부채의 변동	(92,910,672,911)		(42,804,421,316)	
매출채권의 증가	(32,431,063,176)		(25,867,614,690)	
미수금의 증가	(2,355,073,326)		(355,027,387)	
미수수익의 증가	(368,955,007)		(197,794,217)	
선급금의 감소(증가)	(586,099,711)		513,407,262	
선급비용의 감소(증가)	218,722,101		(270,024,433)	
재고자산의 증가	(65,124,329,099)		(33,564,947,813)	

하지만 실제로 영업활동으로 회사에 유입된 현금은 당기순이익보다
훨씬 적었다.

(단위 : 억 원)

회계년도	2009년	2010년	2011년	2012년	2013년	2014년
영업활동 현금흐름	−15,196	−2,097	22	−9,961	−11,989	−5,602
당기순이익	2,361	11,107	5,593	−2,789	−9,204	−8,527

여기서 특이한 점 중 하나가 매출채권처분손실이다. 매출채권처분손실이란 기업의 매출채권을 은행 등에 팩터링으로 매각하여 현금화시키는 과정에서 매출채권을 할인 매각하면서 발생하는 손실이다.

모뉴엘은 매출의 대부분이 매출채권이었으며, 매출채권의 대부분을 은행에 사기 매각하면서 결국은 전모가 밝혀졌다. 정상적인 기업이라면 매출의 대부분이 모뉴엘처럼 매출채권일 수 없으며, 설령 매출의 대부분이 매출채권이라도 전부를 할인 처분하는 일은 없다.

다른 기업을 살펴보자.

표를 보면 어느 상장기업의 과거 6년간 당기순이익과 영업활동 현금흐름 내역을 알 수 있다. 오해의 소지가 있을 수 있어서 기업명은 생략하기로 하겠다.

2009년부터 3년간 기업의 당기순이익과 영업활동 현금흐름은 계속해서 큰 폭으로 차이가 났다. 구체적인 주석 사항이 없어서 이유를 파

|||||||||||||||||||||| 영업활동 현금흐름에 영향을 미치는 주요 변동 사항 ||||||||||||||||||||||

	영업활동 현금흐름 플러스	영업활동 현금흐름 마이너스
매출채권	감소 금액	증가 금액
매입채무	증가 금액	감소 금액
재고자산	감소 금액	증가 금액
감가상각비	감가상각비만큼 플러스 기여	
이자 지급, 법인세 납부		비용만큼 마이너스 기여

애널리스트 리포트 200% 활용법

악하지 못했으나, 수주산업에 속하는 기업의 속성상 매출채권이 계속 증가한 것이 가장 큰 이유였을 것이다.

즉 회수하지 못한 채권이 계속 늘어나면서 당기순이익과 영업활동 현금흐름은 큰 차이를 보였다. 그리고 더 이상 버티지 못하고 2012년부터 당기순이익도 큰 폭의 적자를 내기 시작했다.

먼저 영업활동 현금흐름에 영향을 미치는 주요 변동 요인들을 살펴보자.

매출채권이 증가하면 그만큼 외상으로 제품을 판매했기 때문에, 증가 금액만큼 기업으로 현금이 적게 유입되어 영업활동 현금흐름에 마이너스가 된다. 매출채권이 감소한다면 그만큼 매출채권의 대금을 회수한 것이기 때문에 영업활동 현금흐름에 플러스 기여를 하는 것이다.

매입채무는 매출채권과 정반대의 기여를 한다. 매입채무가 증가하면 그 금액만큼 외상으로 물건을 구입한 것이고, 그만큼 기업의 현금 유출이 적었다는 이야기다. 반면에 매입채무의 감소는 기업이 외상대금을 갚은 것이기 때문에, 그만큼 현금이 기업 외부로 빠져나간 것이다.

재고자산이 증가하면 증가분만큼 물건을 팔지 못해서 기업에 현금이 적게 유입되어 결과적으로 마이너스 기여를 한 것이고, 재고자산 감소는 반대의 기여를 한 것이다.

감가상각비는 실제로 현금 유출이 없는 비용이다. 그래서 영업활동 현금흐름에 플러스 기여를 한 것이고, 이자 지급과 법인세 납부는 실제로 현금이 외부로 빠져나간 것이다.

정상적인 기업이라면 당기순이익과 영업활동 현금흐름은 큰 차이가 나지 않는 것이 일반적이다. 이를 전문가들은 '이익의 질'이라고 표현하면서 모뉴엘은 이익의 질이 떨어지는 대표기업이었다고 설명한다.

기업마다 그리고 업종마다 다소간의 차이가 있기는 하지만 영업활동 현금흐름에는 표에서 살펴본 대로 주로 매출채권, 매입채무, 재고자산, 감가상각비, 이자 지급, 법인세 납부 등이 크게 영향을 미친다.

그중에서 매출채권과 매입채무는 증가와 감소를 반복하기 때문에 그 영향력이 장기적으로는 중립이다. 재고자산은 매출이 증가하면 자연스럽게 늘어나게 된다. 재고자산의 증가는 영업활동 현금흐름에 마이너스 영향을 미친다. 연간 물건을 10개 파는 기업과 똑같은 물건을 100개 파는 기업의 재고자산은 당연히 차이가 생긴다.

이자 지급과 법인세 납부는 영업활동 현금흐름에 마이너스 기여를 하지만 규모가 큰 감가상각비는 영업활동 현금흐름에 플러스 기여를 한다. 따라서 영업활동 현금흐름은 당기순이익보다 크거나 최소한 비슷한 수준을 유지하는 것이 정상적인 기업이다.

특정 시점의 영업활동 현금흐름이 기업의 실제 영업활동으로 발생한 현금흐름을 정확하게 반영하는 것은 아닐 수 있다. 하지만 예로 든 두 기업의 사례처럼 당기순이익과 영업활동 현금흐름이 계속해서 크게 차이가 발생한다면, 이는 분명히 문제가 있는 기업이다. 우리는 그런 기업에는 절대로 투자해서는 안 된다.

이제부터라도 투자하고자 하는 종목의 영업활동 현금흐름과 당기순이익을 꼭 비교하는 습관을 갖도록 하자. 아주 중요한 내용이다.

영업활동 현금흐름을 좋게 보이려는 기업을 조심하자

현금흐름표, 특히 영업활동 현금흐름이 중요하게 인식되면서 극히 일부 기업들이 영업활동 현금흐름이 양호한 것처럼 보이게 하려는 것을

그림 3-21 어느 기업의 손익계산서

(단위 : 원)

	제 6 기	제 5 기	제 4 기
매출액 (주37,38)	8,654,833,392,089	9,649,782,593,485	10,589,391,863,954
매출원가 (주32,37)	8,212,008,881,228	9,601,699,888,858	10,222,472,981,919
매출총이익(손실)	442,824,510,861	48,082,704,627	366,918,882,035
판매비와관리비 (주31,32)	360,679,611,528	460,412,025,248	476,703,957,520
영업이익(손실) (주38)	82,144,899,333	(412,329,320,621)	(109,785,075,485)
금융수익	217,077,646,095	95,084,324,441	101,832,604,768
이자수익 (주5)	26,640,177,221	30,369,765,613	43,561,546,975
외환차익	20,341,334,395	51,596,418,228	42,804,423,343
외화환산이익	119,313,686,413	0	0
기타금융수익 (주33)	50,782,448,066	13,118,140,600	15,466,634,450
금융비용	452,418,659,199	484,959,200,319	603,386,006,185
이자비용 (주5)	370,620,989,314	356,958,096,860	377,842,370,302
외환차손	39,995,718,107	43,200,687,664	29,960,126,682
외화환산손실	0	29,300,817,481	175,134,861,783
기타금융비용 (주33)	41,801,951,778	55,499,598,314	20,448,647,418
순금융원가	(235,341,013,104)	(389,874,875,878)	(501,553,401,417)
관계기업의 순손익에 대한 지분증감	16,300,985,543	29,943,722,295	9,677,920,803
기타영업외손익 (주34)	(419,928,844,541)	(13,964,816,202)	(6,571,308,659)
법인세차감전순손실	(556,823,972,769)	(786,225,290,406)	(608,231,864,758)
법인세비용(수익) (주35)	8,251,086,823	14,419,543,138	29,718,512,410
계속영업손실	(565,075,059,592)	(800,644,833,544)	
중단영업이익 (주41)	141,741,603,251	120,457,096,234	
당기순손실	(423,333,456,341)	(680,187,737,310)	(637,950,377,168)

목격한 적이 있다.

2011년부터 모든 상장기업은 K-IFRS한국채택 국제회계 기준를 의무적으로 적용하고 있다. K-IFRS는 이자의 수취와 지급, 배당금의 수취와 지급을 회사가 매 회계 기간 일관성 있게 작성한다면 영업활동, 투자활동, 재무활동 현금흐름 중 어느 곳으로든 분류해서 적용하도록 허용하고 있다.

그림 3-22 어느 기업의 연결현금흐름표

연결현금흐름표
제 6 기 2014.01.01 부터 2014.12.31 까지
제 5 기 2013.01.01 부터 2013.12.31 까지
제 4 기 2012.01.01 부터 2012.12.31 까지

(단위 : 원)

	제 6 기	제 5 기	제 4 기
영업활동현금흐름			
영업에서 창출된 현금 (주39)	553,845,429,039	615,867,007,907	345,029,129,708
법인세의 납부	(11,991,571,405)	(30,710,971,994)	(33,854,844,019)
영업활동순현금흐름	541,853,857,634	585,156,035,913	311,174,285,689
투자활동현금흐름			
단기금융상품외 감소(증가)	60,349,097,130	44,260,381,966	(53,749,470,136)
단기대여금의 증가	(46,183,058,273)	(318,031,131)	(31,431,129)
단기대여금의 감소	47,320,327,614	14,279,986,476	7,068,696,402
파생금융상품의 정산	(34,572,616,090)	(14,184,789)	(10,788,934,971)
장기대여금의 증가	(77,034,032,071)	(39,828,951,231)	(65,136,523,504)
장기대여금의 감소	663,485,627	141,944,187	7,330,186,461
보증금의 감소(증가)	(68,865,748)	(7,436,792,129)	2,457,060,916
장기금융상품의 감소(증가)	10,024,929,898	(22,951,975,647)	(1,796,825,103)
매도가능금융자산의 처분	12,273,504,404	23,552,255,141	925,830,002

애널리스트 리포트 200% 활용법

대부분의 기업들은 이자의 수취와 지급을 영업활동 현금흐름에 적용하고 있다. 외부차입의 목적이 영업을 위한 것인 관계로 영업활동 현금흐름에 적용하는 것이 타당하다.

또한 영업활동 현금흐름표의 작성은 당기순이익에서부터 출발하며,

그림 3-23 어느 기업의 K-IFRS 회계 기준에 의한 연결현금흐름표

투자활동현금흐름			
단기금융상품의 감소(증가)	60,349,097,130	44,260,381,966	(53,749,470,136)
단기대여금의 증가	(46,183,058,273)	(318,031,131)	(31,431,129)
단기대여금의 감소	47,320,327,614	14,279,986,476	7,068,696,402
파생금융상품의 정산	(34,572,616,090)	(14,184,789)	(10,788,934,971)
장기대여금의 증가	(77,034,032,071)	(39,828,951,231)	(65,136,523,504)
장기대여금의 감소	663,485,627	141,944,187	7,330,186,461
보증금의 감소(증가)	(68,865,748)	(7,436,792,129)	2,457,060,916
장기금융상품의 감소(증가)	10,024,929,898	(22,951,975,647)	(1,796,825,103)
매도가능금융자산의 처분	12,273,504,404	23,552,255,141	925,830,002
매도가능금융자산의 취득	(12,447,242,744)	(36,164,030,470)	(57,978,166)
만기보유금융자산의 상환	30,785,000	33,195,000	220,000
만기보유금융자산의 취득	(13,491,000,000)	0	0
기타비유동자산의 감소(증가)	51,790,819	862,782,356	2,144,301,796
관계기업 및 공동기업 투자의 처분	372,538,847,421	4,525	0
관계기업 및 공동기업 투자의 취득	(1,497,756,785)	(4,673,945,000)	(16,448,324,499)
유형자산의 처분	275,168,657,764	426,033,843,072	268,241,586,546
유형자산의 취득	(34,770,951,239)	(351,696,245,891)	(838,890,459,412)
무형자산의 처분	160,276,421	303,702,434	6,970,970
무형자산의 취득	(12,975,439)	(1,019,584,539)	(1,253,019,321)
이자의 수취	17,077,444,768	25,453,814,145	32,149,859,862

당기순이익 계산에 이자 비용이 포함되기 때문에 영업활동 현금흐름에 이자 지급을 반영하는 것이 타당해 보인다.

〈그림 3-21〉은 어느 기업의 2012~2014년까지의 손익계산서 일부다. 3년 연속 큰 폭의 적자를 내고 있다. 어느 기업인지는 구체적으로 밝히지 않겠다.

〈그림 3-22〉의 연결현금흐름표에서 볼 수 있는 것처럼 영업에서 창출된 현금흐름은 당기순이익과는 다르게 큰 폭으로 계속해서 플러스를 내고 있다. 일반적인 상식과는 맞지 않는 상황이다.

〈그림 3-23〉에서 기업은 이자의 수취를 영업활동 현금흐름이 아닌, 투자활동 현금흐름에 포함시키고 있다. K-IFRS 회계 기준을 잘 따르고 있다.

문제의 다음 화면을 보자.

〈그림 3-24〉를 보면 기업은 이자의 지급을 재무활동 현금흐름에서 마이너스 시키고 있다. 기업은 매년 3,000억 원이 넘는 이자 비용을 재무활동 현금흐름에 포함시킴으로써 양호한 영업활동 현금흐름을 유지하고 있다.

일반적으로 현금흐름표상에서 영업활동 현금흐름은 플러스, 투자활동 현금흐름은 마이너스, 재무활동 현금흐름도 마이너스인 상태가 정상적인 기업으로 인식되고 있다.

일반 직장인을 생각해보자. 학교를 졸업하고 취직해서 회사에 다니면, 일정한 날짜에 급여_{영업활동 현금흐름}를 받는다. 그 직장인은 받은 월급으로 평소 가지고 싶었던 노트북_{투자활동 현금흐름}을 구입하기도 하고, 일부

애널리스트 리포트 200% 활용법

월급은 주택담보대출금재무활동 현금흐름 일부를 상환하는 데 사용하기도 할 것이다.

위의 기업은 이자의 지급을 따로 떼어내서 재무활동 현금흐름에 포함시킴으로써 영업활동 현금흐름에는 플러스, 재무활동 현금흐름에는 마이너스 효과를 동시에 내는 성과를 이뤘다. 일거양득인 셈이다. 상장기업의 재무제표를 들여다보면 이처럼 이자 비용을 재무활동에 포함시키는 기업을 가끔 접하게 된다.

여기서 한 가지 더 추가로 설명하고자 한다. 앞에서 설명한 것처럼 현

그림 3-24 어느 기업의 재무활동 현금흐름

재무활동 현금흐름			
비지배주주지분의 취득	0	(250,068,762)	(339,776,098)
비지배주주지분의 감소	0	(231,517,702,000)	0
비지배주주지분의 증가	0	280,000,000,000	0
단기차입금의 상환	(382,318,248,602)	(352,429,083,177)	(574,980,085,009)
단기차입금의 증가	283,918,041,705	613,886,986,566	649,782,107,503
차입금의 상환	(1,476,368,444,243)	(1,974,362,207,799)	(1,470,053,247,436)
차입금의 증가	354,707,412,760	1,391,188,519,650	1,989,025,971,202
신주인수권부사채의 행사	468,680	43,790,800	0
유상증자	399,979,829,847	0	0
신주발행비	(2,938,338,267)	(62,664,158)	(62,226,155)
이자의 지급	(325,802,205,999)	(391,666,581,689)	(368,881,403,549)
배당금의 지급	(43,556,095,518)	(1,301,294,398)	(2,220,557,409)
자기주식의 취득	(72,548,462,064)	0	0
신종자본증권의 발행	194,529,400,000	0	0
재무활동순현금흐름	(1,070,396,641,701)	(666,470,304,967)	222,270,783,049

금흐름표상에서 재무활동 현금흐름은 마이너스인 상태가 양호한 기업이라고 인식되고 있다. 그렇다면 재무활동 현금흐름이 플러스인 기업은 문제가 있는 기업일까?

예전에 반도체장비를 생산하는 기업을 탐방한 적이 있었다. 그 기업은 뛰어난 기술력으로 많은 돈을 벌고 있는 회사였다.

그런데 직전 연도 말 기업의 현금흐름표상에 재무활동 현금흐름은 대규모로 플러스였고, 세부 내역을 들여다보니 은행차입금이 150억 원 증가했다.

필자는 주식 IR 담당자에게 150억 원을 차입한 이유를 물어봤고, 주식 IR 담당자는 다음 해에 고객의 주문 증가에 대비해서 추가로 설비투자를 할 예정인데, 은행 대출금리 조건이 워낙 좋아서 미리 150억 원을 차입한 것이라고 말해줬다.

은행이 일반인 대상 고금리 특판 상품을 가끔 출시하는 것처럼, 인근 법인 기업을 고객으로 확보하고자 법인 대상 특별 저금리 대출 상품을 출시했던 것이다. 기업 입장에서도 어차피 외부차입을 해야 하는 상황인데, 낮은 금리로 자금을 차입하면 좋은 일이기에 미리 150억 원을 차입한 것이다.

이처럼 우리가 알고 있는 재무제표와 관련된 지식이 어느 경우에는 맞지만, 다른 경우에는 기업의 현실을 정확하게 반영하지 못하는 경우도 있음을 기억하자.

각종 재무비율 및 투자 지표 읽기

〈그림 3-25〉는 반도체 후공정장비회사인 테크윙의 애널리스트 리포트 주요 투자 지표에 대한 내용이다. 이 부분은 애널리스트 리포트마다 구성 내용에 차이가 있다. 애널리스트 각각의 판단으로 중요하다고 생각하는 지표를 넣었기 때문이다.

위의 주요 투자 지표를 예로 든 이유는 애널리스트 리포트에 일반적으로 나오는 투자 지표들을 거의 대부분 포함했기 때문이다. 모든 투자 지표 및 재무비율에 대한 설명은 생략하기로 하겠다. 이 책의 본래 목적은 애널리스트 리포트를 분석하는 것이며, 기업의 재무제표 분석이 아니기 때문이다. 주식투자자들이 꼭 알아야 하는 재무비율과 필자의 견해를 담았다.

수익성 지표 분석 :
영업이익률, 순이익률, ROA, ROE, ROIC

수익성 지표 중에서 ROE순이익 / 자기자본의 중요성을 강조하는 내용을 다룬 재무제표 관련 서적이 많이 나와 있다. 물론 높은 ROE를 계속 유지하는 기업이 가장 훌륭한 투자 유망 종목임에는 틀림없다.

문제는 기업의 현실은 재무제표 서적에서의 주장과는 다르게 높은 ROE를 계속해서 유지하는 기업을 거의 찾아보기 어렵다는 점이다. 기업이 ROE를 높이기 위해서 부채를 과도하게 끌어다 쓴다거나, 순이익

그림 3-25 테크윙의 주요 투자 지표

주요 투자 지표

12월 결산	2016	2017	2018F	2019F	2020F
EPS (당기순이익, 원)	834	2,172	1,004	1,244	1,901
EPS (지배순이익, 원)	842	2,096	1,044	1,232	1,882
BPS (자본총계, 원)	5,940	8,294	9,812	10,795	12,386
BPS (지배지분, 원)	6,056	8,202	9,762	10,732	12,304
DPS (원)	220	230	240	270	320
PER (당기순이익, 배)	16.5	9.5	9.1	9.6	6.3
PER (지배순이익, 배)	16.4	9.8	8.8	9.7	6.4
PBR (자본총계, 배)	2.3	2.5	0.9	1.1	1.0
PBR (지배지분, 배)	2.3	2.5	0.9	1.1	1.0
EV/EBITDA (배)	13.2	9.9	7.5	8.1	5.6
배당성향 (%)	26.9	11.1	22.3	21.2	16.5
배당수익률 (%)	1.6	1.1	2.6	2.3	2.7
수익성					
EBITDA 이익률 (%)	19.8	21.6	16.6	15.9	17.8
영업이익률 (%)	16.3	18.6	13.0	12.9	15.4
순이익률 (%)	10.3	17.7	9.7	10.3	12.6
ROA (%)	6.1	12.9	5.6	6.8	9.5
ROE (지배순이익, %)	14.3	29.2	11.7	12.0	16.3
ROIC (%)	10.4	16.3	8.3	8.7	12.7
안정성					
부채비율 (%)	149.2	124.3	81.0	75.7	69.5
순차입금비율 (%)	115.5	63.9	36.6	31.8	24.8
현금비율 (%)	7.7	7.6	10.6	10.0	10.0
이자보상배율 (배)	10.0	9.8	6.9	9.3	14.0
활동성					
순운전자본회전율 (회)	2.2	2.8	2.2	2.4	2.5
재고자산회수기간 (일)	91.8	69.4	97.2	91.1	87.4
매출채권회수기간 (일)	124.9	118.5	152.2	130.3	118.4

의 대부분을 미래를 위한 투자가 아닌 단순히 ROE를 높이기 위해서 배당금으로 전부 사용한다면, 그런 기업이 과연 계속해서 높은 ROE를 미래에도 유지할 수 있겠는가?

경쟁기업의 출현이 아주 더뎠던 1980년대와 최근의 기업 간 경쟁 상황을 생각하면, 높은 ROE를 유지하는 일이 얼마나 어려운지 누구나 이해가 될 것이다.

그렇기 때문에 필자는 자기자본이든 타인자본이든 전체 자산을 이용해서 기업이 얼마나 돈을 벌어들였느냐를 나타내는 ROA순이익 / 총자산가 ROE보다는 기업의 현실적인 수익성을 더 잘 보여준다고 생각한다.

그러나 ROA 역시 분명 단점이 있고, 그런 단점을 보완해주는 지표가 바로 ROIC투하자본이익률다. ROIC는 기업이 실제 영업활동에 투입한 자본을 가지고 얼마나 많은 이익을 냈는지를 보는 지표다.

투하자본은 보통 유형자산과 운전자본의 합이다. ROA에는 매입채무 등 이자를 지급하지 않는 부채도 포함되어 있어서 기업의 정확한 투자 규모를 나타내주는 것은 아니다.

또한 투자 목적의 금융자산 등을 역시 제외함으로써 순수하게 영업활동으로 얻은 이익 규모를 보여주는 지표다. 따라서 최근 ROIC의 중요성을 강조하는 전문가들이 많은 편이다.

그러나 ROIC 역시 완벽한 지표는 아니다. 매출채권과 마찬가지로 매입채무 역시 기업의 영업활동에서 발생하는 자연스러운 부분이다. 외상 신용거래를 통해서 기업은 다른 기업과의 거래관계를 양호하게 유지할 수 있는 것이다. 따라서 매출채권이나 매입채무는 기업이 영업활동을 통해서 이익을 내는 데 수치화할 수는 없지만, 분명 기여하는 바가 있다. 그런데 ROIC 계산에서 매출채권은 포함하면서 매입채무는 포함하지 않는다.

또한 ROIC 계산에 투자 금융자산도 제외된다. 투자 금융자산 역시 기업이 효율적으로 자산을 운용하는 과정에서 생기는 자산이다. 확실하지 않은 신사업을 추진하면서 기업의 수익성을 훼손하는 것보다는 이자수익이 발생하는 금융자산을 편입하는 것이 훨씬 효율적인 경우도 있다.

ROIC의 가장 큰 단점은 같은 업종, 비슷한 규모의 회사라도 생산라인의 내재화 정도에 따라서 ROIC에 큰 차이가 발생한다는 점이다. 같은 규모의 이익을 내는 회사라도 외주 생산 비중이 높은 기업이, 자체 생산 비중이 높은 기업보다 유형자산의 규모가 더 작다. 그렇기 때문에 훨씬 높은 ROIC를 나타내게 된다. 이는 기업이 생산 전략을 어떻게 가져가느냐에 따라 기업의 ROIC가 크게 달라진다는 뜻이다.

결국 자산을 가장 효율적으로 운용하기 위해서 많은 고민을 하는 것은 기업이며, 그런 의미에서 ROIC보다는 ROA가 기업의 영업 성과를 더 잘 반영한다.

필자의 결론은 다음과 같다. ROA, ROE, ROIC 모두 기업이익이 증가하면 지표가 개선된다. 기업이 가용 가능한 모든 자산을 어떻게 운용하든 결과적으로 이익을 얼마나 냈느냐가 중요하다.

따라서 영업이익의 규모와 매출액 대비 얼마나 많은 이익을 냈는지 나타내주는 영업이익률이, 수익성 지표 중에서 가장 중요한 지표라고 판단한다. 순이익은 특별손익과 금융 비용 등에 따라서 달라지기 때문에 영업이익보다는 덜 중요한 지표다.

또한 일반투자자들이 여기서 살펴봐야 하는 내용은 수익성 지표인 영업이익률, 순이익률, ROE, ROA, ROIC가 연도별로 어떤 변화를 보이는지를 파악하는 일이다.

애널리스트 리포트 200% 활용법

당연히 수익성 지표가 개선되는 회사가 주가도 지속적으로 상승할 것이다. 만일 각종 수익성 지표가 하락하고 있다면 애널리스트는 이미 리포트에서 그 이유를 자세히 다뤘을 것이다.

안정성 지표 분석 :

유동비율, 당좌비율, 부채비율, 유보율, 이자보상배율

재무상태표의 주요 항목인 자산, 부채, 자본 간의 관계비율이 바로 유동비율, 당좌비율, 부채비율, 유보율이다.

유동비율은 유동자산을 유동부채로 나눈 백분율로서 기업의 단기 자금 사정을 잘 나타내주는 지표로 알려져 있다. 그러나 유동성자산인 재고자산이 많을수록 유동비율이 개선되기 때문에, 기업의 단기 자금 사정을 정확하게 반영해주는 지표는 아니다.

재고자산은 물건이 실제로 팔려야만 의미가 있는 것이며, 재고자산은 시간이 흐를수록 그 가치가 줄어들게 된다. 팔리지 않은 의류를 다음해 이월상품으로 땡처리하는 백화점 세일을 생각하면 쉽다. 그래서 개인적으로 재고자산을 제외한 당좌자산_{현금 및 현금성자산, 매출채권}을 유동부채로 나눈 백분율인 당좌비율이, 기업의 단기 유동성을 더 잘 보여주는 지표라고 생각한다.

일반적으로 유보율이 기업의 재무건전성을 나타내는 대표적인 기준인 것으로 알려져 있다. 유보율은 자본금총액_{자기자본}을 납입자본금_{주권의 액면가의 총합}으로 나눈 값이다.

일반투자자들이 잘못 판단하고 있는 것 중 하나가 바로 유보율이 높은 기업은 부채비율이 낮을 것으로 판단하는 경우다. 유보율이 높은 기업들은 그동안 영업활동을 통해서 이익을 비교적 많이 냈다는 증거이긴 하다.

그러나 유보율이 높으면서 부채비율이 평균 이상인 기업들도 적지 않다. 따라서 부채총액을 자본금 총액으로 나눈 부채비율이 기업의 재무 안전성을 더 잘 보여주는 지표다.

필자가 개인적으로 꼼꼼히 체크하는 부분은 안정성 지표 중 하나인 이자보상배율이다. 이자보상배율은 기업의 채무상환 여력을 직접적으로 보여주는 지표로서, 영업이익을 이자 비용으로 나눈 값이다. 정상적인 기업이라면 당연히 1년간 벌어들인 영업이익이 이자 비용을 충분히 커버하고도 남아야 한다.

앞에서 살펴본 〈그림 3-25〉에서 테크윙의 평균 이자보상배율은 10 내외다. 즉 연간 벌어들이는 영업이익이 이자 비용의 10배는 된다는 의미다. 즉 안정성이 좋은 기업이다.

문제는 상습적으로 이자보상배율이 1배 미만인 기업들이다. 이는 연간 벌어들이는 돈으로 부채의 원금은 고사하고 이자 비용도 커버하지 못한다는 의미다. 이런 기업들은 매년 부족한 자금을 마련하기 위해서 추가로 빚을 더 내거나 기존 주주들에게 계속해서 손을 벌려야 한다. 시간상의 문제이지 이자보상배율이 지속적으로 1배 미만인 기업들은 결국 문을 닫는 경우가 아주 많았다.

이는 일개 기업만의 문제가 아니라 그룹 차원의 문제이기도 하다. 그룹 전체의 이자보상배율이 1배 미만인 상태가 지속되다가 문제가 된 대표적인 그룹으로는 동양, STX 등이 있다.

따라서 일시적으로 이자보상배율이 1배 미만인 기업은 크게 문제가 되지 않지만, 상습적으로 1배 미만인 상태가 지속되는 기업에 절대로 투자해서는 안 된다.

활동성 지표 :
순운전자본회전율, 재고자산회전율, 매출채권회전율

기업의 매출채권이 얼마나 빨리 회수되는지, 그리고 재고자산은 얼마나 빨리 매출로 인식되는지 그 비율 역시 중요하다. 하지만 재고자산회전율, 매출채권회전율 등 복잡한 지표까지 기억하지 않아도 될 것 같다.

재고자산과 매출채권이 분기별로 증가하고 있는지, 감소하고 있는지 그 추이를 살펴보는 것만으로도 충분하다. 갑자기 재고자산이 전 분기 대비 크게 증가했다면, 그 이유가 무엇인지 기업에 전화해서 확인하는 것만으로도 충분하다.

매출채권 역시 마찬가지다. 전 분기 대비 갑자기 매출채권의 규모가 급증했다면, 그 원인을 파악하는 일이 회전율을 살펴보는 것보다 훨씬 중요하다.

· Chapter 4 ·

신뢰할 만한 '애널리스트 리포트를 찾아라!'

/ 애널리스트 리포트,
실력이 있어야 분석할 수 있다

애널리스트 리포트를 분석하는 능력을 키우려면 먼저 기본 실력이 있어야 한다. 그래야 애널리스트가 믿을 만하게 리포트를 썼는지 구별할 수 있다. 이는 차트 분석을 통해서나, 주변에서 들려주는 정보에 의존해서는 절대로 애널리스트 리포트를 분석하는 능력을 키울 수 없다.

132

애널리스트 리포트 200% 활용법

사업의 내용이 주식투자 실력을 키워준다

주식투자 실력을 키우기 위해서 무엇을 해야 하냐고 필자에게 질문한다면, 주저 없이 전자공시 시스템의 기업 실적보고서에 있는 사업 내용을 자세히 그리고 꼼꼼히 읽으라고 추천한다.

필자는 서론에서 기업탐방을 자주 다니며, 기업탐방을 하러 가기 전에 반드시 전자공시 시스템의 사업보고서나 분기, 반기보고서에 있는 사업 내용을 자세히 읽는다고 말씀드렸다.

〈그림 4-1〉은 전자공시 시스템의 삼성전자 반기보고서 사업 내용이다. 이를 위해서는 인터넷 검색창에 전자공시 시스템이라고 검색하면 친절하게 안내해줄 것이다.

그림 4-1 **삼성전자의 반기보고서에 나와 있는 사업 내용**

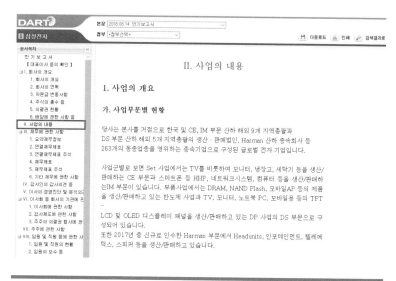

필자는 사업의 내용 중에서도 특별히 산업 특성과 기업 경쟁력, 주요 제품별 매출 비중, 제품 가격과 원재료 가격 변동, 공장 가동률, 연구인력 현황 등을 꼼꼼하게 체크한다.

필자는 산업 특성과 기업 경쟁력을 꾸준히 읽는다면, 전문가 부럽지 않은 수준의 산업 밸류체인Value Chain을 이해하는 능력이 생긴다고 확신한다.

산업 특성과 기업 경쟁력 부분에서는 기업이 속한 산업의 과거 태동기부터 현재까지 산업 변화 과정을 설명해주고 있으며, 기업은 그런 산업에서 경쟁력을 유지하고 지속적인 성장을 위해서 무엇을 준비하고 계획하는지를 파악할 수 있다. 따라서 그 어떤 것보다 기업을 이해하는데 가장 많은 도움이 되는 정보다.

실제로 필자의 기업 분석 능력과 특정 산업에 대한 이해는 바로 사업 내용에 나와 있는 산업 특성과 기업 경쟁력을 꾸준히 읽으면서 가능해졌다. 그리고 이를 바탕으로 애널리스트 리포트를 분석하는 능력이 생기게 되었다.

주요 제품별 매출 비중을 분기보고서별로 비교 분석하면, 어느 사업 부분이 성장하는지 또는 비중이 줄어드는지 파악할 수 있다. 또한 제품 가격과 원재료 가격 변동 추이로, 기업의 수익성이 개선되는지 또는 악화되는지 충분히 추정이 가능하다.

기업의 공장 가동률까지 꼼꼼히 체크하는 일반투자자는 별로 없을 것이다. 그러나 간혹 공장 가동률은 올라가는데 매출이 줄어드는 경우가 있다. 공장 가동률이 올라가면 당연히 매출도 증가해야 한다. 하지

애널리스트 리포트 200% 활용법

만 공장 가동률은 올라가는데 오히려 줄어드는 경우는 필자의 경험상 크게 두 가지다.

첫째, 기업 간 경쟁이 심해져서 제품 가격이 하락하는 경우다. 간혹 특정 기업이 시장 예측을 잘못해서 생산한 제품을 제대로 판매하지 못하고 재고로 쌓아두는 경우가 있다. 그러나 이런 경우는 거의 찾아보기 힘들다. 기업은 수시로 제품 판매와 재고자산 상황을 체크하기 때문에 재고자산이 급증할 때까지 공장 가동률을 올리는 허술한 회사는 없다.

둘째, 기업이 신제품을 새롭게 생산하는 과정에서 수율 문제가 발생하는 경우다. 수율이란 생산한 제품이 고객이 원하는 수준의 품질을 갖췄는지 여부다. 즉 10개의 제품을 생산했는데, 고객에게 납품이 가능한 품질의 물건이 5개뿐이고 나머지 5개는 불량품이라서 폐기처분해야 한다. 이런 상황에서는 공장 가동률이 올라도 매출은 줄어들게 된다. 그리고 기업은 매출원가의 급격한 상승으로 수익성이 악화된다.

연구인력 관리 역시 기업을 파악하는 데 있어서 아주 중요한 부분이다. 전체 직원 중 연구인력 직원 비중이 어느 수준인지, 그리고 연구인력 직원의 평균 급여 수준과 석·박사 학위자의 비율까지 기업 경쟁력에 영향을 미친다. 특히 서울에서 아주 멀리 떨어져 있는 기업인데, 석·박사 학위 이상의 연구인력이 다수 근무하는 회사라면 관심을 가지고 지켜봐야 한다.

현재 판교에는 아주 많은 상장기업이 입주해있다. 그리고 판교에 있는 빌딩의 임대료는 강남에 있는 빌딩의 임대료 못지않게 비싸다. 가끔 판교에 있는 기업을 방문해서 주식 IR 담당자들에게 왜 임대료가 비싼 판교에 회사가 입주해있는지 질문한다. 그러면 서울에서 출퇴근이 용이한 판교 정도가 돼야 핵심 연구인력을 유치하는 데 어려움이 없으며, 서울 기준으로 판교보다 남쪽으로 내려갈수록 핵심 연구인력 유치가 어렵다는 말을 자주 들었다.

따라서 서울에서 멀리 떨어져 있음에도 불구하고 석·박사 학위 이상의 고급인력이 많이 근무하는 회사라면, 그만큼 핵심인력들이 회사의 미래를 아주 긍정적으로 보고 있다는 의미다.

회사에 대해서 그 누구보다 잘 아는 직원은 연구인력, 특히 핵심 연구인력이다. 그래서 회사가 크게 성장할 것이라는 확신을 가지고 근무하고 있을 가능성이 높기 때문에, 일반투자자들은 계속해서 관심을 가지고 지켜봐야 한다.

이사의 경영 진단 및 분석 의견 역시 꼼꼼히 읽어야 하는 부분이다. 분기나 반기 실적에는 의견이 없고, 한 해의 실적을 결산하는 사업보고서에서 작성한다. 기업의 1년 경영 성과와 각 사업 부문별 성과를 보고하는 내용과 향후 회사가 어느 부문에 역량을 집중하겠다는 계획과 목표를 제시한다. 개인적으로는 사업의 내용이 일반투자자에게 더 많은 도움이 된다고 생각한다.

그리고 사업의 내용을 꾸준히 읽으면, 일부 애널리스트들도 사업의 내용을 많이 참고해서 리포트를 작성한다는 사실을 자연스럽게 알게 될 것이다.

애널리스트 리포트 200% 활용법

리포트 발간의
적시성

스트레스를 많이 받는 직업, 애널리스트

평소 친분이 있는 애널리스트 한 명은 서울 유명 대학교 출신이며, 해외에서 석사 학위를 취득한 그야말로 엘리트 코스를 밟아 온 증권맨이다. 평소에 형 동생 하면서 술자리를 자주 가졌다.

어느날 그 애널리스트에게서 "저녁때 약속 없으면, 술 한 잔 사주세요."라고 연락이 왔다. 그의 목소리에서 무언가 상의할 개인적인 문제가 있음을 느낄 수 있었다. 역시나 그 애널리스트는 술자리에서 자신의 고민을 털어놓았다. 학창 시절 열심히 공부해서 좋은 대학교를 나왔고, 자신의 전공을 살려서 원하던 애널리스트가 되었다. 그런데 막상 자신의 이름을 달고 나오는 리포트에 대해서 마음의 큰 부담감을 가지고 있었다.

'내가 쓴 리포트의 목표 주가가 실제 주가와 크게 차이가 나면 어쩌지?', '아무리 분석을 해도 내가 판단하는 기업의 실적은 이 정도인데, 회사 주식 IR 담당자와 다른 애널리스트는 더 많은 실적을 예측하는데 어떻게 리포트를 작성해야 할지' 등이었다.

그는 애널리스트라는 직업이 자신의 성격과는 맞지 않는 것 같다고 말했다. 완벽주의자는 아니더라도 자신의 분석과 예측이 실제 기업 실적과 크게 차이가 나는 것에 대해서 큰 부담을 느끼고 있었던 것이다.

필자가 해줄 수 있는 위로는 "네가 최선을 다해서 기업을 분석하여 리포트를 냈으면 애널리스트로서의 역할을 다한 것이다. 그후에 리포트가 맞고 틀리고는 네가 어찌할 수 있는 부분이 아니다."라고 말해주는 게 전부였다. 결국 그 애널리스트는 다니던 직장을 그만두고 현재는 다른 업종의 회사에 다니고 있다.

〈그림 4-2〉는 주성엔지니어링의 2010년 1월 1일부터 2018년 10월 10일까지 연도별 애널리스트 리포트 종류와 숫자를 보여주고 있다. 주가가 높았던 시기와 주가 수준이 아주 낮았던 시기의 리포트 숫자에는

그림 4-2 **주성엔지니어링의 연도별 애널리스트 리포트 종류와 숫자**

리포트	2010	2011	2012	2013	2014	2015	2016	2017	2018
매수	54	30	4	3	0	22	50	45	19
Hold	0	4	9	1	0	0	0	0	0
N/R	0	0	0	0	0	4	3	2	0
합계	54	34	13	4	0	26	53	47	19

애널리스트 리포트 200% 활용법

큰 차이가 있다.

특히 주가 수준이 낮았던 2013년에 나온 리포트 숫자가, 주가 수준이 높았던 2010년의 10%도 되지 않는다. 더욱이 주가가 지난 10년간 가장 낮았던 2014년에는 아예 주성엔지니어링에 대한 리포트 자체가 나오지 않았다.

그러면 주성엔지니어링의 2010~2018년까지 실적을 살펴보자.

|||||||||||||||||||||||||||||||||| **주성엔지니어링의 연도별 실적** ||||||||||||||||||||||||||||||||||

(단위 : 억 원)

리포트	2010	2011	2012	2013	2014	2015	2016	2017	2018(E)
매출액	4,434	3,192	800	1,564	1,419	1,756	2,680	2,726	2,730
영업이익	395	28	−837	10	95	152	377	417	440
순이익	354	−129	−1,103	−363	−210	77	326	420	410

표에서 볼 수 있듯이 국내 대표 IT 장비업체 중 하나인 주성엔지니어링의 실적은 영업 상황이 좋았던 시기와 나빴던 시기에 크게 차이가 있음을 알 수 있다.

증권사 애널리스트는 전문가이기 이전에 월급을 받는 직장인이다. 그리고 회사와 본인의 이름으로 종목 리포트를 내야 한다. 만일 여러분이 증권사 애널리스트라고 가정해보자. 여러분 같으면 현재 기업 실적이 적자인 상태가 지속되고 있고, 언제 어떻게 기업의 영업 환경이 개선될지 예측하기 어려운 상황에서 매수 추천 리포트를 자신 있게 낼 수 있겠는가?

애널리스트들도 기업의 실적이 개선되는 모습이 가시화돼야 비로소 기업에 대한 자신감을 가지고 리포트를 쓰는 모습을 자주 접하게 된다. 이는 개별 종목뿐만이 아니라, 전체 주식시장에 대한 전망을 봐도 크게 다르지 않다.

글로벌 경기 상황이 불투명하고 외국인투자자들이 국내 증시에서 이탈하면 당연히 주식시장은 큰 폭으로 하락하게 된다. 그런 상황에서 주식시장 관련 전문가들의 전망을 보면, 모든 전문가가 주식시장에 대한 비관적인 리포트를 쏟아낸다.

반면에 글로벌 주식시장의 상승으로 국내 증시도 상승을 이어가면 전문가들도 온통 장밋빛 전망을 한다. 주식투자자라면 이러한 모습을 수시로 경험했을 것이다.

애널리스트 리포트가 나오면 목표 주가가 얼마인지, 추천의 이유는 무엇인지, 그 부분만 집중적으로 파악해서는 안 된다. 리포트가 나온 시점의 주가와 실적 추이를 함께 살펴야 한다. 그래서 기업의 실적이 이미 어느 정도 주가에 반영되었는지 파악하는 것 역시 중요하다.

기업의 실적이 개선되는 상황을 넘어 이미 정점에 다다른 상황에서 수시로 나온 애널리스트 매수 추천 리포트만을 믿고 주식을 매수한다면, 당연히 투자 손실을 보기 쉽다.

그렇다면 주가와 회사 실적이 이미 정점에 다다른 상황에서 나온 아주 조심해야 하는 리포트인지 아닌지를 구별하는 방법이 있을까?

애널리스트 리포트 200% 활용법

도식화된 분류 방법은 당연히 세상에 존재하지 않는다. 다만 분명한 것은 기업의 실적이 부진하고 그에 따라 주가도 바닥권을 벗어나지 못하는 상황에서는 애널리스트의 매수 추천 리포트가 나오는 경우가 드물다.

기업의 실적이 개선되고 주가도 바닥권을 탈출하는 모습이 나와야, 드디어 애널리스트 리포트를 접하게 된다. 그리고 본격적으로 커버리지를 개시하는 리포트가 나오기 시작한다. 그리고 필자의 경험상 기업 실적과 주가가 절정인 상황에서는 기업의 내용에 커다란 변화가 없음에도 불구하고, 단지 주가가 올랐다는 이유로 목표 주가를 올리는 리포트를 자주 접했다.

예를 들어 '업종 평균 PER의 상승을 반영해서 목표 주가를 올린다', '목표 PER 배수를 10배에서 12배로 올린다'는 식의 리포트를 접하게 된다면 주식시장이 이미 과열 상태에 진입했다는 신호로 받아들여도 크게 무리가 없다.

주성엔지니어링을 예로 든 이유가 바로 기업의 실적과 주가가 좋았던 시기와 나빴던 시기가 아주 명확하며, 그에 따라 나오는 애널리스트 리포트 숫자도 연도별로 큰 차이가 있어서다.

그러나 대형주의 경우는 실적 및 주가와 애널리스트 리포트의 숫자 사이에, 예로 든 주성엔지니어링처럼 높은 상관관계를 가지고 있는 경우가 거의 없다.

예를 들어 IT 반도체업종을 커버하는 애널리스트라면 삼성전자와 SK 하이닉스를 분석하지 않고서, 다른 기업을 커버하는 경우는 거의 없다.

그림 4-3 LG전자의 애널리스트 리포트 숫자

리포트	2010	2011	2012	2013	2014	2015	2016	2017	2018
매수	232	274	355	363	347	257	313	310	228
Hold	54	39	26	10	34	49	24	28	2
N/R	6	9	24	21	12	22	20	22	5
합계	292	322	405	394	393	328	357	360	235

대한민국 대표 반도체기업을 분석하지 않고서, 어떻게 반도체 담당 애널리스트라고 할 수 있겠는가?

〈그림 4-3〉은 LG전자의 2010~2018년 10월 10일까지 발표된 애널리스트 리포트 숫자다. 주성엔지니어링과는 다르게 연도별로 리포트 숫자 및 매수 추천 리포트에 큰 차이가 없음을 볼 수 있다.

실적과 주가가 모두 부진했던 2015년에도 전체 리포트 숫자는 다른 연도와 비교해서 크게 떨어지지 않는다. 물론 매수 추천 리포트는 상대

그림 4-4 **대한유화의 애널리스트 리포트 숫자**

리포트	2010	2011	2012	2013	2014	2015	2016	2017	2018
매수	21	28	13	17	59	110	61	117	76
Hold	0	3	15	8	0	6	7	6	7
N/R	1	5	1	7	3	8	7	8	5
합계	22	36	29	32	62	124	75	131	88

적으로 감소하긴 했다.

즉 IT업종 애널리스트라면 LG전자는 기본적으로 커버하는 경우가 많으며, 적어도 분기별 실적과 관련된 리포트는 내야 한다. 그렇기 때문에 기업의 실적 및 주가와 리포트 숫자의 상관관계는 개별 중·소형주보다는 훨씬 적다.

호황기와 침체기가 분명한 경기순환업종의 경우도 대형주와 중·소형주의 리포트 발행 숫자는 크게 차이가 난다.

〈그림 4-4〉는 대한유화의 2010~2018년 10월까지 발행된 애널리스트 리포트 숫자다. 대한유화의 주가가 부진하던 2012년과 2013년에는 리포트 발행 숫자가 적었으나, 주가가 많이 오르기 시작한 2015년부터 리포트 발행도 크게 증가하고 있다.

반면에 같은 화학업종인 롯데케미칼의 애널리스트 리포트 발행 횟수를 살펴보자.

대한유화와는 다르게 〈그림 4-5〉 롯데케미칼의 리포트 숫자는 실적과 주가가 부진하던 2013~2014년에 리포트 발행 숫자가 줄어들지 않

그림 4-5 **롯데케미칼의 애널리스트 리포트 숫자**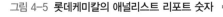

리포트	2010	2011	2012	2013	2014	2015	2016	2017	2018
매수	172	173	221	200	230	217	185	235	152
Hold	22	10	38	64	28	18	9	6	11
N/R	7	8	4	8	4	21	19	15	7
합계	201	191	263	272	262	256	213	256	170

고 있는 것을 볼 수 있다. 롯데케미칼의 기업 실적과 주가가 회복되던 2015~2016년보다 오히려 리포트 발행 숫자가 더 많았다.

롯데케미칼 역시 대한민국을 대표하는 종합화학회사이기 때문에 화학업종 애널리스트는 기본적으로 롯데케미칼을 분석한 것이다.

수시로 나온 리포트가 더 신뢰할 수 있다

앞에서 설명했듯이 애널리스트는 커버리지를 개시하게 되면 수시로 기업에 대한 리포트를 작성해야 한다. 특히 분기 실적, 반기 실적, 결산 실적이 발표되면 실적과 관련된 애널리스트의 의견이 담긴 리포트를 내야 한다.

그리고 모든 애널리스트는 리포트를 작성하기 전에 기업을 방문해서 주식 IR 담당자와의 미팅을 통해, 기업의 영업활동과 관련된 전반적인 현황을 파악한다.

그리고 최근의 기업 실적, 기업이 준비 중인 신제품 등 궁금한 점을 질문과 그에 대한 답변을 통해서 충분히 파악한 뒤 리포트를 작성한다. 따라서 리포트가 발행되는 그 시기의 기업 현황에 대한 최신 분석이 담겨 있는 것이다.

커버리지를 개시한 뒤 거의 3개월에 한 번 정도 작성되는 리포트와 수시로 기업에 대한 업데이트 내용을 담은 리포트는 그 내용과 정확성면에서 큰 차이를 보인다.

우리는 애널리스트들이 자신이 커버하는 종목의 목표 주가를 수시로 변경해서 일반투자자들에 혼동만 준다는 뉴스 기사를 자주 접한다. 하지만 필자는 아무것도 안 하는 것보다 차라리 목표 주가를 계속 바꾸더라도 기업에 대한 리포트를 수시로 내는 것이 더 신뢰할 만한 리포트라고 생각한다.

기업의 CEO조차도 자신이 경영하는 회사의 미래 성과를 정확하게 예측하지 못하는데, 애널리스트가 기업의 미래 실적을 정확하게 예측하기를 바란다는 사실 자체가 무리한 요구다. 어쩌면 그것은 신의 영역일 것이다.

애널리스트가 수시로 리포트를 냈다는 사실은 그만큼 애널리스트가 기업에 대해서 분석과 고민을 많이 했다는 증거다. 그리고 애널리스트 리포트를 통해서 기업의 현재 영업 상황을 파악하고, 미래 실적을 예측하는 일은 우리 투자자의 몫이다.

따라서 필자는 설령 목표 주가가 계속해서 바뀌더라도 수시로 기업에 대한 업데이트 내용이 나오는 애널리스트 리포트가, 가끔 나오는 애널리스트 리포트보다 훨씬 더 신뢰할 수 있다고 생각한다. 지금 당장 한경컨센서스에 들어가서 특정 종목을 검색해보면, 수시로 기업에 대한 리포트를 내는 애널리스트와 뜨문뜨문 리포트를 내는 애널리스트를 쉽게 구별할 수 있다.

/ 신뢰할 만한
목표 주가는?

'Chapter 2'의 목표 주가 계산 방식에서 모든 목표 주가 산정 방식은 결국 기업이익으로 귀결되고, 그것을 어떻게 표현하는지 방법상의 차이라고 설명했다.

여기서는 신뢰할 만한 목표 주가란 어떤 것인지, 필자의 경험을 바탕으로 설명한다.

목표 주가 산정 방식이 일관될 수 없는 사례

이제부터 스튜디오드래곤에 대한 어느 증권사의 애널리스트 리포트 3개를 비교해서 살펴보자. 애널리스트 리포트에 대한 분석은 전적으로 개인적인 견해이며, 애널리스트 리포트 자체를 부정하는 것은 절대 아님을 미리 말해둔다.

다만 애널리스트의 목표 주가 산정 방식을 어떻게 읽고 판단해야 하는지 실례를 들고자 하는 것이다.

〈그림 4-6〉은 스튜디오드래곤의 2018년 1월에 나온 리포트에서 발췌한 목표 주가 상향 부분이다. 넷플릭스를 대상으로 한 수출 본격화와 중국 수출 재개 기대감을 반영해서, 2019년 순이익을 38% 상향 조정했다. 또한 그에 비례해서 목표 주가도 기존 72,000원에서 100,000원으로 39% 상향했다.

그런데 문제는 PER을 몇 배로 적용했는지 설명이 있어야 하는데, 그

그림 4-6 스튜디오드래곤의 애널리스트 리포트 1

밸류에이션 및 투자의견

동사에 대해 투자의견 매수를 유지하고, 목표주가는 기존 72,000원에서 신규 100,000원으로 39% 상향 제시한다. 목표주가 상향은 넷플릭스향 수출 본격화와 중국 수출재개 기대감이 실현 가능한 2019년 실적 전망치를 OP 1,042억원, NI 841억원으로 기존 대비 각각 29%, 38% 상향한 점에 기인한다. 한편, 수급적으로도 CJ E&M과 CJ오쇼핑의 합병으로 Pure Contents Player에 대한 우호적 환경이 조성되고 있어 긍정적이라는 판단이다.

동사는 현재 Fwd 12M 실적 대비 PER 27배, PBR 4.3배에 거래되고 있다. 한류 콘텐츠를 선도하는 동사에 있어 PER 밸류에이션은 고성장 전방시장의 중국 피어그룹(36배)만큼 충분히 줄 수 있다는 판단이다. 중장기 실적 성장성에 있어서도 올해가 넷플릭스향 판매의 본격화 원년인데다, 중국 수출도 향후 6개월 이내 물꼬를 틀 가능성이 상존하고 있어 탁월한 결과가 예상되기 때문에, 동사를 미디어 업종 내 최선호주로 매수 추천한다.

그림 4-7 스튜디오드래곤의 애널리스트 리포트 2

투자의견 매수(유지), 목표주가 12만원(상향)

동사에 대해 투자의견 매수를 유지하고, 목표주가는 기존 10만원에서 12만원으로 20% 상향 조정한다. 목표주가는 내년 예상 EPS 3,240원에 Target PER 37배를 적용하여 산정하였다. 목표주가 상향은 내년 실적 전망치 상향 및 피어그룹 밸류에이션 상승에 따른 Target PER 조정에 기인한다. 넷플릭스향 판매 비율의 소폭 증가와 글로벌 & 중국 프로젝트 실적 일부를 선반영, 내년 실적 전망을 매출액 5,496억원, OP 1,094억원으로 기존 대비 5% 상향 조정하였다.

에 대한 설명은 리포트 어디에서도 찾아볼 수 없다. 다만 동사의 주가는 현재 Fwd Forward 12M Month 실적 대비 PER 27배인데, 순이익 38% 상향 조정에 따라 목표 주가를 39% 상향했기 때문에 목표 PER에는 변화가 없다고 유추할 수 있다.

다음 리포트를 살펴보자.

그림 4-8 **스튜디오드래곤의 애널리스트 리포트 3**

중장기 실적 전망

동사 2018년 실적은 매출액 4,087억원(YoY +42.5%), 영업이익 762억원(YoY +130.9%)으로 전망된다. 넷플릭스향 정상 판매를 가정한 실적이며, 중국향 판매와 넷플릭스향 고가판매(16부작 기준 회당 3억원으로 시리즈당 총 판매가액 50억원 가정)로 인한 초과분은 반영되어 있지 않다. 따라서 올해 하반기 중 미스터션샤인을 필두로 중국판매가 재개될 경우 향후 실적전망은 즉각적으로 25~30% 상향요인이 발생할 전망이다.

동사에 대해 투자의견 매수를 유지하고, 목표주가는 14만원으로 기존 대비 17% 상향 조정한다. 목표주가는 기준 EPS(2019~2020년 예상 평균EPS 3,470원)에 Target PER 40배(업싸이클 상단값)를 적용했다. 투자의견 매수 근거는 점점 견고해지는 라인업의 영향으로 히트비율 및 평균시청률이 지속 상승하기 때문이다. 아울러 넷플릭스와 동사 제작 드라마 판매뿐만 아니라 공동 제작 오리지널 드라마를 포함한 전방위적 파트너십이 확인되고, 중국향 프로젝트 재개 기대감이 상존하는 점도 중요 고려사항이다.

〈그림 4-7〉은 같은 애널리스트가 쓴 2018년 3월에 나온 리포트다. 대략 2개월 만에 목표 주가를 12만 원으로 20% 상향 조정했다. 여기에서는 목표 주가를 계산한 방식을 설명해주고 있다.

즉 2019년 예상 EPS 3,240원에 Target PER 37배를 적용해서 산정했다. 그리고 실적 전망치 상향 및 피어그룹 밸류에이션 상승에 따라 Target PER도 조정했다고 설명하고 있다.

여기에서의 조정은 Target PER을 상향했다는 것을 어렵지 않게 심작할 수 있다. 즉 실적도 좋아지고 업종 평균 PER도 상승해서 목표 주가를 상향했다는 이야기다.

〈그림 4-8〉은 같은 애널리스트의 스튜디오드래곤에 대한 2018년 6월에 발행된 리포트다. 스튜디오드래곤의 주가가 계속 상승하자, 다시

목표 주가를 상향했다.

주된 이유는 2019~2020년 2년간의 예상 평균 EPS 3,470원에 Target PER 40배_{기존 37배}를 이용했다. 그리고 그 이유는 점점 견고해지는 라인업과 평균시청률의 상승이었다.

물론 하반기에 〈미스터 선샤인〉 등 드라마의 히트가 실제로 나타나고는 있으나, 목표 주가에 적용하는 기준 EPS를 올리기 위해서_{3,240원에서 3,470원으로} 2019년에서 2019~2020년으로 기간을 2년간으로 갑자기 바꾼 이유를 설명하기에는 부족해 보인다.

참고로 2018년 1월 초 애널리스트 리포트의 스튜디오드래곤 목표 주가는 72,000원이었다. 6개월 만에 목표 주가를 거의 2배 올려야 하는 이유를, 넷플릭스를 대상으로 한 매출 증가와 중국을 대상으로 한 수출 재개로 설명하기에는 설득력이 부족하다.

그렇다면 목표 주가 산정 방식이 일관되지 못한 문제가 사례로 든 애널리스트 리포트만의 문제일까?

〈그림 4-9〉는 다른 증권사 애널리스트의 스튜디오드래곤에 대한 2018년 5월 리포트다. 목표 주가를 상향한 계산식은 2019년 예상 주당순이익에 44배의 PER을 적용했다.

이제 다른 리포트와 비교해보자.

〈그림 4-10〉은 스튜디오드래곤의 2018년 6월 리포트다. 한 달 만에 다시 목표 주가를 10% 이상 올렸다. 적용시키는 PER을 47배로 올렸다. 그리고 올린 이유는 30%를 상회하는 연평균 매출액 증감률과 2배 이상 증가하는 2018년 영업이익, 중국을 대상으로 한 수익 인식 등이다.

그림 4-9 **스튜디오드래곤의 목표 주가 1**

목표주가를 132,000원으로 11.9% 상향, 미디어 Top Pick 관점 유지

목표주가를 132,000원으로 기존 118,000원에서 11.9% 상향한다. 2019년 EPS(주당순이익)에 44배(제이콘텐트리의 지난 2년 상단에서 20% 할증)의 Multiple을 적용했다. 1) 30%에 달하는 연간 매출액 증감률, 2) 유통 매출액의 증가를 앞세워 100% 증가하는 영업이익, 3) 임박한 중국향 수익 인식을 근거로 미디어 Top Pick 관점을 유지한다. 보여줄게 많은 사업자다.

그림 4-10 **스튜디오드래곤의 목표 주가 2**

목표주가를 146,000원으로 10.6% 상향, 미디어 Top Pick 관점 유지

목표주가를 146,000원으로 기존 132,000원에서 10.6% 상향한다. 2019년 EPS(주당순이익)에 47배(제이콘텐트리의 지난 3년 상단에서 15% 할증)의 Multiple을 적용했다. 1) 30%를 상회하는 연평균 매출액 증감률, 2) 2배 이상 증가하는 2018년 전사 영업이익, 3) 아직 본격적으로 반영하고 있지 않은 중국향 수익 인식을 근거로 미디어 Top Pick 관점을 유지한다.

이는 5월에 나온 목표 주가 상향 이유와 다를 바가 전혀 없다. 즉 기업의 영업 상황에 변화가 없는 시점에서 목표 주가를 올렸다. 위 애널리스트의 스튜디오드래곤 목표 주가 변경은 처음 살펴본 애널리스트 리포트보다 훨씬 자주 변경되었다.

〈그림 4-11〉에서 볼 수 있듯이 애널리스트는 2018년 대략 6개월 동안 무려 7번 목표 주가를 변경했고, 목표 주가를 1월 73,000원에서 6월 146,000원으로 2배나 올렸다.

6개월 동안 목표 주가를 7번이나 변경시켜야 할 정도로 회사의 내용에 급격한 변화를 애널리스트 리포트에서는 결코 찾아볼 수 없다. 결국

그림 4-11 **스튜디오드래곤의 목표 주가 변경 사항**

일자	투자 의견	목표 주가 (원)	괴리율 (%) 평균	최고/최저
2017년 11월 23일	매수	53,000	20.8	35.5
2017년 12월 10일	매수	67,000	(6.9)	(1.8)
2018년 01월 09일	매수	73,000	(6.2)	1.9
2018년 01월 18일	매수	82,000	(3.3)	6.1
2018년 02월 26일	매수	95,000	(7.5)	(6.7)
2018년 03월 04일	매수	104,000	(9.9)	(5.3)
2018년 04월 01일	매수	118,000	(23.0)	(16.4)
2018년 05월 22일	매수	132,000	(19.3)	(11.3)
2018년 06월 22일	매수	146,000	-	-

애널리스트들이 스튜디오드래곤의 목표 주가를 2018년 상반기에 수시로 올린 이유는 바로 다음과 같은 이유 때문이다.

주가의 변동성이 목표 주가의 신뢰도를 떨어뜨린다

〈그림 4-12〉는 2018년 6개월 동안 목표 주가를 7번 상향시킨 애널리스트 리포트에서 발췌한 내용이다. 2017년 상장 이후 스튜디오드래곤의 주가가 급등하자, 2017년부터 시행된 목표 주가 '괴리율 공시제도' 등을 감안했을 때 애널리스트 역시 목표 주가를 계속해서 올리지 않을 수 없는 상황이었던 것 같다.

만일 주가가 급등하는 상황에서 목표 주가를 올리지 않아 목표 주가보다 주식시장에서 거래되고 있는 주가가 더 높은 상황이 되면, 애널리스트의 기존 리포트가 의도하지 않게 매도 의견으로 돌변하게 되는 상황이 될 것이다. 아마도 애널리스트는 그런 상황을 피하고자 했던 것 같다.

따라서 스튜디오드래곤 종목을 커버하는 애널리스트들은 수시로 목

그림 4-12 **스튜디오드래곤의 투자 의견 및 목표 주가 추이**

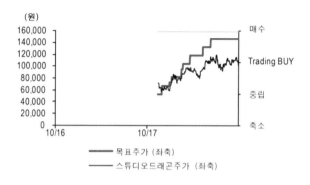

표 주가를 올려야 했으며, 목표 주가를 급하게 올리는 상황에서 목표 주가 상향의 충분한 근거는 제시하지 못했던 것이다.

과연 누가 이런 상황에서 수시로 목표 주가를 상향할 때마다 새롭게 납득할 만한 근거를 제시할 수 있겠는가?

이는 애널리스트들의 문제가 아니라, 커버하는 기업의 주가 움직임이 그런 상황을 만든 것이라는 표현이 더 맞을 듯하다. 이런 문제점은 다른 업종, 다른 종목에서도 쉽게 발견할 수 있다.

주가가 단기 급등하는 순간 합리적인 목표 주가는 사라진다

〈그림 4-13〉은 현대건설에 대한 어느 증권사의 2018년 5월 애널리스트 리포트 일부분이다. 2018년 4월 이후 남북 정상회담과 한반도 비핵화, 그에 따른 남북 경제협력 확대에 대한 수혜 기대감이 고조되는 시

그림 4-13 현대건설의 애널리스트 리포트

TP 9.0만원으로 상향, 목표시총 10조원 제시

남북경제협력의 모멘텀이 살아있는 한, 현대건설이 건설업종 중 가장 높은 멀티플을 받을 가능성이 높아졌다. 실제 독일 통일전후에도 1위 건설사인 호흐티프 PER 40~70배, 2위 건설사인 빌핑어 20~30배로 2배 이상 높은 밸류에이션을 받았고, 현대건설의 경우에도 적용가능 할 것이다. 개별기업 측면에서도 올해 다양한 수익사업 확대로 2019년부터 별도기준 실적상승 기대된다. 종전 별도 멀티플 7.7배를 신규 20배로 적용했고, TP를 5.0만원에서 9.0만원으로 80% 상향, 목표시총 10조원을 제시하겠다.

기였다. 그 영향으로 현대건설 주가는 4월 이후 대략 두 달 만에, 4만 원대에서 거의 8만 원까지 단기간에 2배 가까이 상승했다.

애널리스트는 남북 경협이라는 일종의 테마로 단기간 급등하는 현대건설 주가에 맞춰 무리하게 목표 주가를 상향시켜야 했다. 그래서 목표 주가 상향의 근거를 찾다 보니, 결국은 지금부터 대략 30년 전이었던 독일의 통일 상황까지 비교 대상으로 삼았다.

아무리 합리적인 판단과 근거에 의해서 애널리스트가 목표 주가를 계산해도 주가가 기업의 내재 가치에 큰 변화 없이 급등하는 순간, 주가의 상승을 합리적으로 설명할 수 있는 목표 주가 계산식은 절대 존재하지 않는다.

결국 신뢰할 만한 목표 주가인지의 판단은 투자자의 몫

그렇다면 앞에서 예로 든 스튜디오드래곤과 현대건설의 경우처럼, 기업의 내재 가치가 주가 상승을 따라가지 못하는 상황이 발생하면 애널리스트가 과연 무엇을 어떻게 해야 할까?

올라가는 주가를 따라잡기 위해서 무리해서 목표 주가를 올려야 할까? 아니면 기존의 목표 주가 의견을 고수해서, 결과적으로 주가의 움직임을 전혀 반영하지 못하는 리포트라는 비난을 감수해야 할까?

어떤 판단을 내릴지 결정하기 어려운 상황이기에 정답은 없는 것 같다. 단지 기업의 내용에 큰 변화가 생겨서 목표 주가를 상향하는 리포트인지, 아니면 가파르게 올라가는 주가를 따라잡기 위해서 무리해서 목표 주가를 올리는 리포트인지 구별하는 능력을 키워야 한다. 그리고 상황에 맞게 애널리스트 리포트를 판단하면 될 것 같다.

매수 추천 사유를 어떻게 볼 것인가

예전에 국제영업을 할 때, 외국인투자자들에게 종목을 추천하면서 가장 힘들었던 부분은 바로 외국인투자자들을 설득하는 일이었다.

예를 들어 'OO건설이 하반기부터 해외 수주의 증가로 실적이 개선될 예정이라는 애널리스트 리포트가 나왔으니 매수하세요'라는 증권사 영업 직원의 매수 추천에, 아마도 대부분의 일반투자자들은 아무런 의심 없이 해당 주식을 매수할 것이다.

그러나 그런 식의 종목 추천은 외국인투자자들에게 통하지 않는다. 국제영업을 하면서 외국인투자자들로부터 받았던 가장 많은 질문은 어떻게 해서 회사의 실적이 좋아지냐는 것이었다. 당시 외국인투자자들을 납득시킬 만한 매수 추천 사유를 찾고자 노력했고, 수시로 애널리스트의 매수 추천 사유가 충분히 납득할 만한 것인지 파악하고자 노력했다.

그러면서 애널리스트 리포트 중에서 매수 추천 사유를 파악하는 일이 무엇보다 중요하다는 사실도 자연스럽게 알게 되었다.

객관적이고 충분한 근거가 있어야 한다

일반투자자들이 애널리스트 리포트를 읽으면서 가장 어려워하는 부분 중의 하나가 바로, 매수 추천 사유를 판단하는 것이다. 그러나 아쉽게도 매수 추천 사유가 신뢰할 만한지 아닌지 여부를 구별해주는 도식화된 방법은 당연히 있을 수가 없다.

수많은 애널리스트 리포트를 읽으면서 신뢰할 만한 리포트인지 구별하는 가장 중요한 판단 기준이 바로, 매수 추천 사유가 객관적이고 충분한 근거가 있는지 여부다.

이는 지극히 당연한 말처럼 들리지만 막상 일반투자자들이 애널리스트 리포트를 읽으면서 신뢰할 만한 매수 추천 사유인지를 판단하는 일은 말처럼 쉽지 않다.

매수 추천 사유가 많을수록 좋다

한 가지만의 매수 추천 사유보다는 최소 2가지 이상의 다른 매수 추천 사유가 있는 리포트가 더 신뢰가 간다. 그리고 그런 리포트일수록 주가가 더 많이 오르는 경향이 있다. 한 가지의 매수 추천 사유가 있는 기업보다는 여러 가지 추천 사유가 있는 회사가, 여러 부분에서 기업 실적이 개선되고 있다는 이야기다. 따라서 실제로 실적과 주가 모두 더 많이 오를 가능성이 높다.

〈그림 4-14〉는 롯데정보통신에 대한 어느 증권사 애널리스트의 매수 추천에 대한 내용이다. 롯데정보통신이 투자 유망한 이유를 크게 세 가지로 언급하고 있다.

첫째, 그룹의 유일한 SI시스템 통합 관련 IT기업으로서 롯데그룹은 유통, 물류, 호텔, 식품, 금융, 화학 등 다른 대기업보다 사업 영역이 넓어서 타 SI업체보다 다양한 산업에 대응할 수 있다는 강점을 가지고 있다.

둘째, 타 대기업보다 전체 매출액 대비 IT투자 금액이 상대적으로 낮

그림 4-14 **롯데정보통신의 매수 추천 사유**

롯데그룹의 투자와 동반성장 중인 롯데정보통신

롯데그룹내 유일한 IT 전문 회사	롯데정보통신은 롯데그룹내 유일한 IT 관련 업체로서 1) 전통적인 SI(시스템통합) 사업인 ITO(정보기술 아웃소싱) 서비스 사업과 2) 신기술 기반의 IT 서비스 DT(Digital Transformation) 사업 3) Global IT 사업(베트남, 인도네시아)을 영위하고 있다. 롯데그룹의 계열사 현황을 보면 유통, 물류, 건설, 호텔, 식품, 제조, 금융, 화학까지 타 대기업보다 넓은 사업 커버리지를 가지고 있는데, 동사는 롯데그룹 전 사업분야에 IT 서비스를 제공하며 타 SI 업체들보다 다양한 산업에 대응할 수 있다는 강점을 보유하고 있다.
향후 3년간 1.5조원을 IT 시스템 구축에 투자할 예정인 롯데그룹	롯데그룹의 2017년 기준 IT 투자금액은 약 7천억원. 그룹사 전체 매출액 대비 0.9%로 삼성 1.6%, LG 1.3%, SK 1.0% 등 타 대기업 대비 현저하게 낮다. 이를 보완하고자 롯데그룹은 2020년까지 3조원을 온라인 사업에 투자하기로 하였으며, 이 중 약 1.5조원을 통합 시스템 구축 및 디지털 전환에 투자할 예정이다. 동사 전체 매출액의 약 80%가 롯데그룹을 통해 발생되는 만큼 그룹 IT 투자 확대는 향후 3년간 동사 매출액 성장을 견인할 전망이다
노임단가 개선을 통한 수익성 개선	그룹사의 IT 시스템 구축 시 SW산업진흥법 제22조 4항 'SW기술자의 노임단가(평균임금)'를 기준으로 수주금액이 결정된다. 하지만 동사의 SW노임단가는 타 그룹사의 80% 정도 수준으로 현저하게 낮은 것으로 판단된다. 따라서 노임단가의 정상화는 동사의 수익성 개선에 기여할 것이다.

기 때문에 추가적인 투자가 예상된다는 부분이다.

셋째, SW 노임단가도 타 그룹 대비 80% 수준으로 낮아서 노임단가 정상화를 통한 수익성 개선이 기대된다고 밝혔다.

세 가지 매수 추천 사유 모두 명확하고 객관적인 근거와 수치로 제시하기 때문에 충분히 신뢰할 만하다.

구체적인 근거를 가지고 수치를 제시한 리포트가 더 신뢰할 만하다

예를 들어 삼성전자에 휴대폰 부품을 납품하는 회사의 경우 '삼성전자의 올해 휴대폰 판매량이 어느 수준인데, 내년에는 남미 지역에 대한 마케팅 강화로 올해보다 10% 성장을 목표로 하고 있다. 또한 현재 삼성전자 내에서 회사가 생산하고 있는 휴대폰 부품 비중이 30%인 관계로, 내년에는 올해보다 매출과 영업이익이 최소 10% 이상은 성장할 것으로 예상된다'라는 애널리스트 리포트가 있다고 하자.

그런 리포트는 구체적인 수치와 납득할 만한 근거를 가지고 매수 추천을 했기에 충분히 신뢰할 만한 리포트다.

그림 4-15 **실적 전망에 대한 근거가 없는 애널리스트 리포트**

실적 및 밸류에이션

- 위생용지 시장의 서성장으로 외형은 정체되고 수익성은 매년 하락하고 있다. 이를 극복하고자 신제품 출시, 제품의 프리미엄화를 꾀하고 있으나 가시적인 성과는 아직 숫자로 연결되지 못하고 있다. 2016년 예상실적기준(매출액 1,255억원, 영업이익 65억원, 순이익 53억원)으로 PER은 27.7배로 일반제지업체와 비교해서는 다소 고평가 되어 있다. 생활용품업체로서의 프리미엄이 반영된 것으로 판단된다. 향후 성장 정체의 극복 여부가 중요하다.

〈그림 4-15〉는 어느 종목에 대한 애널리스트 리포트의 일부분이다. 아직 회사에 실적 부진을 벗어날 구체적인 성과가 나타나지 않고 있다고 애널리스트는 분석하고 있다.

그런데 2016년 실적 전망에 대한 근거는 전혀 없다. 실제로 리포트 전체 어디에서도 2016년 실적 전망에 대한 근거를 찾아볼 수 없었다. 당연히 신뢰가 떨어지는 실적 전망이다.

특정 산업에 대한 전망은 그저 전망일 뿐이다

우리는 올림픽이나 월드컵 등 특정 이벤트를 개최하면 부가적인 경제 효과가 수십조 원에 달한다는 뉴스를 자주 접했다. 최근에는 그리 많지 않으나, 2000년 초반까지만 하더라도 처음 들어보는 이벤트까지도 경제 효과가 얼마에 달할 것이라는 뉴스를 읽었던 기억이 있다.

그런데 기업에 대한 공부를 많이 하게 되면서 특정 이벤트를 개최하는 데 성공하면 경제적 효과가 얼마에 달한다는 뉴스는 객관적인 데이터가 전혀 없는 가공된 수치라는 사실을 자연스럽게 깨닫게 되었다.

도대체 어떤 근거를 가지고 경제적 부가 효과를 계산해냈는지 충분한 근거는 전혀 없으며, 그 수치의 계산식은 처음부터 존재하지 않았을 것이다. 이와 비슷한 경우가 바로 특정 산업에 대한 전망이다.

〈그림 4-16〉은 바텍에 대한 어느 증권사의 2018년 애널리스트 리포

그림 4-16 **바텍의 애널리스트 리포트**

고사양 Green CT 북미와
유럽 보급 본격화

전세계 치과용 디지털 엑스레이 시장은 2020년까지 연평균 8.8%의 성장이 예상된다. 지역별 시장 규모의 비중은 북미 40%, 유럽 32%, 아시아 20% 순이다. 바텍의 2017년 매출액 비중은 북미 27%, 유럽 22%, 아시아(한국 제외) 22%, 내수 19%로 전세계 지역별 비중 대비 북미와 유럽의 비중이 낮다. 이는 최근 빠르게 침투 중인 선진국 시장에서 추가적인 성장 여력이 많다는 반증이다. 혁신 제품 Green Smart를 통해서 효과적으로 브랜드 정착을 성공시킨 바텍은 이제 Green CT 제품으로 보다 고부가의 전문가 시장 공략에 박차를 가하고 있다. 북미와 유럽 모두 두 자리수의 매출액 증가율을 이어갈 것이다.

그림 4-17 **바텍의 반기보고서**

2015년 치과용 방사선 촬영장치 시장규모는 약 21.5억 달러이며, 2020년까지 연평균 성장률은 8.8%로 추정되어, 시장규모는 약 32.9억 달러에 이를 것으로 전망됩니다.
[출처: MarketsandMarkets, 2015, "Dental Digital X-ray Market - Global Forecasts to 2020"]

트 일부분이다. 디지털 엑스레이시장이 2020년까지 연평균 8.8% 성장이 예상된다고 밝혔다. 그런데 시장 전망에 대한 자료 출처를 리포트 어디에도 밝히지 않았다.

그래서 바텍회사의 반기보고서 사업 내용을 살펴봤다. 경험상 사업 내용에 디지털 엑스레이시장에 대한 전망 자료가 있을 것이라고 생각했기 때문이다. 역시나 사업 내용에 다음과 같은 내용이 있었다.

〈그림 4-17〉은 바텍의 2018년 반기보고서 사업 내용 중 산업 성장에 관한 일부 내용이다. 자료 출처는 외국 리서치 전문기관인

'MarketsandMarkets'다. 여기까지 확인했다면 아마도 대부분의 일반 투자자들은 디지털 엑스레이시장에 대한 전망 수치를 믿을 것이다.

여러분은 'MarketsandMarkets'라는 리서치 기관을 잘 알고 있는가?

필자는 이 서적을 준비하면서 처음 알게 된 회사다. 그래서 필자는 생소한 리서치 기관인 'MarketsandMarkets'가 어떤 회사인지 인터넷 포털사이트에서 검색해봤다.

〈그림 4-18〉은 'MarketsandMarkets'의 시장 전망 극히 일부 자료다. 'MarketsandMarkets'는 시장 전망을 거의 모든 산업에 걸쳐서 하고 있었다. 국제적으로 공신력 있는 리서치 기관이라면 많은 사람이 알고 있어야 한다. 더군다나 전 산업에 걸쳐서 시장 전망을 할 정도로 회사의 규모가 거대하다면 말이다.

경험상 시장 전망은 말 그대로 전망일 뿐, 그 어떤 구체적이고 객관적인 근거 자료는 어디에도 없는 경우가 대부분이다. 한마디로 신뢰할 만한 시장 전망은 결코 아니다.

또 한 가지, 디지털 엑스레이시장이 실제로 2020년까지 연평균 8.8% 성장한다고 해도 바텍의 실적이 2020년까지 얼마가 될지 정확하게 예측하는 데는 별로 도움이 되지 않는 시장 전망이다.

디지털 엑스레이시장 규모가 향후 연평균 8.8%가 아닌 15% 성장을 한다고 하더라도 글로벌 경쟁회사가 언제 어떤 신제품을 출시해서 바텍의 시장 점유율에 큰 위협이 될지 아무도 예측하지 못한다. 반대로 바텍이 어떤 신제품으로 경쟁회사를 압도할지도 예측이 어렵다.

그림 4-18 **포털사이트에서 검색한 신뢰할 수 없는 리서치 기관 'MarketsandMarkets'을 인용한 사례들**

[오해와 진실-3D 프린팅] '모든 것 만든다'는 환상 지워야
포브스코리아   2018.09.03.

시장조사 기관 **MarketsandMarkets** 자료에 따르면 미국은 3D 프린팅 시장에서 39.3%를 점유해 1위를 차지했고, 2위가 독일(9.2%), 중국(7.4%)이 그 뒤를 잇고 있다. 한국의 점유율은 1.8%로 3D 프린팅 시장 점유율 순위에서 11위에...

전세계 비트코인 ATM 시장, 2023년까지 연평균 성장률 55% 전망
코인리더스   2018.09.02.   ☐

2일(현지시간) 암호화폐 전문매체 CCN에 따르면 B2B 리서치 회사인 마켓샌드마켓(**MarketsandMarkets**)은 "암호화폐 ATM 시장은 2018년에서 2023년 사이에 54.7%의 성장률을 보일 것"이라며 "시장의 가치는 5년 동안 1억4...

"비트코인 ATM 시장, 2023년까지 1,600억원 규모로 성장"
서울경제   2018.09.03.   네이버뉴스   ☐

2일(현지시간) 리서치 회사인 마켓샌드마켓(**MarketsandMarkets**)은 암호화폐의 인식에 대한 개선과 활용도 증가에 따라 비트코인 ATM 시장이 2023년까지 큰 폭으로 증가할 것이라는 내용의 보고서를 발표했다....

Part 1. 리테일테크 1 - 유통산업은 왜 리테일테크에 열광하나?
물류신문   2018.08.31.   ☐

또 다른 시장조사기관 마켓앤마켓(**MarketsandMarkets**)은 2022년 전 세계 유통산업에서 인공지능 시장 규모가 50억 달러를 넘을 것으로 전망했다. 리테일테크의 카테고리는 상당히 넓다. 개인화, 쿠폰, 결제, 데이터 분석, 검색...

[디지털 헬스케어 4차 산업혁명 꿈꾼다] 5. 세계는 디지털 헬스케어 전쟁 중
강원도민일보   2018.08.29.   ☐

미국 시장조사기관 마켓앤마켓(**MarketsandMarkets**)은 2016년부터 2021년까지 디지털 헬스케어 시장의 연평균 성장률을 15.9%로 내다봤다. 이에 따라 미국,독일,일본 등의 국가에서는 글로벌 디지털 헬스케어 선점을 위해...

유기질비료업체 효성오앤비, 스마트팜 시장 뛰어든다
이코노믹리뷰   2018.08.15.   ☐

출처=효성오앤비 미국의 시장조사업체 '마켓앤마켓(**MarketsandMarkets**)'에 따르면 전세계 스마트팜시장은 2016년 90억 달러(한화 약 9조9000억 원)에서 2022년 184억 달러(약 20조4000억 원) 규모로 두 배 이상 커질 것으로...

다양한 의견과
종합적인 판단으로 만든 리포트

필자의 경험을 예로 들어보자. 소비자에게 음원 서비스를 제공해주는 플랫폼 영업을 주로 하는 지니뮤직을 기업탐방한 적이 있다. 지금은

회사명이 지니뮤직이지만 과거에는 KT뮤직이었고 KT가 대주주인 회사였다.

설명에 앞서 지니뮤직이 투자 가치가 없는 회사라고 말하는 것은 절대 아님을 미리 말해둔다. 다만 애널리스트 리포트가 어느 한 회사의 주장만을 반영하기보다는 경쟁관계인 회사의 입장도 충분히 반영한 리포트가 더 신뢰할 만하다는 하나의 예를 든 것이다.

〈그림 4-19〉는 지니뮤직당시에는 KT뮤직이었음의 2015년 애널리스트 리포트다. 당시 많은 애널리스트들은 KT뮤직의 대주주이자 이동통신사업자인 KT와 결합상품 등 시너지를 통해서 유료 가입자 수를 늘릴 수 있다고 주장했다.

그림 4-19 **지니뮤직의 애널리스트 리포트**

소원은 통신사 점유율 만큼의 M/S 확보

음원서비스 시장에서 동사의 시장점유율을 정확히 알 수는 없지만 순방문자수(UV)를 참고해 보면 10~15% 수준인 것으로 추정됨. 음원서비스 사업은 유료가입자를 얼마나 확보하는지에 따라 실적 규모가 달라지는데. 지난해 KT와의 협업이후 B2C 매출액이 증가하고 있다는 것이 긍정적 요인. 1Q15 B2C 매출액은 50억원으로 전년동기대비 39.4% 증가한 상황. 금년 3월 KT의 'genie' 무료체험 프로모션이 끝나 당분간 가입자 수 정체되겠지만. 음원서비스를 통해 다른 통신사와 차별성을 부각시킬 수 있는 KT의 장점을 감안하면 협업은 재개될 가능성이 높다고 판단. 장기적으로 동사는 통신사 점유율 수준의 M/S를 확보할 잠재력 보유.

투자 아이디어. 동종업체 시가총액과 키 맞추기

전일 동종업체인 로엔의 시가총액은 약 2.3조원. 장기적으로 동사의 M/S가 통신사 점유율과 유사해진다고 가정해 보면 시가총액 비율도 유사한 수준에서 형성되어야 할 듯. 물론 1등 업체에 대한 프리미엄 요인을 감안해야 할 것으로 보이나. 감안하더라도 현재 동사의 시가총액(2,676억원)과 동종업체와의 차이가 너무 커서 그 폭을 좁힐 것으로 전망됨. 2015년 실적 컨센서스는 매출액 700억원(-18.6% y-y). 영업이익 60억원(-25% y-y).

이는 충분히 설득력 있는 주장이었다. 당시 KT뮤직의 유료 가입자 수는 카카오당시에는 로엔의 $\frac{1}{10}$ 수준이었다. 그래서 애널리스트들의 기대 대로 KT의 이동통신시장 점유율인 30%까지 KT뮤직의 유료 가입자 수가 증가한다면, 주가는 크게 오를 수 있었다. 그래서 필자는 애널리스트들의 리포트를 읽은 후 직접 KT뮤직을 탐방해서 주식 IR 담당자와 미팅했다.

기업탐방에서 KT뮤직이 KT가 진행하는 이동통신 가입자 수 증가를 위한 프로모션 마케팅에 함께 참여하는 방식으로 유료 가입자 수를 늘리고 있다는 설명을 들었다. KT통신으로 통신사를 바꾸는 가입자에게 통신요금 할인과 함께 6개월간 매달 요금이 100원인 음원을 KT뮤직을 통해서 제공하는 프로모션을 진행하고 있었다.

당시 로엔의 음원 제공 서비스 이용요금은 월 6,000원이었고, KT는 월 일정 금액을 KT뮤직에 보조해주는 방식으로 KT뮤직의 실적은 방어해주면서 유료 가입자를 늘려주고 있었다.

필자는 사무실에 돌아와서 로엔의 주식 IR 담당자에게 곧바로 전화해서 KT뮤직의 마케팅을 어떻게 보고 있는지 물어봤다. 로엔의 주식 IR 담당자는 로엔의 유료 가입자 수가 꾸준히 증가하는 이유는 멜론이라는 브랜드와 이용자들이 만족하는 서비스 플랫폼에 의한 것이지, 이동통신사의 도움은 과거에도 없었고 현재에도 없다는 입장을 전해주었다. 실제로 로엔은 과거 SK텔레콤이 대주주였다가 지금은 카카오가 대주주인 상태다.

여기서 필자의 KT뮤직 탐방에 대한 결론은 언급하지 않겠다. 단지 분석하고자 하는 기업의 일방적인 주장만을 담은 리포트보다, 경쟁회사는 어떻게 생각하는지 의견을 듣고 종합적으로 판단을 내린 애널리스트 리포트가 더 신뢰할 만하다는 사실을 말하고 싶은 것이다.

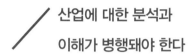

산업에 대한 분석과
이해가 병행돼야 한다

OCI 리포트를 읽기 전에 태양광산업의 밸류체인을 먼저 이해하자

〈그림 4-20〉은 폴리실리콘 가격 추이를 보여주고 있다. 2014년 이후

그림 4-20 **폴리실리콘 가격 추이**

4분기 폴리실리콘 가격 강세 지속, 실적 개선 견인 전망

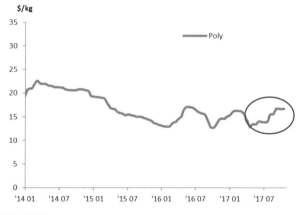

자료: 블룸버그

그림 4-21 OCI의 주가 차트

지속적으로 하락하고 있던 폴리실리콘 가격이 2017년 중순 이후 반등하고 있다.

〈그림 4-21〉은 OCI의 주가 차트다. 폴리실리콘 가격 반등과 그에 따른 실적 개선으로 2017년 하반기 이후 주가가 크게 오른 것을 볼 수 있다.

그러나 필자는 글로벌 폴리실리콘 생산량에 대한 급격한 구조조정을 하지 않는 이상, 다음과 같은 이유로 OCI가 이전처럼 많은 돈을 벌 수 있는 시기는 이미 끝났다고 자신 있게 말할 수 있다.

2000년대 중반 이후 태양광산업에 종사하던 회사들은 각국 정부의 태양광산업 지원정책으로 큰돈을 벌었다. 태양광폴리실리콘을 생산하는 OCI 역시 폴리실리콘의 가격 급등으로 큰돈을 벌었다.

OCI의 주가는 2005년 3만 원대에서 2008년 40만 원 가까이 상승했다. 그러다가 글로벌 금융위기로 하락했다가 재차 상승하여 2011년 60만 원까지 상승했다. 2017년 하반기 이후 OCI의 주가는 폴리실리콘 가격 상승과 이에 따른 태양광산업 회복에 대한 기대감으로 20만 원 가까이 상승했다.

주식시장 참여자들 대부분은 태양광산업이 회복되면 OCI의 실적은 폴리실리콘 가격 상승으로, 주가가 이전의 60만 원은 아니더라도 30~40만 원까지는 상승할 수 있다고 믿고 있을 것이다.

먼저 태양광산업의 밸류체인을 살펴보자.

|||||||||||||||||||||||||||||||||| **태양광산업 밸류체인** ||||||||||||||||||||||||||||||||||

태양광 시스템 : 태양광모듈을 태양광사업자에 납품하고 설치함

↑

태양광모듈 : 태양전지를 집적시켜서 만든다

↑

태양전지 : 태양광웨이퍼를 투입해서 셀 생산

↑

태양광웨이퍼 : 잉곳을 얇게 슬라이스 모양으로 자름

↑

잉곳 : 폴리실리콘을 녹여서 기둥 형태로 만든다

↑

폴리실리콘 : 모래에서 뽑아낸 태양광 기초소재 —OCI 생산

표에서 볼 수 있듯이 태양광산업의 밸류체인상 가장 하단부에 바로 OCI가 있다. 주식투자자는 익히 잘 알듯이 OCI는 폴리실리콘을 생산하여 태양광잉곳Ingot 생산업자를 거쳐서 태양광웨이퍼 생산업체에 납품한다. 태양광웨이퍼를 생산하는 데 폴리실리콘이 사용되기 때문이다.

태양광웨이퍼 생산업체는 다시 생산한 태양광웨이퍼를 태양광모듈 생산업체에게 납품한다. 그리고 태양광모듈 생산업체는 마지막으로 태양광사업자에게 모듈을 납품하게 된다. 태양광사업자는 정부의 보조금을 받아서 태양광전기 생산 설비를 건설하여 전기를 생산하는 것이다.

태양광산업 밸류체인을 이해한다면 폴리실리콘의 가격은 바로 위에 있는 태양광웨이퍼 가격의 영향을 직접적으로 받을 수밖에 없다는 사실을 쉽게 알 수 있다. 태양광웨이퍼의 가격이 오르지 않는 상황에서 태양광웨이퍼 생산업자가 손해를 보면서 폴리실리콘을 높은 가격에 사줄 리 없다.

마찬가지로 태양광모듈 생산업자는 태양광모듈의 가격이 오르지 않는 이상, 태양광웨이퍼를 손해를 보면서까지 높은 가격에 사지 않을 것이다.

결론적으로 태양광사업자가 정부보조금을 넉넉하게 받아서 큰돈을 벌지 않는 이상, 태양광모듈 가격을 인상해주지 않을 것이다. 그리고 순차적인 영향으로 태양광산업의 밸류체인 가장 하단에 자리한 폴리실리콘 가격은 절대 크게 오를 수 없는 구조다.

문제는 일반투자자들의 기대와는 다르게 많은 공급자가 존재하는 이미 성숙 단계에 진입한 태양광산업이 회복되더라도 태양광모듈의 가격은 오르지 않고, 다만 태양광모듈의 수요량만 증가한다는 것이다. 태양광모듈 생산업자는 원가를 절감해서 박리다매식으로 사업을 하는 것이다.

여기에는 정부보조금 축소도 큰 영향을 미쳤다. 각국 정부는 산업 초기 태양광산업을 육성하고자 정부 보조금을 넉넉하게 지원하여 태양광산업을 성장시켰다. 큰돈을 벌 수 있게 되자, 태양광사업에 진출하는 기업들이 증가했다.

그러나 태양광산업의 성장에 비례해서 각국 정부가 보조금 예산을 지속적으로 올리는 일은 현실적으로 쉽지 않다. 산업 육성의 형평성을 고려해야 하기 때문이다.

결국 태양광사업자가 늘어나도 정부 보조금은 한정되어 있다. 그래서 태양광시설 단위 면적당 정부보조금은 크게 축소되었다. 그 영향으로 태양광사업자는 수익성 확보를 위해서 태양광모듈 가격을 지속적으로 인하시킬 수밖에 없었으며, 그 영향으로 폴리실리콘 가격 역시 크게 하락한 것이다.

태양광발전 단가는 매년 지속적으로 하락하고 있다. 태양광발전 단가에는 당연히 태양광모듈 가격과 그 외에 설치비 및 토지 매입 비용 등이 포함된다. 태양광 설치비와 토지 매입 비용이 매년 상승하지 않는다고 가정하더라도 태양광발전 단가가 지속적으로 하락하고 있는 것은 바로, 태양광모듈 가격 흐름이 어떤지를 충분히 짐작하게 해준다.

따라서 OCI 관련 애널리스트 리포트를 읽으면서 애널리스트의 주장을 액면 그대로 받아들이기보다는 먼저 태양광산업에 대한 충분한 이해가 선행돼야 리포트를 제대로 활용할 수 있는 것이다.

예전에 고객 한 분이 특정 자동차 부품회사의 주가가 예전보다 많이 하락해서 주식을 매수하기를 원했고, 필자의 의견을 구했다.

그 회사는 예전에 실적과 주가 모두 좋았던 시절이 있었고, 현재는 실적과 주가가 부진한 상황이었다. 그 회사는 국내 대표 완성차업체에 거의 모든 매출을 의존하고 있었다. 문제는 전방산업이라고 할 수 있는 국내 완성차업체의 국내외 판매 현황이 최근 몇 년간 계속 감소하고 있는 상황이었다. 국내 완성차업체의 판매가 부진하고 있는 상황에서, 자동차 부품회사의 실적 역시 좋을 수가 없다. 필자는 그런 상황을 고객에게 알려드렸다.

한국자동차산업협동조합에 따르면 2018년 1분기 상장회사 1차 자동차협력 부품업체벤더 89개 사 중에서 42개 사가 영업적자47.2%를 기록했다. 매출액은 전년 동기 대비 8.6% 감소했고, 영업이익률은 전년 1분기 3.7%에서 0.9%로 2.8% 감소했다.

국내 자동차산업의 현황이 이런 상황에서 자동차 부품회사의 주가가 단지 많이 하락했다는 이유로 매수한다는 것은 잘못된 투자 판단이다. 물론 기존의 연료 효율성을 획기적으로 개선한 기술을 개발했거나, 엔진의 성능을 크게 개선시키는 기능을 가진 부품을 개발했다면 회사의 실적과 주가는 다시 크게 오를 것이다.

그러나 상담을 해드렸던 자동차 부품회사 역시 전방산업의 어려움으로 실적이 계속 부진한 상황이고, 그런 상황을 타개할 마땅한 해결책이 없어 보이는 회사였다. 물론 이를 반영해서 애널리스트 리포트도 거의 나오지 않고 있는 상황이다.

주가의 멀티플에는 성장에 대한 기대감이 녹아 있다

애널리스트 리포트를 많이 읽은 투자자라면, 목표 주가 계산식에 적용하는 멀티플PER이 업종별로 크게 차이가 난다는 사실을 발견했을 것이다.

실제로 동일한 목표 주가 계산식인 PER을 어떤 업종에서는 10배를 적용해서 목표 주가를 계산한 리포트도 있고, 어떤 리포트에서는 목표 주가를 PER 30배를 적용해서 계산한 경우도 쉽게 발견할 수 있다.

〈그림 4-22〉는 셀트리온에 대한 어느 증권사의 애널리스트 리포트 중 목표 주가 부분이다. 애널리스트는 기존 목표 주가 산정 시 2018년 EPS주당순이익를 사용했다.

하지만 신제품 출시로 성장 가시성이 높아졌다고 판단해서 무려 3년 뒤에 예상되는 EPS를 사용했다. 또한 적용하는 PER은 55배를 사용했다.

그림 4-22 **셀트리온의 목표 주가**

목표 주가 400,000원으로 상향하며, 투자의견 '매수' 유지

셀트리온에 대한 목표주가를 기존 188,000원에서 400,000원으로 대폭 상향하며, 투자의견 '매수'를 유지한다. 목표주가 산정 시 18년 EPS를 사용했지만, 신제품 출시로 실적 가시성이 높아졌다고 판단해 21년 EPS로 변경했으며, 여기에 Historical P/E Band의 중간값인 55배를 적용했다. 지난 1분기 거래소 이전상장과 코스피200 편입에 따른 수급 이슈로 주가가 급등했지만, 이후 주가 하락으로 상승여력이 발생했다는 판단이다.

〈그림 4-23〉은 대한유화에 대한 어느 증권사의 애널리스트 리포트 중 목표 주가 부분이다. 셀트리온 종목과는 다르게 목표 주가를 계산하는 데 사용하는 Target PER이 6.9배다.

셀트리온과는 무려 8배 정도 차이가 나고 있다. 어떻게 이런 일이 발생하는 것일까?

그 이유는 다음과 같다. 목표 주가 계산식에서 가장 많이 활용되고 있는 'PER주가수익비율 = 주가 / 주당순이익' 공식을 풀어서 쓰면 '주가 = PER × 주당순이익'이 된다. 즉 주가는 PER이 낮아지지 않는 이상 주당순이익이 증가하게 되면 반드시 오르게 되어 있다.

만일 순이익이 매년 2배씩 증가하는 기업이 주식시장에 상장되어 있다고 가정해보자.

그 회사의 주식을 PER이 10배인 수준에서 매수했다면, 1년 뒤에 주가가 전혀 오르지 않았다면 PER은 10배에서 5배로 주식은 저PER주가 될 것이다. 그리고 1년이 더 지난다면 주식은 PER 2.5배라는 말도 안 되는 저PER 상태에 진입할 것이다.

그림 4-23 **대한유화의 목표 주가**

금년 초 기대했던 높은 마진은 아니지만 상대적으로 신중설 및 기저 효과로 2018년 영업실적은 전년대비 높은 증가세 기록할 전망. 연간 추정치 조정을 감안해 동사 목표주가를 35만원(Target PER 6.9배)으로 소폭 하향하나, 현재 주가는 PER 5.1배(2018E) 내외로 절대 저평가 영역 판단. 특히 최근 에틸렌 가격이 강세를 보이면서 동사 2018 실적에 대한 기대감이 생기고 있다는 점은 긍정적 매년 실적이 2배씩 증가하는 성장주는 PER이 10배가 아닌 20배인 상태에서 주식을 매수한다고 해도 주가가 변하지 않는다면 1년 뒤에 PER은 10이 되며, 2년 뒤에는 저PER인 5배가 되는 것이다. 성장주는 비록 당장은 비싸더라도 매년 확실히 실적이 증가한다면 PER이 10배가 아닌 20배 혹은 30 ~ 40배인 상태여도 기꺼이 비싼 가격에 매수하고자 하는 투자자가 있는 것이다.

성장에 대한 기대감이 그 어떤 업종보다 높은 신약개발회사들 중 일부 회사는 현재 수년간 적자인 상태임에도 불구하고 수조 원의 시가총액을 유지하고 있다. 그 이유가 바로 향후 신약개발에 성공하면 기업의 수익이 급증할 것으로 기대하고 있기 때문이다.

반면에 화학, 철강, 반도체장비회사 등 경기가 좋은 시기와 나쁜 시기가 분명한 업종들은 돈을 많이 버는 시기가 있는 경우도 있고, 심한 경우에는 큰 폭의 적자를 내는 경우도 있다.

이런 업종의 기업들은 대부분 상대적으로 낮은 PER을 적용받고 있다. 그 이유는 바로 앞에서 살펴본 바와 같이 주당순이익 증가의 연속성이 결여되어 있고, 주가는 적자가 나는 상황을 반영하기 때문이다.

따라서 특정 기업의 애널리스트 목표 주가 계산식을 살펴보기 전에, 그 기업이 속한 산업의 특성을 먼저 파악하는 일이 중요한 작업이다. 그리고 산업에 대한 이해는 전자공시에 나와 있는 사업 내용을 수시로 읽는 방법이 최선이라는 사실을 강조하고 싶다.

외국계 증권사 애널리스트 리포트의 영향력이 더 큰 이유?

주식투자 경험이 많은 일반투자자들은 외국계 증권사에서 발간되는 애널리스트 리포트의 시장 영향력이, 국내 증권사 애널리스트 리포트보다 훨씬 크다는 사실을 경험적으로 익히 잘 알고 있을 것이다. 삼성전자 등 국내 글로벌 대기업의 주가는 국내 증권사 리포트에는 미동도 하지 않지만, 외국계 증권사 리포트에는 아주 민감하게 반응한다.

그 이유는 다음과 같다.

국내 증권사와는 다른, 글로벌 외국계 증권사의 리서치 시스템

외국계 증권사는 업종별로 지역 애널리스트를 따로 보유하고 있다. 예를 들어 자동차업종이라고 하면 유럽 지역을 담당하는 자동차 애널리스트, 미주 지역 담당 애널리스트, 아시아 지역 담당 애널리스트를 따로 두고 있다. 경우에 따라서는 최대 시장으로 급부상하고 있는 중국, 인도 자동차시장만을 전담하는 애널리스트를 따로 두고 있는 외국계 증권사도 있다.

그리고 각 업종별로 글로벌 지역 전체를 관리하는 선임 애널리스트가 있다. 보통 리서치헤드라고 지칭한다. 그리고 리서치헤드의 주관으로 자동차 지역별 애널리스트들은 정기적으로 화상회의를 한다. 회의를 통해 지역별 자동차 판매 현황과 새롭게 경쟁력을 보이고 있는 자동차회사나 경쟁력을 잃고 있는 자동차회사들에 대한 정보를 공유한다.

또한 신모델을 출시한 회사의 자동차 판매 전망에 대한 정보를 공유한다. 한편으로는 미래 자동차산업을 이끌어갈 기업이 어디인지 오랜 시간 토론한다.

이러한 회의 과정을 통해서 외국계 증권사는 자동차산업에 대한 하우스뷰House View : 특정 증권사가 자동차산업에 대한 회사의 대표 의견을 밝히는 행위를 말한다를 주기적으로 언론에 발표한다.

이는 국내 증권사 리서치 시스템과 크게 차별화된다. 혼자서 국내 자동차산업을 커버하는 애널리스트의 분석과 지역별 전담 애널리스트가 따로 있고, 이들이 오랜 회의를 거쳐서 만든 외국계 증권사의 리포트를 주식시장이 더 신뢰하는 것은 어쩌면 당연하다.

Chapter 5

사례별로
'애널리스트 리포트 이해하기!'

/ 분기 실적에 따라
목표 주가는 춤춘다

주식투자자들은 기업의 분기 실적이 예상치보다 나쁘게 나오면, 애널리스트들이 목표 주가를 줄줄이 하향하는 경우를 여러 번 경험했을 것이다. 그리고 실적이 나빠졌으니 목표 주가도 내리는 일이 당연하다고 생각한다.

2018년 2분기 국내 여행주들은 시장 전망치에 크게 미치지 못하는 저조한 실적을 보였다. 〈그림 5-1〉은 여행주인 모두투어에 대한 2분기

그림 5-1 모두투어의 애널리스트 리포트

모두투어 애널리스트 실적 코멘트

동사의 주가는 2018년 5월 초 이후, 약 30% 하락 상태. 아웃바운드 여행업에 비우호적 매크로 조건이 장기화될 경우. 동사의 2019년 실적 전망치 하향 가능성 존재. **당분간 동사에 대해 보수적 관점의 투자판단 권고**

전일 주가는 10% 넘게 하락했다. 2분기의 저조한 실적보다는 하반기의 저조한 패키지 예약률 때문이다. 7월 패키지 출국자는 이미 -6.9% YoY로 역성장 했다. 향후 예약률은 8월 -0.5%, 9월 -7.8%, 10월 +10.9%로 기존 수치에서 크게 낮아지는 상황이다. 지방선거, 월드컵, 지진, 홍수, 화산 등의 지역적/정치적 이슈가 6~8월 여행수요를 누르고 있다.

주가전망 및 Valuation
- 실적 부진과 하반기 아웃바운드 회복 여부가 불투명하면서, 동사의 주가도 큰 폭의 조정을 받았음. 사드 이슈 해결가능성이 있지만, 본업인 아웃바운드 비중이 절대적으로 크기 때문에 당분간은 보수적 접근이 유효

모두투어에 대한 투자의견 Buy를 유지하나, 여행수요 부진을 반영한 2018년, 2019년 실적추정치 하향조정을 감안해 목표주가를 36,000원으로 기존대비 19% 하향조정한다. 목표주가 36,000원은 12개월 fwd. EPS에 PER 21배를 적용해 산정했다. 월간 출국자수 및 예약률 반등의 확인이 전제되어야 주가의 의미 있는 상승이 가능할 전망이다.

실적과 관련된 애널리스트 리포트 일부분이다.

2018년 2분기 실적이 악화되자 월드컵, 지방선거, 일본 지진 등 비우호적인 요인들이 2분기에 집중되었다고 목표 주가를 내리면서 부정적인 전망을 쏟아내고 있다.

특히 월간 출국자 수 및 예약률이 반등해야 주가의 의미 있는 상승이 가능하다는 애널리스트의 전망은 누구나 생각할 수 있는 부분이다.

〈그림 5-2〉는 모두투어의 일봉 주가 차트다. 모두투어의 주가는 2018

그림 5-2 모두투어의 주가 차트

년 초 4만 원대에서, 2분기 실적 부진으로 2만 원 초반까지 크게 하락했다.

2분기 실적 부진에 따라 애널리스트들이 국내 대표 여행사의 목표 주가를 얼마나 하향했는지, 도표에서 살펴보자.

(단위 : 원)

	모두투어		하나투어	
	이전 목표 주가	하향 목표 주가	이전 목표 주가	하향 목표 주가
A증권사	43,000	36,000	116,000	107,000
B증권사	38,000	32,500	123,000	105,000
C증권사	36,500	29,000	115,000	95,000
D증권사	40,000	35,000	130,000	110,000
E증권사	34,500	29,000	110,000	100,000
F증권사	45,000	29,000	120,000	95,000

주요 증권사의 모두투어와 하나투어 목표 주가 하향 현황을 도표에서 볼 수 있다. 그렇다면 모두투어와 하나투어에 대한 목표 주가 하향이 과연 합리적인 결정일까?

산업에 대한 이해와 지극히 상식적인 선에서 분석하자

여행주와 관련된 애널리스트의 목표 주가 하향이 절대적으로 잘못된 결정이라고, 애널리스트 리포트 자체를 부정하는 것은 절대 아니다. 부진한 실적을 목표 주가에 반영하지 않는 일이 오히려 애널리스트로서의 의무를 다하지 않는 행동일 수 있다.

다만 실적 부진을 반영한 애널리스트 리포트를 어떻게 해석하고 주식투자에 활용할지를 설명하려는 것이다.

먼저 여행산업이 이제는 성장을 멈추고 쇠퇴하는 산업인지 생각해보자. 한국관광공사의 통계 자료에 의하면 2017년에 대한민국에서 26,496,447명이 해외로 출국했다. 이는 전년 대비 무려 18.4%가 증가한 수치다.

물론 출장 등 업무차 해외로 출국하는 경우도 많겠으나, 해외여행 역시 크게 증가했다는 사실을 부정할 사람은 없을 것이다.

북촌 한옥마을에 외국인 관광객이 너무 많이 몰려서 주민의 사생활이 크게 침해받고 있다는 뉴스를 본 투자자가 많을 것이다. 프랑스 루브르박물관 역시 해외여행객, 특히 아시아 관광객들로 인해서 정작 파리 시민들은 루브르박물관을 관람할 엄두도 내지 못한다는 뉴스를 본 기억이 있다.

루브르박물관은 2014년 930만 명이 다녀가 하루 평균 2.5만 명 이상이 관람한 셈이다. 요즘은 사용자 간의 자유로운 의사소통과 정보 공유가 가능한 SNS의 발달로, 지인이 해외여행 사진을 개인 SNS에 올리면 본인도 그곳으로 여행을 계획하는 경우가 많다.

즉 여행산업은 결코 사양산업이 아니다. 2018년은 하와이의 화산 폭발, 일본의 지진 및 잦은 태풍 등 유난히 자연재해가 많은 해였다. 그런 이유로 해외여행객의 숫자가 감소한 것은 당연해 보인다. 올해 계획했던 해외여행을 예기치 못한 자연재해로 실행하지 못하게 되면, 내년에는 꼭 해외여행을 가고자 하는 욕구가 더 커질 것이다.

즉 자연재해 등 일시적인 요인으로 해외여행객의 숫자가 감소해서 실적과 주가가 모두 부진한 상태가 있다. 이때가 모두투어나 하나투어 주식을 싼 가격에 매수할 좋은 기회다. 실제로 필자는 고객들에게 2018년 2분기 실적 부진으로 주가가 크게 하락한 모두투어 주식을 꾸준히 매수해드렸다.

앞에서 설명한 대로 애널리스트들은 분기 실적에 따라서 목표 주가를 수시로 변경하게 된다. 실적을 반영해야 하는 어쩔 수 없는 상황인 것이다.

일반투자자들은 애널리스트들이 목표 주가를 변경할 때마다 일희일비할 것이 아니라, 산업에 대한 정확한 이해와 지극히 상식적인 판단으로 애널리스트 리포트를 활용하는 것이 현명한 투자 판단이다.

애널리스트 리포트 200% 활용법

진입 장벽이 높은 산업은
과연 존재할까?

2003년 상장된 중견기업인 인터플렉스는 당시 국내에서 유일하게 FPCB를 생산하는 회사였다. 〈가로 본능〉이라는 광고로 유명했던 삼성전자의 폴더블 휴대폰 생산에 인터플렉스가 생산하는 FPCB가 반드시 필요했다.

따라서 삼성전자 직원이 인터플렉스 공장 앞에서 트럭을 대기하고 있다가 FPCB가 생산되어 나오면 바로 물건을 받아다가 폴더블 휴대폰을 만들었다고 한다.

〈그림 5-3〉은 인터플렉스에 대한 어느 증권사의 2004년 초 애널리스트 리포트 일부분이다. 삼성전자 핸드셋에서 FPCB 수요를 독점하고 있는 인터플렉스의 위치는 향후 경쟁업체가 진입해도 기술력과 고객 대응력 우위로 쉽게 변하지 않을 전망이라는 내용이다.

그림 5-3 인터플렉스의 애널리스트 리포트 1

긍정적인 전망을 유지하는 근거는 ① M/F(Multi Flexible PCB)의 TFT-LCD Handset 및 Camera폰 모듈에 적용 확대가 예상되고, ② 주요 원재료인 Polyimide의 공급부족은 후발 업체에게 또 다른 진입장벽 역할을 할 것이며, ③ Handset에 적용되는 M/F의 수요 초과와 제품 사양의 지속적인 변경은 단가 인하 압력을 완화 시킬 전망이라는 점이다.

현재 삼성전자 Handset 에서의 FPC(Flexible PCB) 수요를 독점하고 있는 동사의 위치는 향후 경쟁업체의 진입에도 불구하고 기술력과 고객 대응력에서의 우위로 인하여 쉽게 변하지 않을 전망이다.

그림 5-4 인터플렉스의 애널리스트 리포트 2

■ Multi FPCB 수요 증가에 따른 점진적 실적 회복 기대

멀티 FPCB의 경쟁 심화, 단가인하 압력 가중은 지속될 것으로 전망되나, 동사는 Handset용 Multi FPCB부문에서의 뛰어난 제조기술, 경쟁업체 대비 높은 생산수율(90% 수준), 그리고 고객 다변화 및 시장 확대 등에서 크게 개선의 여지를 남기고 있다는 판단임. 또한 06년부터는 Slide Phone에도 Multi FPCB 채용이 증가할 것으로 예상되어 동사를 둘러싼 시장환경은 점차 개선될 것으로 전망됨. 따라서 비록 3/4분기 실적 부진 이후 회복세 전환에 대한 불안감을 안고 있지만, 동사의 Multi FPCB 주문량 증가에 기대를 걸고 있으며, 이는 주가적으로 모멘텀으로 작용할 것으로 전망됨.

〈그림 5-4〉는 인터플렉스에 대한 어느 증권사의 2006년 초 애널리스트 리포트 일부분이다. 대략 2년이 지난 시기에 나온 리포트에는 이미 FPCB의 경쟁 심화와 이에 따른 단가인하 압력이 가중되고 있다는 내용이다.

단 2년 만에 인터플렉스는 독점적인 시장 지위에서 FPCB업종에 새로운 경쟁기업이 진입하는 단계를 넘어서, 이미 경쟁이 심화되어 그에 따른 단가인하 압력으로 실적이 부진한 상황에 이른 상태였다.

당시 인터플렉스의 주가가 어떻게 움직였는지 주가 차트를 살펴보자.

〈그림 5-5〉는 인터플렉스의 월봉 주가 차트다. 상장 당시 국내 유일의 FPCB 생산업체였던 인터플렉스는 독점적인 위치를 오랫동안 누리지 못하고, 경쟁업체의 시장 진입과 기업 간의 심한 경쟁으로 실적과 주가 모두 부진한 상황에 빠지게 되었다.

수년간 기업 간의 치열한 치킨게임으로 FPCB산업에 속해있던 기업

그림 5-5 인터플렉스의 주가 차트

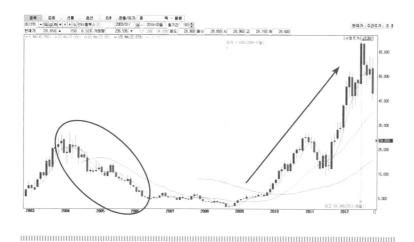

들은 적자에 허덕이게 되었다. 그리고 글로벌 금융위기는 산업 전반에 걸쳐서 수요를 크게 위축시키는 결과를 초래했다. 결국 FPCB업종의 치킨게임을 종료시켜주는 결정적인 계기가 되었다. 치킨게임에서 살아남은 인터플렉스는 2009년 이후 실적과 주가 모두 다시 크게 상승했다.

지금처럼 IT기술의 발달로 정보 공유가 손쉬운 시기에 남들은 결코 따라올 수 없는 독보적인 기술이란 존재하지 않는다고 봐도 크게 틀리지 않다는 사실을 꼭 기억해두기 바란다.

진입 장벽이 높은 유일한 산업은 반도체산업이다

지금과는 다르게 불과 7~8년 전만 하더라도 SK하이닉스_{당시에는 하이닉}

스였다는 대만과 일본의 반도체회사들과 치열한 치킨게임을 했다. 그 당시에도 삼성전자는 기술력이 타 반도체회사들을 압도하고 있어서, 다른 반도체회사 모두가 대규모 적자에 허덕일 때도 혼자서 큰돈을 벌고 있었다.

아무튼 하이닉스뿐만이 아니라 대만과 일본의 반도체회사들은 정부 보조금을 받으며 거의 목숨만 유지하는 수준이었다. 그렇게 대규모 적자에 허덕이면서두 대만과 일본의 반도체회사들이 반도체산업에서 발을 빼지 않은 이유는 바로, 한 번 반도체산업에서 발을 빼면 다시는 반도체산업에 진입할 수 없다는 사실을 너무도 잘 알고 있었기 때문이었다.

반도체산업은 엄청난 자금을 투자해 대량으로 반도체를 생산해서 막대한 수익을 낸다. 그리고 많이 번 돈으로 다시 엄청난 투자와 연구로 미세화 공정을 통해서, 다시 큰돈을 버는 일이 반복되는 산업이다.

따라서 한 번 발을 뺐다가 나중에 다시 진입하려면 기존의 반도체회사들보다 훨씬 더 많은 자금을 투자해야 한다. 그리고 투자한다고 해서 기존 반도체업체와의 기술 격차를 극복한다는 보장도 없다.

최근 중국 기업들이 중국 정부의 지원하에 반도체 생산 설비투자에 많은 자금을 쏟아 붓고 있다. 중국 기업들이 과연 반도체업종에 순조롭게 진입을 할지 여부가 점점 더 시장의 관심 대상이 되고 있다. 그러나 2년 가까이 지났음에도 불구하고, 중국 기업들이 반도체를 양산하려는 기미조차 전혀 보이지 않고 있다.

여러분은 올림픽에서 역도 경기를 시청한 적이 있는가?

애널리스트 리포트 200% 활용법

아마도 한 번쯤은 역도 경기를 시청했을 것이다. 인상과 용상으로 나뉘어 벌어지는 경기에서 역도 선수들은 각각 3번씩 역기를 들어올릴 기회가 주어지고, 3번 시도에서 가장 무겁게 든 인상과 용상의 기록을 더해서 순위를 매긴다. 그리고 참가 선수 중에서 메달권 진입을 노리고 무리해서 역기를 들어올리는 모습을 본 적이 있을 것이다.

즉 1~2차 시도에서 100kg도 들어올리지 못한 선수가 금메달을 따내기 위해서 마지막 3차 시도에서 130kg에 도전하는 모습 말이다.

과연 많은 전문가의 우려 대로 중국 기업들이 반도체시장에 진입해서 한국 반도체기업들에게 위협이 될 수 있을까?

올림픽 역도 경기에 비유하자면, 100kg도 들어올리지 못한 중국 역도 선수가 금메달을 목표로 3차 시도에서 130kg도 아닌 150kg을 들어올리겠다고 나서는 것과 별반 다르지 않다.

설비투자의
불편한 진실

일반적으로 기업이 생산 설비를 증설하게 되면 기업이 성장을 위한 준비 과정으로 받아들인다. 늘어나는 수요에 발맞춰 생산 설비를 늘리면, 이는 기업의 매출과 이익 증가로 이어져 기업이 성장하기 때문이다.

그러나 기업의 설비투자가 체계적이고 합리적인 시장 전망에 따른 설비투자가 아닌, 즉흥적이며 계획이 전혀 없는 설비투자인 경우도 필자는 적지 않게 봤다.

〈그림 5-6〉은 어느 상장회사에 대한 애널리스트 리포트 일부분이다. 2011년 기업은 설비투자를 단행하는 공시를 했고, 증권사 애널리스트들은 기업의 실적이 좋아질 것으로 예상하여 매수 추천하는 리포트를 냈다.

그러나 예상과는 다르게 기업의 매출은 설비투자 이후 증가하지 않았고, 결국 기업은 설비투자에 따른 감가상각비 부담과 고정비 증가로 실적이 크게 악화되어 주가도 많이 하락했다.

대략 2년 정도 후, 필자는 기업의 실적과 주가가 모두 크게 하락한 상태가 지속되고 있던 시기에 그 기업을 탐방했다. 기업의 실적이 개선될 여지가 있는지 파악하기 위해서였다. 기업탐방에서 필자는 주식 IR 담당자에게 설비투자를 단행한 이유를 집중적으로 물었고, 몇 번이고 망설이던 주식 IR 담당자는 다음과 같은 이야기를 들려줬다.

그림 5-6 어느 상장회사에 대한 애널리스트 리포트

증설을 통한 빠른 외형성장 지속되는 가운데 하반기 마진을 보수적인 시각 필요

- 동사는 전방산업(전해액 및 전자소재) 시황호조와 적극적인 설비증설을 통해 분기별 매출 성장을 이어가고 있음. 하지만 현재 전방업체(구매자)가 협상력에서 우위를 점하고 있어 하반기 영업이익률은 10% 수준(vs. 기존 전망시 13%)에 머무르며 분기별로 16억~17억원 수준의 영업이익을 기록할 전망. 이에 동사의 2011년 연간 EPS 전망치를 28.2% 하향조정

- 2012년 실적의 경우 동사 order flow에 맞춰 당사 전망치를 약 10% 하향조정. 당초 2012년 추가 증설 가능성을 낮게 보았지만 빠르게 증가하는 전방수요를 감안해 2012년 하반기 4,000톤 규모의 설비증설을 반영. 2013년과 2014년 영업실적 전망치를 각각 16.6%, 9.5% 상향조정. 목표주가 20,000원. 투자의견 Buy 유지

회사는 국내 글로벌 대기업에 납품하는 1차 협력업체벤더에게 납품하는 2차 협력업체였다. 어느날 회사의 고객인 1차 협력업체가 설비투자를 늘리는 결정을 했고, 2차 협력업체는 고객사의 설비 증설에 따라 늘어나는 물량만큼 주문을 더 받고자 회사도 따라서 설비투자를 결정했다고 한다.

그러나 회사의 기대와는 다르게 고객사인 1차 협력업체로부터 주문이 늘지 않았고, 결국은 과잉 설비투자가 되어 기업의 실적이 크게 악화되었다고 말해줬다. 이렇듯 자세한 시장 분석과 구체적인 전망 없이, 그저 단순한 판단으로 설비투자를 하는 기업을 필자는 기업탐방하면서 적지 않게 볼 수 있었다.

심지어 일부 업종에서는 일단 설비투자를 늘리고 나서, 고객에게 영업해야 하는 업계 관행이 있는 경우도 목격할 수 있었다. 2017년 어느 해외 자동차 부품회사는 생산제품에 심각한 문제가 발생해서 파산했다. 그리고 그 해외 회사와 경쟁관계에 있는 국내 특정 회사가 상대적으로 수혜를 받을 것이라는 전망이 있었다. 실제로 국내 자동차 부품회사는 수혜가 예상되는 부품의 생산 설비를 2017년에 기존보다 두 배로 늘린 상태였다.

그런데 파산한 자동차 부품회사는 다른 부품에 문제가 발생해서 파산했으며, 국내 기업과 경쟁관계에 있는 부품은 다른 해외 회사가 인수해서 문제없이 생산하고 있는 상태였다.

필자는 국내 자동차 부품회사 주식 IR 담당자에게 전화를 걸어 해외 경쟁업체의 파산으로 고객으로부터 주문이 늘어서 설비투자를 늘린 것인지 확인했다. 그런데 주식 IR 담당자는 아직 고객으로부터 주문이 증가한 것이 아니라, 일단 설비투자를 늘리고 나서 영업을 해야 주문을 더 받을 가능성이 있는 업계의 관행을 따랐다고 말해줬다.

즉 '우리 회사가 이 정도의 생산 능력을 갖췄으니, 주문을 더 주신다고 해도 문제없이 생산할 수 있습니다'라는 식으로 영업을 하고 있었다.

따라서 기업이 설비투자를 늘리고 그에 따라 기업의 실적 전망을 긍정적으로 하는 리포트가 나오더라도 이를 액면 그대로 받아들여서는 안 되는 경우도 있다. 어떤 경우에는 기업의 설비투자가 자의적인 결정이 아닌 기업 외부의 압박에 의한 황당한 경우도 적지 않다.

이제 그 부분을 이야기하고자 한다.

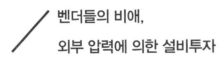

벤더들의 비애, 외부 압력에 의한 설비투자

기업의 설비투자가 회사의 신중한 시장 전망과 수요 예측에 의한 것이 아니라, 외부 압력에 의해서 어쩔 수 없이 이루어지는 경우도 있다는 필자의 주장에 조금은 황당할 수도 있겠다. 그러나 현실에서는 그런 기업의 설비투자가 적지 않다.

먼저 가상의 예를 들어 설명해보자.

모든 업종의 국내외 글로벌 회사들은 특정 부품을 공급받을 때, 하나의 협력업체벤더만을 이용하지 않는다. 예를 들어 휴대폰을 생산하는 글

애널리스트 리포트 200% 활용법

로벌 회사가 카메라모듈을 1개의 벤더로부터 공급을 받는 경우, 해당 벤더의 공장에 화재가 발생해서 더 이상 카메라모듈을 공급하지 못하게 되는 상황이 발생했다고 가정하자. 그러면 글로벌 휴대폰 생산회사는 카메라가 없는 휴대폰을 생산하거나 더 이상 휴대폰을 생산하지 못하게 될 것이다.

따라서 대부분의 글로벌 회사들은 특정 벤더의 공장에 화재가 발생하는 비상 상황이 발생해도 다른 벤더로부터 원활하게 부품을 공급받을 수 있어야 하기 때문에, 적어도 3개 이상의 벤더를 이용해서 부품을 공급받고 있다.

다음 표를 보면 이해가 쉬울 것이다.

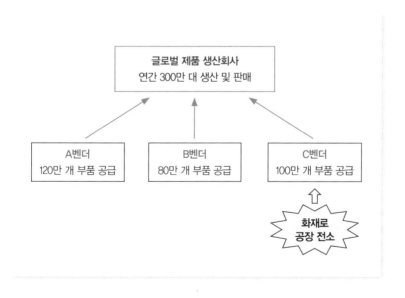

여기까지는 대부분의 증권 전문가들이 잘 알고 있는 내용이다. 아마도 주식투자 경험이 아주 많은 일반투자자도 알고 있는 내용일 것이다.

그렇다면 표에서와 같이 특정 부품을 공급하는 벤더를 3개 회사 이상 두면, 특정 벤더의 공장 화재로 인한 생산 리스크가 완전히 사라진 것일까?

다음 표를 보자.

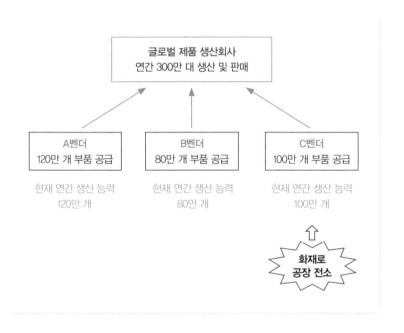

만일 현재 부품을 공급하는 벤더들의 생산 능력이 전부 100%인 상황이라면, 글로벌 제품 생산회사는 벤더의 공장 화재 리스크에 똑같이 노출되어 있는 상황이 된다.

애널리스트 리포트 200% 활용법

C벤더의 공장에 화재가 발생해서 더 이상 부품을 공급하지 못하는 경우, C벤더가 생산하던 물량만큼 A벤더나 B벤더가 생산해줘야 한다. 그런데 두 회사의 현재 생산 능력이 이미 100%인 상태라서 추가로 생산이 불가능하다.

따라서 다음과 같은 상황이 발생하게 된다.

연말이 되어 글로벌 제품 생산회사의 구매 담당 임원은 부품을 공급하는 벤더의 대표이사와의 미팅에서 다음과 같은 이야기를 하게 된다.

"우리 회사가 올해는 300만 대를 생산 판매했는데, 내년에는 취약 지역에 대한 마케팅 강화로 올해보다 50% 이상 증가한 500만 대 판매가 충분히 가능할 것 같습니다. 그리고 상황이 생각보다 좋으면 올해보다 100% 증가한 600만 대 판매도 가능합니다. 우리 회사는 벤더를 더 이상 늘리는 것을 원치 않으며, 따라서 판매 증가가 예상되는 만큼 여러분 회사의 생산 능력도 거기에 맞춰 증설해주기를 바랍니다."

아마도 처음 이런 이야기를 글로벌 회사 구매 담당 임원에게서 듣게 된다면, 1차 벤더의 대표이사들은 아주 기뻐하면서 당연히 생산 설비를 늘려야겠다고 판단한다. 그리고 회사로 돌아와서 임직원 회의에서 글로벌 고객 회사로부터 들은 이야기를 전하며 당장 설비투자를 늘리도록 지시를 내릴 것이다.

그리고 그런 상황은 주식 IR 담당자를 통해서 자연스럽게 주식시장에 알려지고, 1차 벤더의 실적이 다음 연도에는 생산 설비의 확대로 적어도 50% 이상 증가할 것이라고 모든 주식투자자는 받아들이게 된다.

물론 글로벌 회사의 다음 연도 판매량이 실제로 크게 증가할 수도 있으나, 글로벌 제품판매회사의 원래 목적은 1차 벤더들의 생산 능력을 크게 확대시켜서 예상치 못한 화재 위험성에 대비하는 것이었다.

따라서 다음 연도 1차 벤더들의 매출은 당초 글로벌 회사가 이야기한 것과는 다르게 증가하지 않을 가능성이 크다. 또한 전문가들의 전망과는 다르게 1차 벤더들의 실적은 부진하고 주가도 하락할 가능성이 크게 된다. 물론 필자만의 상상일 수도 있다.

〈그림 5-7〉은 전자공시 시스템에서 발췌한 사업 내용으로, 1차 벤더인 어느 상장회사의 공장 가동률을 보여주고 있다. 전년대비 생산 설비를 50%나 대폭 축소하였음에도 불구하고, 2018년 상반기의 공장 가동률은 겨우 7%가 조금 넘는 수준이다. 기업이 생산 설비를 축소하지 않았다면 공장 가동률은 3.5% 수준이었을 것이다. 정말 놀랍도록 부진한 공장 가동률이 아닌가?

이 회사 역시 과거에는 높은 공장 가동률과 매출 실적으로 주가도 높은 상태를 유지했다. 그러나 계속 이어진 설비투자와 예상보다 부진한 부품 공급으로 인해서, 현재 기업의 공장 가동률은 제조업 평균에 훨씬 미치지 못하고 있다.

산업이 본격적인 성장 단계에 진입하게 되면 제품 생산회사들은 급격하게 늘어나는 수요를 따라잡기 위해서 생산 능력을 계속해서 확대하게 된다. 그에 따라 부품 협력업체인 벤더들도 생산 능력을 계속해서 확대한다.

그러나 산업이 호황 단계를 지나 성숙 단계에 진입하게 되면 대부분의 1차 벤더들은 공장 가동률 하락으로 수익성이 떨어지는 문제에 직

애널리스트 리포트 200% 활용법

1) 생산능력 및 가동율

① 국내-휴대폰

(단위 : 천PCS)

품목	구 분	2018연도 반기	2017연도	2016연도
		수량	수량	수량
휴대폰케이스	생산능력	30,600	61,200	61,200
	생산실적	2,341	7,484	12,129
	가동율(%)	7.65%	12.23%	19.82%

면한다. 이는 1차 벤더만의 문제가 아니다. 앞에서 살펴본 2차 벤더처럼 대부분 2차, 3차 벤더들도 호황기의 설비투자와 쇠퇴기의 공장 가동률 하락을 겪게 된다.

　기업의 설비투자와 그에 따른 긍정적인 전망을 담은 애널리스트 리포트를 읽게 되면, 앞에서 언급한 사례와 같은 일들이 충분히 발생할 수 있다는 사실을 기억해두기 바란다.

대기업의 인수가
모든 것을 보장해주지 않는다

　어느 중소기업이 대기업 집단에 인수가 되면, 일반적으로 그룹의 지원에 힘입어 성장할 것으로 기대한다. 애널리스트들도 대기업에 인수된

그림 5-8 포스코플랜텍의 애널리스트 리포트

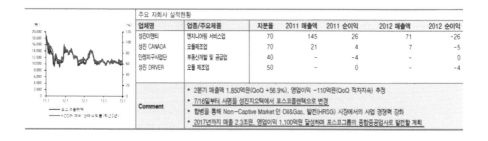

기업에 대해서 긍정적인 전망을 담은 리포트를 쏟아내는 경우가 아주
많다.

먼저 다음의 리포트를 살펴보자.

〈그림 5-8〉은 포스코플랜텍에 대한 어느 증권사의 2013년 애널리스
트 리포트 일부분이다. 2010년 포스코그룹에 인수되면서 사명을 포스
코플랜텍으로 변경했다. 2017년까지 매출액 2.3조, 영업이익 1,100억
원을 달성하여 포스코그룹의 종합중공업회사로 발전할 계획이라는 내
용이다.

그러나 애널리스트들의 기대와는 다르게 포스코플랜텍의 실적은 개
선되지 못했다. 포스코그룹이 부실 계열사에 대한 지원을 중단하자,
포스코플랜텍은 더욱 부실화되었다. 그러다 결국 2016년 4월 상장폐지
가 되었다.

물론 대기업에 인수된 이후 성장을 한 회사들도 많이 있으나 이렇듯

그림 5-9 에스엠코어의 애널리스트 리포트

■ **SK그룹과의 시너지 효과 본격화 될 듯**

올해 1월 SK에 인수됨에 따라 그 동안 내부체제 정비를 비롯하여, Captiv Market 수주를 위한 협업체제 구축 및 생산설비 증설 등이 이루어졌다. 또한 언론보도에 따르면 동사 대표에 SK그룹 계열사 출신 임원을 선임하여 내년 1월부터 기존 대표와 더불어 각자 대표 체재로 갈 예정이다. 이와 같은 각자 대표 체제로의 전환을 통하여 Captive Market에 대한 영업력 강화를 도모할 수 있어서 SK그룹과의 시너지 효과가 본격화 될 것으로 예상된다. 따라서 내년부터 동사 물류 및 공장 자동화 장비 등으로 Captive Market 뿐만 아니라 SK브랜드를 통한 Non-captive Market 스마트 팩토리 관련 수주 등이 본격화 될 것으로 예상된다.

■ **내년부터 수주 증가로 실적 턴어라운드 가속화 될 듯**

내년부터 SK하이닉스는 청주 등에 반도체 설비투자를 확대할 예정이므로 이와 관련 동사 물류이송장비 등의 수주가 본격화 될 것이므로 수주 증가가 예상된다. 또한 여타 Captive Market 뿐만 아니라 SK브랜드를 통한 Non-captive Market 스마트 팩토리 관련 수주증가 등도 예상되므로 내년부터 매출이 급성장 할 것으로 전망된다.

대기업 인수가 모든 것을 보장해주는 것은 아니라는 사실을, 일반투자자들은 반드시 기억하고 있어야 한다.

〈그림 5-9〉는 에스엠코어에 대한 어느 증권사의 애널리스트 리포트 일부분이다. 에스엠코어를 예를 든 것은 단지 대기업에 인수되었다는 사실이 모든 것을 보장해주는 것이 아니라, 회사의 영업 상황이 계획대로 잘 진행되고 있는지 계속해서 파악해야 한다는 필자의 생각을 전달하기 위해서다.

애널리스트는 2016년 SK그룹에 인수된 물류 및 공장 자동화 설비 생산업체인 에스엠코어가 SK하이닉스의 반도체 생산시설에 대한 물류

이송장비 수주가 본격화될 것으로 전망하고 있다. 그러나 2018년 초 SK그룹은 또 다른 공장 자동화 설비를 제작하고 있는 톱텍이라는 회사를 인수하려는 협상을 진행한다는 뉴스가 있었다.

에스엠코어가 가지고 있지 못한 기술력을 보완하는 합병이라는 전문가의 분석이 있었다. 즉 대기업 그룹은 언제든지 전략적으로 인수기업을 활용하려 할 것이며, 결국은 대기업에 인수된 기업도 그룹이 원하는 기술력을 확보하기 위한 노력을 계속해야 하는 것이다.

SK그룹의 중심에는 당연히 SK하이닉스가 있다. 하지만 SK하이닉스의 반도체 생산 설비 효율성에 결코 도움이 되지 못한다면, 그 어떤 계열사도 그룹의 지원을 받지 못할 것이다. 다행히 에스엠코어는 2018년부터 본격적으로 SK하이닉스의 물류 관련 수주를 계속해서 받고 있는 상황이다.

반면에 2013년 SK텔레콤에 인수된 현장 진단 의료기기 및 생명공학 연구기기 생산업체인 나노엔텍은 피인수 당시 애널리스트들의 긍정적인 전망과는 다르게, 아직까지도 가시화된 실적을 내지 못하고 있는 상황이다. SK텔레콤은 통신산업의 성장 한계를 느끼고 새로운 성장 동력을 찾는 과정에서 나노엔텍의 인수를 결정했다.

〈그림 5-10〉은 나노엔텍에 대한 어느 증권사의 애널리스트 리포트 일부분이다. SK텔레콤이 헬스케어사업을 전개하고 있으며, 그중에서 POCT현장 진단 의료기기 : Point Of Care Testing 와 면역진단을 나노엔텍이 담당하고 있다고 소개한다.

그러나 대략 5년이 지난 최근까지 나노엔텍은 SK텔레콤과의 시너지

그림 5-10 나노엔텍의 애널리스트 리포트

SK 텔레콤과의 사업협력: SK 텔레콤은 지분율 28.6%를 보유하고 있는 최대주주이다. SK 텔레콤은 체외진단, 의료 서비스, 헬스케어 ICT를 통해 헬스케어 사업을 전개하고 있다. 이중에서 POCT와 면역진단을 동사가 담당하고 있다. 분자진단은 중국이 Tianlong을 인수해 추진하고 있다.

를 내지 못하고 있는 상황이다. 최근 3년간 매출액은 230~240억 원으로 정체 상태이며, 영업이익은 2년간 80~90억 원 적자였다가, 2017년 가까스로 16억 원 흑자 전환을 한 상태다.

문제는 나노엔텍은 SK 텔레콤이 헬스케어사업을 위해서 인수한 여러 회사 중 하나며, 나노엔텍이 SK 텔레콤 헬스케어사업의 중심에 있다고 말하기는 어려워 보인다.

생산라인 내재화는 기업의 실적 변동성을 확대시킬 수 있다

일반적으로 제조업체의 경우 아웃소싱 비중을 줄이고 생산라인 내재화를 많이 할수록, 생산 설비의 증가로 고정비는 증가하게 된다. 그러나 매출이 일정 수준을 넘어서면서부터는 매출원가율이 개선되어 더 많은 돈을 벌 수 있게 된다.

따라서 대부분의 제조업체회사들은 외형 성장에 대한 확신이 생기는

그림 5-11 우진플라임의 애널리스트 리포트

외형은 늘고, 원가는 낮아지고

대규모 증설 효과가 2분기에도 지속된 것으로 파악된다. 공장 이전으로 연간 생산능력이 4,000대로 기존 대비 100% 늘었다. 평균판매가격이 높은 중대형 제품을 중심이어서 Q의 증가와 P의 상승을 동시에 실현 중이다. 중대형 제품을 중심으로 수출이 늘며 제품 mix가 개선되고 있다. 2분거 수출액은 281억원으로 전년동기 대비 111.4% 증가했을 것으로 추산된다. 이는 사상 최대 규모이며 수출 비중은 37.6%로 전년동기 29.6% 대비 8.0%p 상승한다. 반면 원가율은 하락해 영업 레버리지 효과가 커지고 있다. 2분기 매출원가율은 71.5%로 전년동기 대비 3.5%p 낮아진 것으로 추정된다. 도장, 가공, 판금제판, 주조 등을 내재화하며 아웃소싱 비중이 80%에서 20%로 크게 낮아진 것이 주요 원인이다. 2017년 1분기에 추가적인 내재화 작업을 위한 시설 투자를 발표했다. 투자금액은 159억원이고 목형 및 가공공장 등을 구축해 4분기부터 추가적인 원가율 개선이 가능할 것이다.

그림 5-12 우진플라임의 주가 차트

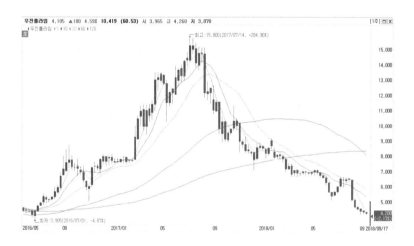

경우 생산라인의 내재화를 더욱 추진하게 된다.

〈그림 5-11〉은 플라스틱 사출성형기를 생산하는 우진플라임에 대한 어느 증권사의 2017년 애널리스트 리포트 일부분이다. 우진플라임의

외형이 늘고 도장, 가공, 판금제관, 주조 등을 내재화하여 일괄 생산 공정 증가로 원가율이 개선되고 있다는 긍정적인 평가다.

〈그림 5-12〉는 우진플라임의 일봉 주가 차트다. 2016년 이후 우진플라임의 주가는 2017년 중순까지 크게 상승했다. 그러나 이후 주가는 다시 크게 하락하고 있는 것을 볼 수 있다.

그 이유를 2017년 이후의 실적에서 찾아볼 수 있다.

〈그림 5-13〉에서 우진플라임의 실적을 살펴보면, 2016년 매출과 영업이익 모두 2015년보다 크게 증가했다. 애널리스트의 주장대로 매출이 늘고 생산라인의 내재화에 따른 원가율 개선 효과였다. 그런데 2017년 실적을 살펴보면 매출은 2016년보다 소폭 증가했으나, 영업이익과 순

그림 5-13 우진플라임의 실적

Financial Highlight [연결|전체]				단위 : 억원, %, 배, 천주 연결 별도 전체 연간 분기				
IFRS(연결)	Annual				Net Quarter			
	2015/12	2016/12	2017/12	2018/12(E)	2017/12	2018/03	2018/06	2018/09(E)
매출액	1,832	2,283	2,296		583	423	532	
영업이익	-107	161	62		-4	-30	-33	
당기순이익	-173	148	7		-26	-39	-26	
지배주주순이익	-173	148	7		-26	-39	-26	
비지배주주순이익	0	0	0		0	0	0	
자산총계	2,943	3,040	3,131		3,131	3,118	3,038	
부채총계	2,286	2,241	2,320		2,320	2,347	2,295	
자본총계	658	799	811		811	771	742	
지배주주지분	658	799	811		811	771	742	
비지배주주지분	0	0	0		0	0	0	
자본금	50	50	50		50	50	50	
부채비율	347.48	280.45	285.93		285.93	304.43	309.16	
유보율	1,215.57	1,498.12	1,522.83		1,522.83	1,441.75	1,384.91	
영업이익률	-5.85	7.07	2.71		-0.69	-7.06	-6.22	

이익은 2016년보다 크게 감소한 것을 볼 수 있다.

　그 이유를 애널리스트 리포트에서 찾아볼 수 있다. 우진플라임은 2017년 추가적인 생산라인 내재화를 위한 투자를 단행했다. 실제 투자 금액은 〈그림 5-14〉와 같다.

　〈그림 5-14〉는 전자공시 시스템에 나와 있는 우진플라임의 연결현금 흐름표 일부분이다. 2017년 제26기에 180억 원의 설비투자유형자산의 취득를 단행했다. 그런데 2015년과 2016년에도 총220억 원에 이르는 대규모 설비투자가 이미 있었다.

　즉 내재화를 위한 설비투자 증가분만큼 고정비도 함께 증가했고, 그런 이유로 2017년 매출은 전년 대비 소폭 증가했으나, 영업이익과 순이익은 크게 감소했던 것이다.

　그리고 2018년에 우진플라임의 매출은 2017년보다 감소했고, 지난 3

그림 5-14　우진플라임의 연결현금흐름표

연결현금흐름표
제 26 기 2017.01.01 부터 2017.12.31 까지
제 25 기 2016.01.01 부터 2016.12.31 까지
제 24 기 2015.01.01 부터 2015.12.31 까지

(단위 : 원)

	제 26 기	제 25 기	제 24 기
영업활동현금흐름	(13,431,576,951)	28,476,852,533	(6,332,156,555)
영업으로부터 창출된 현금흐름	(7,547,231,081)	33,133,385,189	575,195,472
배당금수취(영업)	2,256,000	940,000	1,880,000
이자지급(영업)	(5,036,895,457)	(5,214,105,648)	(6,478,516,169)
이자수취(영업)	73,737,664	3,892,669	19,146,735
법인세납부(환급)	(923,444,077)	552,740,323	(449,862,593)
투자활동현금흐름	(10,586,073,476)	2,725,558,419	36,420,074,455
유형자산의 취득	(18,041,980,796)	(5,594,531,603)	(17,185,820,976)

애널리스트 리포트 200% 활용법

년간의 설비투자에 대한 감가상각비가 추가로 더해지면서 영업이익과 순이익은 적자 전환을 한 상태다.

특정 기업이 일괄 생산라인을 구축하면 많은 전문가는 기업의 매출원가율 개선으로 수익성이 증가할 것으로 기대하고 있다. 그러나 이것은 매출의 증가도 함께 이루어져야 하며, 매출의 증가가 기대에 미치지 못한다면 영업이익과 순이익은 크게 훼손될 수 있다는 사실을 기억해야 한다.

즉 호황기에는 내재화를 통한 일괄 생산 공정의 구축이 효자 노릇을 한다. 하지만 불황기에는 고정비 부담으로, 거꾸로 기업 실적 악화의 주범이 되는 것이다.

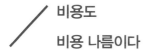

비용도
비용 나름이다

일반투자자가 혼동하기 쉬운 것 중 하나가 바로, 기업이 지출하는 비용 부분에 대한 이해다. 비용의 증가는 당연히 기업이익을 감소시키기 때문에 일반적으로 부정적인 것으로 생각하기가 쉽다. 애널리스트 리포트에서도 비용의 증가가 기업 실적에 부담된다는 내용을 어렵지 않게 접할 수 있다.

그러나 기업의 제품이나 서비스를 창출하는 데 들어가는 연구개발 같은 기본적인 비용과 점유율 상승을 목표로 하는 마케팅의 비용 증가는 반드시 구별해야 한다. 연구개발비나 마케팅을 위한 비용은 미래를 위한 투자의 개념으로 보는 것이 더 타당하다. 실제로 일부 업종에서는 연구개발비를 비용이 아닌 무형자산으로 회계 처리하고 있다.

〈그림 5-15〉는 NAVER에 대한 어느 증권사의 2018년 애널리스트 리포트 일부분이다. 애널리스트는 NAVER의 목표 주가를 하향하면서 라인 및 기타 부문 비용 증가에 따른 영업이익 저조를 이유로 들고 있다.

마케팅 확대를 위한 비용 증가와 그에 따른 영업이익 부진이, 기업의 성장에 과연 나쁜 영향을 미치는 것일까?

〈그림 5-16〉에서 보듯이 NAVER는 4차산업과 관련된 인공지능AI과 자회사 라인에 2018년부터 공격적인 투자를 진행하고 있다. NAVER 분기별 실적 추이에서 영업 비용 중 플랫폼개발/운영 부분이 바로 4차 산업과 관련된 투자다.

2017년보다 분기별로 매출은 20% 가까이 증가하고 있다. 하지만 투자 비용도 분기별로 2천억 원 가까이 증가하여, 결국은 영업이익이

그림 5-15 NAVER의 애널리스트 리포트

3Q18 매출액과 영업이익은 각각(이하 QoQ) 1.4조원(+1.9%), 2,353억원(−6.1%)으로 전망된다. 영업이익 컨센서스(2,533억원)을 소폭 하회하겠다. 광고 매출액은 1,441억원(−3.1%), 비즈니스 플랫폼 매출액은 6,269억원(+2.5%)로 전분기 대비 낮은 성장률을 보이겠다. 비수기 영향과 9월 추석이 겹친 영향이다.

일본에서 진행되고 있는 라인페이 오프라인 마케팅 확대에 라인 및 기타부문 비용이 7% 증가할 전망이다. 연결 매출액의 38%를 차지하는 라인의 적자폭 확대에 따라 19년 연결 영업이익 컨센서스(컨센서스 1.25조원, 당사 추정치 1.02조원)도 하향될 여지가 있다.

애널리스트 리포트 200% 활용법

그림 5-16 NAVER의 분기별 영업 실적 추이 및 전망

NAVER의 분기별 영업실적 추이 및 전망

(십억원)	1Q17	2Q17	3Q17	4Q17	1Q18	2Q18	3Q18F	4Q18F
매출액	1,082.2	1,129.6	1,200.7	1,265.9	1,309.1	1,363.6	1,389.8	1,468.7
(% YoY)	15.5	14.4	18.5	16.7	21.0	20.7	15.8	16.0
(% QoQ)	(0.3)	4.4	6.3	5.4	3.4	4.2	1.9	5.7
비즈니스플랫폼	510.5	521.8	549.8	575.6	592.7	611.6	626.9	648.8
광고	112.2	133.8	132.9	150.5	133.1	148.7	144.1	154.2
IT플랫폼	43.4	49.4	58.6	66.4	72.5	85.7	92.3	102.8
콘텐츠서비스	24.7	25.0	27.2	27.6	29.6	31.7	33.0	35.6
LINE 및 기타	391.4	399.6	432.2	445.8	481.2	485.9	493.6	527.2
영업비용	791.5	844.4	888.6	974.8	1,052.1	1,113.0	1,154.5	1,205.2
플랫폼개발/운영	148.1	151.3	159.6	146.6	183.2	190.2	195.0	185.0
대행/파트너	188.7	204.3	215.7	248.5	240.3	262.2	267.8	286.0
인프라	50.1	55.2	58.0	61.7	60.3	63.8	65.0	65.8
마케팅	47.2	58.2	70.0	67.0	71.0	84.9	87.3	90.8
LINE 및 기타	357.4	375.5	385.2	450.9	497.2	511.9	539.4	577.5
영업이익	290.8	285.2	312.1	291.1	257.0	250.6	235.3	263.5

2017년보다 감소하고 있다. 만일 2017년과 비슷한 수준으로 투자했다면 NAVER의 2018년 영업이익은 전년보다 크게 증가했을 것이고, 늘어나는 이익에 발맞춰 애널리스트들도 목표 주가를 상향했을 가능성이 높다.

현재 NAVER의 비용 증가는 단순히 영업활동에 의한 비용 증가라기보다는 미래 성장을 위한 투자라고 보는 것이 더 타당해 보인다. 2018년 중순경 영업 현황을 파악하기 위해서 NAVER에 전화했을 때, 주식 IR 담당자는 4차산업과 관련해서 NAVER는 생존의 문제로 심각하게 받아들이고 있었다. 그리고 관련 투자를 더욱 확대할 예정이라고 말해 줬다.

NAVER가 망할 것이라고 예상하는 대한민국 국민은 아마도 없을 것이다. 이는 마치 삼성전자가 회사 존립을 걱정하는 것과 비슷한 경우다. 그만큼 NAVER는 조만간 다가올 4차산업을 그 어떤 기업보다 철저히 준비하고 있는 것이다.

그리고 필자는 현재 NAVER의 공격적인 투자가 가시적인 성과로 연결될 것이라고 믿고 있다. 그렇게 믿고 있는 근거는 다음과 같다.

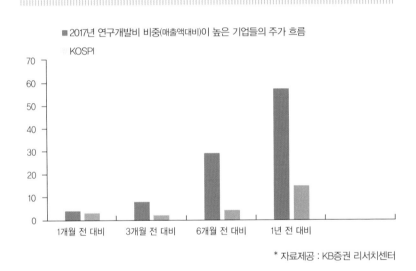

■ 2017년 연구개발비 비중(매출액대비)이 높은 기업들의 주가 흐름

* 자료제공 : KB증권 리서치센터

표는 2017년 1년간 매출액 대비 연구개발비 비중이 높았던 상위 50개 기업과 코스피지수의 상승률을 비교한 그래프다. 1년간 연구개발비 비중이 높았던 기업들의 평균 주가상승률이 거의 60%에 이르고 있으며, 같은 기간 코스피지수는 20%도 오르지 못했다. 거의 4배 가까이

연구개발비 비중이 높았던 기업들의 주가가 코스피지수보다 더 많이 상승했다.

필자는 기업 경영도 결국은 사람이 하는 일이고, 연구개발에 대한 투자에 집중하는 회사가 결국은 승자가 된다고 굳게 믿고 있다.

앞으로는 비용의 증가에 의한 실적 저조로 목표 주가를 하향하는 애널리스트 리포트를 접했을 때 관련 비용 증가가 제품 생산을 위한 어쩔 수 없는 비용 증가인지, 아니면 미래 성장을 위한 투자의 증가인지 꼭 구별해야 할 것이다.

Chapter 6

애널리스트 리포트로
'투자 유망 종목 찾기!'

산업 리포트에 투자 유망 종목에 대한
힌트가 있다

아마도 대부분의 일반투자자들은 애널리스트 종목 리포트만을 읽을 것이다. 본인이 관심을 가지고 있거나, 매수하고자 하는 종목에 대한 리포트를 읽고 투자 여부를 결정한다.

그러나 산업에 대한 리포트가 종목에 대한 리포트 이상으로 주식투자자에게 많은 도움을 준다. 산업에 대한 리포트를 볼 수 있는 방법은 아주 간단하다. 한경컨센서스에서 '산업 REPORT'를 클릭하면, 최신 날짜순으로 발행된 산업 리포트 리스트를 한눈에 볼 수 있다.

또한 '산업 REPORT'를 클릭한 뒤 나타나는 우측 상단 검색창에 검색어를 입력하면 원하는 산업이나 업종에 대한 리포트만을 볼 수 있다. 예를 들어 '여행'이라는 단어를 입력하면 여행업종에 대한 산업 리포트가 한 번에 정리된다. 화학, 철강, 화장품, 유통 등 원하는 업종의 리포트를 검색을 통해서 읽을 수 있다.

〈그림 6-1〉은 반도체산업 동향에 대한 어느 증권사의 애널리스트 리포트 일부분이다. 넷플릭스 시설투자 확대 기대감으로 2019년 반도체 업종에 대한 긍정적인 투자 심리를 기대한다는 내용이다.

그림 6-1 반도체산업 동향에 대한 애널리스트 리포트

넷플릭스, 가입자수 예상 상회. FAANG발 반도체 수요에 안도감 선사

3Q18 스트리밍 서비스의 신규 가입자수는 가이던스와 컨센서스를 상회했다. 실적 발표 이후 2019년 넷플릭스의 시설투자 컨센서스는 큰 폭으로 상향 조정되었다. 넷플릭스가 포함된 FAANG 기업의 시설투자는 서버 DRAM과 SSD(Solid State Drive)의 선행지표로 이용되고 있다. 2019년 시설투자 컨센서스 상향 조정은 반도체 업종의 투자심리에 긍정적이다.

장비사 LRCX와 ASML, 시설투자 둔화 불구, 실적 예상 상회

LRCX(램리서치)와 ASML은 각각 식각장비와 노광장비 분야에서 독보적 기술을 보유하고 있다. 전방산업의 반도체 시설투자는 둔화되고 있지만 양사의 분기 실적은 서프라이즈를 기록했다. 특히 램리서치의 경우 3D-NAND 적층 수 확대 시 식각장비 사용횟수가 늘어나기 때문에 실적이 예상 대비 견조했다. 결론적으로 램리서치 관련 국내 소재 공급사 중에서 티씨케이와 원익큐엔씨에 대해 긍정적 시각을 유지한다.

그림 6-2 여행업종에 대한 애널리스트 리포트 리스트

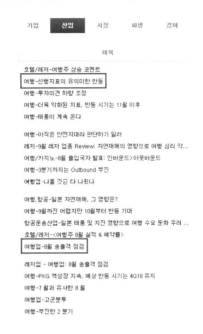

기업   **산업**   시장   파생   경제

제목

호텔/레저-여행주 상승 코멘트
여행-선행지표의 유의미한 반등
여행-투자의견 하향 조정
여행-더욱 악화된 지표, 반등 시기는 11월 이후
여행-태풍이 계속 온다

여행-아직은 안전지대라 판단하기 일러
레저-9월 레저 업종 Review: 자연재해의 영향으로 여행 심리 악...
여행-카지노-8월 출입국자 발표: 인바운드>아웃바운드
여행-3분기까지는 Outbound 부진
여행업-나를 것은 다 나왔다

여행,항공-일본 자연재해, 그 영향은?
여행-9월까진 어렵지만 10월부터 반등 기대
항공운송산업-일본 태풍 및 지진 영향으로 여행 수요 둔화 우려 ...
호텔/레저-<여행주 8월 실적 & 예약률>
여행업-8월 송출객 점검

레저업 - 여행업: 8월 송출객 점검
여행-PKG 역성장 지속, 예상 반등 시기는 4Q18 유지
여행-7 월과 유사한 8 월
여행업-고군분투
여행-부진한 2 분기

또한 LRCX램리서치의 실적이 견고한 이유가 식각장비 사용 횟수가 증가했기 때문이며, 관련 국내 소재공급회사인 티씨케이와 워익큐엔씨에 대한 긍정적인 시각을 유지한다는 내용이다.

우리는 산업 리포트를 통해서 티씨케이와 원익큐엔씨의 실적 개선 가능성을 알 수 있다. 그리고 종목에 대한 좀 더 자세한 분석을 통해서 투자 유망 종목인지 여부를 파악할 수 있다.

〈그림 6-2〉는 여행업종에 대한 애널리스트 리포트 리스트다. 특히 하나투어, 모두투어 등 국내 대표 여행사들은 매달 초에 전월 여행객 숫자와 예약 현황을 발표하고, 일부 애널리스트들은 매달 여행객 숫자와 예

그림 6-3 **여행객 숫자에 대한 여행업종의 애널리스트 리포트**

최대 성수기인 3Q18 모두 역성장 기록

하나투어와 모두투어의 9월 여행수요는 전년 대비 각각 -9.6%, -2.8%, PKG 영역은 각각 -14.0%, -2.9% 하락했다. 올해 추석은 9월, 작년 추석은 10월에 위치했음에도 수요가 성장하지 못했다. 여전히 1) 전년 베이스 부담이 2) 6월부터 각종 이벤트(일본 자연재해, 미국 및 인도네시아 화산 폭발 등)가 성장 발목을 잡고 있다. 지난달에 이어 지역별로는 기저효과가 큰 중국과 성수기를 겨냥한 유럽 지역이 완만한 성장을 시현한 반면, 악재가 발생한 일본과 동남아는 역성장을 지속하고 있다.

이로써 성수기 3Q18 PKG 증감률은 각각 -11%, -5% 감소했다. 뿐만 아니라 지난 4월부터 여행업에 대한 톤다운 의견을 피력했던 논리 중 하나로 수요뿐 아니라 ASP 하락도 불가피했을 것으로 추정된다. 이렇게 신규 예약 유입이 적을 때는, 이미 공급처로부터 재고부담을 지는 조건으로 받아 온 항공권, 호텔 등 하드블럭에 대해서 가격을 내릴 수 밖에 없기 때문이다.

예상보다 더욱 안 좋은 상황, 여행업에 대한 톤다운 의견 유지. 반등은 4Q18 예상

9월 / 10월 / 11월 PKG 예약증가율은 하나투어 -7% / -17% / -18%, 모두투어 10% / -5% / -15%다. 일본뿐 아니라 동남아 자연재해까지 겹치면서 주요 지표는 더욱 악화됐다. 1) 3Q18 실적 기대치가 여전히 높기 때문에 11/1 분기 실적발표 전까지 추가적인 하향 조정이 주가에 반영될 여지가 높고, 2) 아직도 컨센서스에 기반한 12개월 fwd PER 밸류에이션이 하나투어 22배, 모두투어 18배로 아주 싸다고 보기 힘들다는 점에서 여행업에 대한 톤다운 의견을 유지한다.

다만, 여러 번 자료에서 얘기했듯 여행주의 주가상승률은 악재 발생 후 저점에 매수해서 업황의 회복 사이클을 향유할 때 가장 높다. '회복 사이클'을 겨냥한 트레이딩은 충분히 가능해 보인다. 예상 반등 시기는 11월 이후 즈음으로 유지한다.

약 현황에 대한 리포트를 낸다. 이를 통해서 여행객 증감 추이를 파악할 수 있으며, 해당 종목의 투자에 참고 지표로 충분히 활용이 가능하다.

또한 '여행-선행 지표의 유의미한 반등'이라는 리포트 등 주식투자에 큰 도움이 될 리포트가 실시간으로 발간되고 있다.

〈그림 6-3〉은 9월 여행객 숫자에 대한 여행업종의 애널리스트 리포트 일부분이다. 하나투어와 모두투어의 여행 수요가 9월에 전년 대비 감소했다는 내용과 10월, 11월 예약률이 감소했다는 내용을 볼 수 있다. 주요 원인은 일본과 동남아의 자연재해라는 내용도 볼 수 있다.

우리는 여행객 동향에 대한 업데이트 내용을 수시로 체크하면서 해당 종목들에 대한 투자 판단을 내리는 데 많은 도움을 받을 수 있다. 이는 면세점업종도 마찬가지다.

〈그림 6-4〉는 면세점의 월별 매출 동향과 관련된 애널리스트 산업 리

그림 6-4 **면세점의 월별 매출 동향과 관련된 애널리스트 산업 리포트 리스트** ━━━

호텔/레저-1월 국내 면세점 매출
호텔/레저-1월 국내 면세점 매출
레저-면세점 실적- 전년대비 11% 증가
화장품/면세점-History에서 얻은 교훈
호텔/레저-12월 국내 면세점 매출

화장품-2019년 면세점에서 수출로 성장 채널 이동
호텔/레저-18년 국내 면세점 사상 최대 매출(19조원) 추정
엔터투어리즘-11월 국내 면세점 매출 동향
유통-2018년 11월 면세점 매출 동향
유통-2018년 면세점 10월 매출 동향

유통-2018년 9월 면세점 매출 동향
유통-9 월 면세점 실적
면세점/화장품-중국 공항 세관검사 강화에 따른 보따리상 매출 ...
유통-2018년 8월 면세점 매출 동향
호텔/레저-8월 면세점 매출

포트 리스트다. 산업 리포트 검색창에 '면세점'을 입력하면 위의 화면과
같이 면세점과 관련된 리포트를 찾을 수 있다.

〈그림 6-5〉처럼 한국면세점협회에서는 매월 중순경 지난달의 면세점

그림 6-5 **한국면세점협회의 1월 국내 면세점 매출** ━━━

1월 국내 면세점 매출

- 전체 15.3억달러(+10.5% YoY)
- 외국인 매출 12.1억달러(+13.1% YoY), 내국인 매출 3.2억달러(+1.6% YoY)
- 외국인 고객수 +8.1% YoY, 내국인 고객수 +3.9% YoY
- 우려와 달리 1월 매출 전년대비 성장 확인

---

210   애널리스트 리포트 200% 활용법

매출액 및 내·외국인 고객 수 통계를 발표한다. 그리고 증권사 애널리스트들은 다음날 바로 면세점과 관련된 업종 리포트를 내고 있다.

2019년 1월 면세점 외국인 매출과 고객 수가 중국의 전자상거래법 시행 등 처음 우려와는 달리 양호하게 발표가 된 것을 확인할 수 있다. 관련 호텔신라나 신세계 주식이 상승할 수 있는 여건인 셈이다.

〈그림 6-6〉은 석유화학, 정유업종에 대한 애널리스트 산업 리포트 리스트다. 여행업종과 마찬가지로 산업 리포트 검색창에 '화학 또는 정유' 라고 입력하면 석유화학, 정유업종 리포트를 읽을 수 있다.

그림 6-6 **석유화학, 정유업종에 대한 애널리스트 산업 리포트 리스트** ━━━

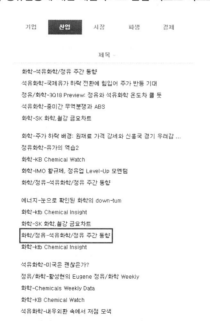

그림 6-7 주요 화학제품 주간 동향과 그에 대한 애널리스트의 의견

- 납사(↑): 납사가격 734.1$ 기록하며 전주대비 +18.4$/톤(WoW +2.6%) 상승. 4주 상승
- 에틸렌(↓) / 프로필렌(보합) / 벤젠(↓) / SM(↓): 에틸렌(-50$, -4.4%), 프로필렌(보합), 벤젠(-5.3$, -0.6%), SM(-19.5$, -1.4%)
- 합성수지: HDPE(보합), LDPE(보합), LLDPE(보합), PP(보합), PVC(-20$, -2.3%), ABS(보합)
- 고무체인(↓): BD(-95$, -7.1%), SBR(+15$, +0.9%), 천연고무(+3.5$, +0.3%). BD 6주 하락. SBR/천연고무 1주 상승
- 화섬체인(↘): PX(-6$, -0.5%), PTA(보합), MEG(보합), PET Bottle(보합), 면화(-1.37 cent/lbs, -1.8%)
  - PX 1주 하락. MEG/PTA/PET 1주 보합. 면화 2주 하락. 중국 동부 MEG 재고 전주와 동일. PTA 가동률 83%로 4년 래 최대치
- 페놀체인(혼조): 페놀(+20$, +1.6%), 아세톤(보합), BPA(-48$, -2.7%). 페놀 1주 상승. 아세톤 1주 보합. BPA 1주 하락
- 가소제체인(혼조): OX(-5$, -0.5%), 2-EH(보합), PA(보합), DOP(보합). OX 1주 하락. PA/2-EH/DOP 각각 1주/2주/3주 보합
- 기타(혼조): 카프로락탐(+20$, +0.9%), 가성소다(-15$, -3.1%), ACN(보합). CPL 2주 상승. ACN 2주 하락. 가성소다 2주 보합
- **총평:** 1) 중국 Golden Week(10.1~10.7) 영향으로 거래는 활발하지 않았음. 따라서, 유가/납사 상승에도 불구하고 대부분의 제품가격은 약보합세를 시현하면서 마진은 위축되는 모습이 나타나. 다만 SBR, 페놀은 소폭 상승 2) 중국 폴리에스터/PTA 가동률은 각각 81%/83%를 기록 중. 특히, 중국 폴리에스터 가동률은 중국 국경절 영향으로 기존 90% 수준에서 하락했으나 연휴 이후 재차 회복을 전망함. 중국 동부 MEG 재고는 60만톤 수준으로 정상 재고 수준인 80~90만톤 대비 큰 폭으로 낮은 상황. 따라서, 연휴 이후 MEG/PTA 등 화섬체인 시황은 점진적인 회복세를 보일 것으로 전망함 3) 페놀은 중국 일부 플랜트의 정기보수가 10~11월에 집중된 영향으로 소폭 상승. 반면, BPA는 소폭 하락 4) BD는 전방수요 약세로 약세가 이어지고 있음. 다만, SBR/ABS는 추가 하락하지 않아 마진은 최악의 국면을 통과 중 5) Top Picks는 LG화학>효성화학>금호석유>롯데케미칼. LG화학은 전지부문의 실적 개선세가 뚜렷하게 나타나고 있는 것으로 판단. 전지 모멘텀 유효

현재 일부 애널리스트는 주요 화학제품에 대한 가격 동향을 주간 단위로 업데이트해주고 있다.

〈그림 6-7〉은 주요 화학제품 주간 동향과 그에 대한 애널리스트의 의견이 반영되어 있다. 또한 주요 제품의 가격과 스프레드제품과 원재료의 가격 차이 : 화학제품 판매기업의 수익성을 나타내는 지표 추이를 보여주는 차트도 얼마든지 검색해서 볼 수 있다.

〈그림 6-7〉에서 합성수지 제품인 HDPE, LDPE 등을 따로 표시한 이유는 롯데케미칼의 사업 내용과 연결되어 있음을 확인할 수 있기 때문이다.

〈그림 6-8〉은 전자공시 시스템에 나와 있는 롯데케미칼의 사업 내용 중 매출과 영업이익 비중을 알 수 있는 사업 부문에 대한 부분이다. 매출과 영업이익 대부분이 모노머와 폴리머사업 부문에서 발생하고 있음을 알 수 있다.

그림 6-8 **롯데케미칼의 사업 내용**

① 매출 비중 (단위 : 천원, %)

구 분	제42기		제41기		제40기	
	매출액	비율	매출액	비율	매출액	비율
모노머	4,328,764,128	27.3	3,536,868,903	26.7	3,455,584,668	29.5
폴리머	9,998,110,553	63.0	8,752,802,969	66.2	6,775,175,442	57.8
기초유분	2,232,472,782	14.1	1,520,403,818	11.5	1,868,811,094	16.0
기타	162,057,233	1.0	171,847,078	1.3	164,964,924	1.4
연결조정	(846,894,006)	(5.3)	(758,381,894)	(5.7)	(551,197,927)	(4.7)
조정후	15,874,510,690	100.0	13,223,540,874	100.0	11,713,338,201	100.0

② 영업이익 비중 (단위 : 천원, %)

구 분	제42기		제41기		제40기	
	영업이익	비율	영업이익	비율	영업이익	비율
모노머	1,278,794,459	43.7	814,279,557	32.0	504,030,115	31.3
폴리머	1,490,142,770	50.9	1,615,414,394	63.5	976,497,802	60.6
기초유분	178,281,365	6.1	145,293,841	5.7	86,555,647	5.4
기타	50,369,802	1.7	53,330,391	2.1	51,866,140	3.2
연결조정	(67,867,438)	(2.3)	(84,064,247)	(3.3)	(7,830,239)	(0.5)
조정후	2,929,720,958	100.0	2,544,253,936	100.0	1,611,119,465	100.0

따라서 롯데케미칼의 실적은 모노머와 폴리머에 전적으로 의존하고 있음을 확인할 수 있다.

〈그림 6-9〉 역시 롯데케미칼의 사업 내용에 있는 주요 제품명에 대한 부분이다. 매출과 영업이익의 절반 이상인 폴리머사업 부문에는 여러 제품이 있다. 그중에서 고밀도 폴리에틸렌이 바로 HDPE며, 저밀도 폴리에틸렌이 LDPE다. 물론 그 외에 여러 제품이 폴리머사업 부문에 있으며, 모노머사업 부문에도 다수의 화학제품이 있다.

롯데케미칼은 〈그림 6-9〉에서 보는 바와 같이 현재 다수의 화학제품을 생산 판매하고 있다. 따라서 일반투자자가 롯데케미칼이 생산하고

그림 6-9 **롯데케미칼의 주요 제품명**

(1) 주요 제품 등의 현황

사업부문	품 목	구체적 용도	주요수요처 및 특성	총매출액(백만원)
기초유분	에틸렌, 프로필렌, 벤젠, 톨루엔, 파라자일렌, 올소자일렌 등	석유화학제품 원재료	석유화학 제조업체	2,232,473
모노머	스타이렌모노머, 부타디엔, 에틸렌옥사이드어덕트, 에틸렌옥사이드글리콜, 고순도이소프탈산, 고순도 테레프탈산, 메틸메타크릴레이트 등	석유화학제품 가공원료	합성수지, 합성고무 제조업체	4,328,764
폴리머	고밀도 폴리에틸렌, 폴리프로필렌, 저밀도 폴리에틸렌, 폴리에틸렌테레프탈레이트, 선형저밀도폴리에틸렌, 폴리카보네이트, LFT, EPP, 아크릴로니트릴 부타디엔 스티렌, 발포 스티렌 수지 등	플라스틱 원재료, 가전제품, 자동차 소재	플라스틱 가공업체, 가전, 자동차 관련 업체	9,998,111
기 타	임대사업, 파견용역 등	-	-	162,057
	내부거래 제거			△846,894
	합 계			15,874,511

있는 모든 화학제품의 가격 동향을 일일이 확인하기가 현실적으로 쉽지 않다. 하지만 적어도 롯데케미칼 주식을 보유하고 있는 투자자라면, 주요 제품들의 가격 동향은 수시로 파악하고 있어야 한다.

이렇게 종목에 대한 애널리스트 리포트뿐만이 아니라 주요 산업에 대한 리포트를 꾸준히 읽는다면, 산업 전반에 대한 지식과 이해를 전문가 못지않게 넓힐 수 있다. 또한 투자 유망 종목에 대한 아이디어는 덤이다.

애널리스트가 분기 실적을
수시로 상향 조정하는 기업

'Chapter 4'에서 수시로 나온 리포트가 그렇지 못한 리포트보다 더 신뢰할 수 있다고 설명했다. 애널리스트들은 리포트를 내기 전에 기본적으로 기업을 탐방하거나, 적어도 주식 IR 담당자와 전화통화를 해서 기업 실적과 영업 현황을 체크하기 때문이다.

따라서 기업의 실적이 아주 빠르게 개선되고 있다면, 애널리스트들도 그에 발맞춰 수시로 기업의 실적을 상향 조정하면서 목표 주가도 올릴 것이다.

〈그림 6-10〉은 삼성전기의 2018년 9월에 나온 어느 증권사 애널리스트가 쓴 2018년 3분기 실적 전망이다. 전분기인 2분기 대비 48%나 영업이익이 증가할 것으로 전망하면서 추정치를 상회할 가능성이 높다고 했다. 실적이 크게 증가하고 있는 가장 큰 이유는 MLCC적층세라믹콘덴서

그림 6-10 **삼성전기의 실적 전망**

삼성전기 3분기 영업이익은 전분기대비 48% 증가 (전년대비 196% 증가)한 3,055억원 (영업이익률 14.4%)으로 추정되지만 KB증권 추정치를 상회할 가능성이 높은 것으로 예상된다. 특히 4분기 MLCC 가격은 전분기대비 15% 상승해 분기 최대 폭 상승이 전망된다. 이는 ① 10월부터 신형 아이폰 및 중국 스마트 폰 효과로 고가 (하이엔드) IT용 MLCC 수급이 재차 공급부족을 나타나고 있고, ② 현재 전장용 MLCC 공급이 수요대비 40% 수준에 불과해 공급부족이 심화 (공급부족 60%)되고 있기 때문이다. 이에 따라 삼성전기 MLCC 가격은 분기별 상승 폭이 확대 (1분기: +6%, 2분기: +8%, 3분기: +9%, 4분기: +15% QoQ)되면서 올해 4분기 영업이익은 전분기대비 증익 가능성이 큰 것으로 추정된다.

그림 6-11 **같은 증권사의 삼성전기에 대한 다른 실적 전망**

삼성전기 3분기 영업이익은 전분기대비 78% 증가 (전년대비 256% 증가)한 3,676억원 (영업이익률 17.4%)으로 추정되어 시장 기대치 (3,054억원)를 20% 상회할 전망이다. 이는 ① 3분기 MLCC 평균판매가격 (ASP)이 전분기대비 9% 상승하면서 MLCC 영업이익률이 40%에 근접한 것으로 예상되고, ② 카메라모듈도 고 사양의 멀티 카메라 영향으로 2012년 스마트 폰 업황 호전 시기의 수익성 (영업이익률 5%)을 회복했기 때문으로 추정된다.

가격의 지속적인 상승이다.

〈그림 6-11〉은 같은 증권사 애널리스트가 불과 일주일 만에 새로 쓴 삼성전기에 대한 리포트 일부분이다. 일주일 만에 2018년 3분기 영업 이익 추정치를 3,054억 원에서 3,676억 원으로 20% 넘게 상향 전망했 다. 즉 애널리스트들이 실적을 체크할 때마다 삼성전기의 실적은 더욱

그림 6-12 **삼성전기의 주가 차트**

애널리스트 리포트 200% 활용법

가파르게 증가하고 있는 것이다.

이런 현상은 삼성전기에 대한 다른 증권사 애널리스트 리포트에서도 쉽게 발견할 수 있다. 필자의 경험상 이런 현상이 일어나고 있는 기업은 아주 투자 유망한 기업이다.

실제로 2018년 삼성전기의 주가를 살펴보자.

〈그림 6-12〉는 삼성전기의 일봉 주가 차트다. 2018년 7월 주가는 최고가인 16만 원대까지 상승했다가 하반기에 조정을 보이고 있다. 상반기 주가 상승은 실적 개선에 따른 것이었다.

코스피 종합주가지수와 비교해보면 삼성전기의 2018년 주가 흐름이 얼마나 양호했는지 알 수 있다.

그림 6-13 **2018년 코스피 종합지수 차트**

〈그림 6-13〉은 2018년 코스피 종합지수 차트다. 2018년 5월 2,500포인트대였던 코스피지수는 미국과 중국의 무역전쟁과 그에 따른 신흥국 주식시장의 조정으로 5개월 만에 2,100포인트대까지 20% 가까이 하락했다.

코스피지수의 영향을 받지 않을 수 없는 대형주인 삼성전기의 2018년 주가 흐름이 얼마나 양호했는지 알 수 있다. 이는 2018년에 지속적으로 기업 실적이 좋아지고 있기 때문이다.

일시적인 요인에 의한 어닝쇼크 기업

단기적으로 주가에 가장 많은 영향을 미치는 요인이 무엇이냐고 증권 전문가에게 묻는다면, 단연 수급수요와 공급이라고 답변할 가능성이 가장 높다.

실제로 기업의 주가는 수요와 공급의 영향을 당연히 받게 된다. 소위 말하는 세력에 의한 작전주가 수급에 의해서 주가가 영향을 받는 대표적인 사례다.

그럼 수급에 가장 크게 영향을 미치는 요인이 무엇이냐고 누군가 필자에게 질문한다면 서슴지 않고 기업 실적, 특히 분기 실적이라고 답변하겠다.

실제로 주가는 단기적으로 기업의 분기 실적 영향을 가장 많이 받고 있으며, 자신이 커버하고 있는 종목에 대한 애널리스트들의 평가도 분기 실적에 따라서 크게 달라진다.

필자는 어닝시즌실적 발표 시즌이 되면 항상 분기 실적이 주식시장의 전망과는 다르게 어닝쇼크실적 악화인 기업에 주목한다. 실적이 악화된 이유가 쉽게 개선되지 않는 요인이라면, 이를테면 원재료 가격 상승에 따른 매출원가 상승이거나 기업 간 경쟁 심화에 따른 제품 가격 하락이라면 해당 기업의 주식이 싸졌다는 이유만으로 매수해서는 안 된다.

그러나 실적 악화의 이유가 일시적인 요인이고, 그에 따른 주가 하락이면 이는 아주 좋은 매수 기회가 된다.

〈그림 6-14〉는 한글과컴퓨터의 일봉 주가 차트다. 2018년 5월 중순 이후 주가가 급락하는 것을 볼 수 있다.

그림 6-14 **한글과컴퓨터의 주가 차트**

주가가 가파르게 하락한 이유를 살펴보자.

한글과컴퓨터의 주가는 2018년 5월 중순 1분기 실적이 악화되었다는 소식에 〈그림 6-15〉에서 보듯 크게 하락했다. 필자는 한글과컴퓨터 1분기 실적 발표와 함께 주가가 급락하자, 회사에 전화를 걸어 주식 IR 담당자에게 실적 부진의 이유를 자세히 질문했다.

참고로 분기 실적 발표 전에 회사에 전화를 걸어 실적이 어떤지 질문해봤자, 주식 IR 담당자는 공정공시 위반이라서 실적을 미리 말해줄 수 없다고 답변할 것이다. 그러나 이미 발표된 지난 실적에 대한 질문에는 자세히 답변해준다.

주식 IR 담당자는 1분기 실적 부진의 가장 큰 이유로 평창 동계올림픽 관련 일회성 광고 선전비가 50억 원 가까이 발생했기 때문이라고 답변해줬다.

이렇게 주가 급락의 원인이 일시적인 실적 부진이라면 해당 주식은 손쉽게 이전 주가 수준을 회복하는 경우가 많다. 일시적인 실적 부진

그림 6-15 **한글과컴퓨터의 1분기 실적 악화 뉴스**

[실적속보] 한글과컴퓨터, 1Q 영업이익 62억…전년비 33%↓

편집자주 실적속보는 아이투자가 자체 개발한 기사 작성 알고리즘에 따라 뉴스봇(NewsBot)이 실시간으로 작성한 뉴스입니다. 아이투자는 증권사 HTS 뉴스 공급사로는 국내 최초로 전 종목 실적속보 서비스를 시작했습니다. 전자공시를 통해 분기, 반기, 사업보고서로 제출한 모든 상장기업의 실적을 실시간 속보로 제공합니다.

[아이투자 고상한 기자] 한글과컴퓨터의 1분기 연결기준 영업이익이 62억9323만원으로 전년 동기 94억5만원 대비 33% 감소했다.

15일 전자공시에 따르면, 한글과컴퓨터의 1분기 매출액은 407억1182만원으로 전년 동기 267억5463만원 대비 52.1% 증가했고, 지배지분 순이익은 59억1690만원으로 전년 동기 70억4141만원 대비 15.9% 줄었다.

1분기 별도기준 매출액은 225억9415만원으로 전년 동기 238억4366만원 대비 5.2% 감소했다. 같은 기간 영업이익은 36억3958만원으로 전년 동기 96억8601만원 대비 62.4% 감소했고, 순이익은 46억5329만원으로 전년 동기 80억3194만원 대비 42% 감소했다.

이날 한글과컴퓨터 주가는 전일대비 1.60% 상승한 1만5850원으로 마감했다. 1분기 실적을 반영한 주가수익배수(PER)는 19.3배, 주가순자산배수(PBR)는 1.98배, 자기자본이익률(ROE)은 10.3%다.

애널리스트 리포트 200% 활용법

그림 6-16 한글과컴퓨터의 1분기 실적 부진에 대한 애널리스트 리포트

투자포인트: 1분기 부진 벗어나 2분기부터 산청 인수로 인한 본격적인 실적 성장 전망

지난 1분기 실적이 부진했던 이유: ① 본사는 해마다 1분기에 진행된 교육청 입찰이 2분기로 지연, ② 자회사 산청은 1분기에 예정되었던 호흡기 제품 입찰이 2분기로 지연되면서 매출이 예상보다 감소된 반면, ③ 신제품 '오피스 2018'개발비용 증가와 평창올림픽 광고선전비 등의 증가로 일시적으로 비용이 크게 반영되었기 때문임

이라는 사실이 주식시장에 알려지는 데 그리 오랜 시간이 걸리지 않기 때문이다.

더욱이 애널리스트가 커버하는 종목이라면, 해당 애널리스트는 분기 실적과 관련해서 나름대로 실적 부진의 이유를 파악해서 리포트를 낼 가능성이 아주 많다.

따라서 애널리스트 리포트는 주가가 이전 수준을 회복하는 데 많은 기여를 하게 된다.

〈그림 6-16〉은 한글과컴퓨터 1분기 실적 부진에 대한 애널리스트 리포트다. 단기적인 수익이 목적이라면, 남들보다 먼저 실적 부진의 이유를 파악하고 애널리스트 리포트가 나오기 이전에 해당 주식을 매수하라고 말해주고 싶다.

그리고 그렇게 하기 위해서는 실적 부진으로 주가가 급락한 회사에 신속히 전화해서 애널리스트 리포트가 나오기 이전에 실적 부진의 이유를 파악하는 일이 가장 확실한 방법이다.

기업의 실적을
신기술이 두세 단계 레벨업시킨다

〈그림 6-17〉은 반도체장비업체인 테스에 대한 어느 증권사의 2014년 애널리스트 리포트다. 테스의 실적이 3D NAND 확대의 수혜라는 의견이다.

〈그림 6-18〉은 주요 반도체업체의 2013~2015년 투자 스케줄 현황을 보여주고 있다. 어느 증권사의 2013년 애널리스트 리포트 일부분이

그림 6-17 **테스의 애널리스트 리포트**

동사는 대표적인 3D NAND 수혜업체

3D NAND에서 건식식각(Dry Etch)의 공정 난이도가 크게 증가한다. 높은 단수의 질화막과 절연막을 한번에 식각해야 하기 때문이다. 이 때 ACL 등 하드마스크 물질의 소요량이 급증하게 되는데, 동사는 ACL 증착 장비를 제조하고 있다. 동사는 대표적인 3D NAND 수혜업체이기 때문에, 향후 동사 주가는 3D NAND 방향성과 연동될 것으로 보인다. 향후 3D NAND는 지속 확대될 것이므로, 동사 연간 실적도 지속 개선될 전망이다.

그림 6-18 **주요 반도체업체의 투자 스케줄 현황**

업체	공장	내용	2013		2014				2015			
			3Q	4Q	1Q	2Q	3Q	4Q	1Q	2Q	3Q	4Q
삼성전자	중국 시안	3D NAND 1차										
SK하이닉스	M11, M12	NAND 16nm 전환										
삼성전자	중국 시안	3D NAND 2차										
삼성전자	17라인	DRAM 보완										
삼성전자	12라인, 16라인	NAND 15nm 전환										
SK하이닉스	M14	M10 → M14 DRAM 이전										
삼성전자	S1, S2	비메모리 FinFET 관련										
SK하이닉스	M12	3D NAND										
삼성전자	중국 시안	3D NAND 3차										

애널리스트 리포트 200% 활용법

다. 삼성전자와 하이닉스의 3D NAND 투자 스케줄을 볼 수 있다.

예정대로라면 테스는 애널리스트의 분석대로 최소 3년간 3D NAND 투자 확대의 수혜를 입을 것이다.

〈그림 6-19〉는 테스의 2013년 자금 조달 공시 중 일부 내용이다. 150억 원 규모의 신주인수권부사채 발행을 결정했다. 반도체장비회사의 자금 조달은 상당수가 설비투자 목적인 경우가 많다. 그런데 테스는 당시 운영자금용으로 150억 원의 자금 조달을 결정했다.

회사의 자금 사정이 어려워지자 필요 운영자금이 부족해서 자금을 조달하는 회사가 있을 수 있다. 이는 회사의 지난 몇 년간의 재무제표만 들여다봐도 쉽게 파악이 가능하다.

그러나 테스의 경우 재무 구조가 우량한 회사였다. 그런 테스가 갑자

그림 6-19 테스의 자금 조달 공시

신주인수권부사채권 발행결정

1. 사채의 종류		회차	1	종류	무기명식 이권부 무보증 분리형 사모 신주인수권부사채
2. 사채의 권면총액 (원)					15,000,000,000
2-1 (해외발행)	권면총액 (통화단위)			–	–
	기준환율등				–
	발행지역				–
	해외상장시 시장의 명칭				–
3. 자금조달의 목적	시설자금 (원)				–
	운영자금 (원)				15,000,000,000
	타법인증권 취득자금 (원)				–
	기타자금 (원)				–
4. 사채의 이율	표면이자율 (%)				0.0
	만기이자율 (%)				1.0
5. 사채만기일					2018.07.24
6. 이자지급방법					본 사채 발행일 익일로부터 상환기일까지 각 사채 권면총액에 대하여 연이율 0.00%로 한다.[단, 만기까지 보유한 채권에 대하여는 만기보장 수익률을 연복리 1.0%로 한다.]

기 150억 원의 운영자금이 필요한 이유는 따로 있었다.

대부분의 반도체장비 공급계약은 계약 체결 시 계약 금액으로 전체 계약 금액의 일부 금액을 지급하게 되어 있다. 그리고 중도금으로 한 번 정도 더 지급되고, 장비를 제작해서 납품하게 되면 잔금을 지급하는 계약 구조가 일반적이다. 아파트 매매 계약을 생각하면 이해가 쉬울 것이다.

그런데 어떤 반도체장비 공급계약의 경우 계약금과 중도금이 없이 장비를 제작 납품해야 계약 금액 전체를 지급하는 경우가 있다. 그리고 계약 금액 자체가 워낙 크다면 반도체장비회사의 입장에서는 장비를 제작하기 위한 부품구매 자금이 필요하게 된다. 테스는 그런 이유에서 운영자금 조달을 공시한 것이다. 아무리 재무 구조가 뛰어난 중소기업이라도 현금을 회사에 쌓아두는 경우는 거의 없다.

신규 반도체장비 공급 계약은
계약 조건이 기존 계약과는 다를 수 있다

먼저 반도체회사가 반도체장비를 공급받으면서, 왜 계약금과 중도금을 지급하지 않는 계약 조건을 제시했는지 그 이유를 설명해보도록 하자.

당연히 반도체회사가 운영자금의 부족으로 계약금과 중도금을 지급하지 않은 것은 아니다. 삼성전자나 SK하이닉스가 운전자본이 부족하지는 않을 것이다. 만일 기존에 공급받던 반도체장비라면 일반적인 계약대로 계약금과 중도금을 반도체장비회사에게 지급한다.

그러나 새로운 장비를 신규로 공급받는 계약이라면 반도체회사의 입장에서는 이야기가 달라진다. 반도체회사는 새로운 반도체장비를 공급받는 계약을 체결하면서, 계약금과 중도금을 지급하고 장비를 납품받으면 잔금을 지급하는 계약을 체결할 경우 다음과 같은 리스크에 노출된다.

계약금과 중도금을 이미 지급했는데 신규로 공급받은 장비가 데모장비신규 반도체장비를 정식으로 공급받기 전, 한두 대를 먼저 공급받아서 충분히 반도체장비를 가동해서 장비의 성능과 효율성을 입증하는 장비 공급와는 다르게 성능과 효율성에 문제가 있어서 공급계약을 파기해야 하는 경우가 있을 수 있다. 그렇게 된다면 계약금과 중도금을 손해보는 위험이 생길 수 있다.

물론 반도체 공급계약서에 장비의 원활한 공급이 이루어지지 않아 계약을 파기하는 경우 계약금과 중도금을 반환한다는 조항을 넣을 수 있다. 그러나 자금 사정이 넉넉하지 못한 반도체장비회사가 반도체장비 생산에 계약금과 중도금을 이미 사용한 경우 자금 반환이 지연될 수도 있을 것이다.

막말로 "장비를 만드는 데 자재구입 비용으로 계약금과 중도금을 전부 사용해서 지금 돈이 없으니, 나중에 돈을 벌면 그때 갚겠습니다."라고 반도체장비회사가 통보할 수도 있을 것이다.

따라서 반도체회사의 경우 발생 가능한 리스크를 사전에 차단하기 위해서 신규 장비를 공급받는 계약을 체결한다면, 계약금과 중도금은 생략하고 반도체장비를 원하는 수준으로 제대로 납품해야 계약 금액 전체를 지급하는 조건으로 계약할 것이다.

제조업의 경우 항상 수율생산한 제품 중 고객에게 납품이 가능한 비율 문제가 발생한다. 특별히 신규 부품이나 장비를 생산하는 경우 수율 문제가 발생하는 경우가 아주 많다. 데모장비 한두 대를 생산하는 것과 수백 대의 장비를 생산하는 것은 천지 차이다.

반도체장비회사의 경우 성공적인 신규 장비의 납품은 회사의 실적을 몇 단계 높여 줄 수 있는 절호의 기회이기에, 계약금과 중도금을 생략한 공급계약을 기꺼이 받아들인다. 또한 충분히 신규 장비를 대량으로 생산할 자신감이 있기에, 장비 생산을 위한 자재 구매자금용 자금 조달까지 하는 경우가 있는 것이다.

위의 테스 자금 조달공시는 바로 이 경우에 해당된다고, 필자는 많은 기업탐방 경험으로 추측한 것이다.

신규 반도체장비의 성공적인 납품은
기업 실적의 레벨업을 보장해준다

반도체회사가 신규 반도체장비를 새롭게 반도체 생산라인에 적용하는 과정을 생각해보자.

삼성전자나 SK하이닉스는 국내외 여러 군데에 반도체 생산라인을 가지고 있다. 만일 반도체 생산라인 전체를 일괄적으로 신규 장비로 교체를 해서 새롭게 가동했을 때, 신규 장비 문제로 반도체 생산이 올스톱되는 경우가 충분히 발생할 수 있다. 물론 데모장비를 기존 생산라인 일부분에 설치하고, 수개월간 충분히 테스트하고, 대규모 공급계약을 체결할 것이다.

애널리스트 리포트 200% 활용법

그러나 실제 생산에서 큰 문제점이 발생할 가능성이 있기 때문에, 신규 장비는 반도체 생산라인 일부분에만 적용한다. 그리고 신규 장비가 기존 장비보다 성능이나 효율성에서 월등하다고 증명되면, 다른 생산라인을 순차적으로 신규 장비로 교체한다.

위의 반도체회사 3D NAND 투자 스케줄을 보면 이해가 될 것이다. 따라서 테스가 반도체회사와 맺은 신규 장비 공급계약은 테스 입장에서는 자금을 조달해야 할 정도로 아주 규모가 큰 계약이지만, 반도체회사 입장에서 볼 때는 전체 반도체 생산라인 중 일부분에 해당하는 공급계약인 것이다.

결국 테스의 신규 반도체장비가 아무런 문제없이 반도체 생산라인에

그림 6-20 **테스의 연결포괄손익계산서**

연결포괄손익계산서
제 15 기 2016.01.01 부터 2016.12.31 까지
제 14 기 2015.01.01 부터 2015.12.31 까지
제 13 기 2014.01.01 부터 2014.12.31 까지

(단위 : 원)

	제 15 기	제 14 기	제 13 기
Ⅰ.매출액	178,907,933,853	100,346,778,178	109,677,282,500
Ⅱ.매출원가	130,822,456,692	79,497,676,729	82,593,330,419
Ⅲ.매출총이익	48,085,477,161	20,849,101,449	27,083,952,081
Ⅳ.판매비와관리비	11,718,995,831	11,370,203,854	10,746,060,303
Ⅴ.영업이익	36,366,481,330	9,478,897,595	16,337,891,778
Ⅵ.기타수익	632,847,627	446,835,991	1,161,804,248
Ⅶ.기타비용	905,920,409	1,222,546,720	3,561,057,480
Ⅷ.금융수익	2,579,414,851	7,245,449,694	4,008,537,743
Ⅸ.금융비용	1,731,734,345	2,058,451,060	1,724,615,777
Ⅹ.관계기업투자손익	61,702,394	33,538,177	(619,999,500)
Ⅺ.법인세비용차감전순이익	37,002,791,448	13,923,723,677	15,602,561,012
Ⅻ.법인세비용	5,746,888,819	1,466,549,677	948,342,728
XⅢ.당기순이익	31,255,902,629	12,457,174,000	14,654,218,284

무난히 적용된다면, 규모가 훨씬 큰 추가 공급계약이 2~3년간 계속 이어지게 되는 것이다.

〈그림 6-20〉은 테스의 2014~2016년 연결포괄손익계산서다. 특히 2016년 매출액과 영업이익이 비약적으로 증가하고 있는 것을 볼 수 있다. 참고로 2013년 테스의 매출과 영업이익은 각각 670억 원과 62억 원이었다. 2014년부터 신규 장비 공급으로 실적이 한 단계 레벨업된 것을 볼 수 있다.

이처럼 반도체장비회사나 디스플레이장비회사들은 신규 장비를 성공적으로 공급하게 되면, 2~3년간 추가적인 장비 공급으로 실적이 크게 개선이 될 가능성이 높다는 사실을 꼭 기억하기 바란다.

╱ 감가상각비가 대규모로 종료되는 기업을 찾아라

먼저 감가상각비에 대해서 알아보자. 감가상각비는 기업의 기물, 설비가 제품이나 서비스 생산을 하면서 노후한 만큼의 가치를 제품 생산 원가에 포함시킬 목적으로 계산한 비용이다. 구입한 각종 생산 설비기계 장치, 건물, 차량 등를 구입 시 비용이 아닌 자산으로 회계 처리를 한 뒤, 제품이나 서비스 생산 과정에서 노후화된 가치만큼 나눠서 제품 생산원가에 반영시키는 비용이다.

애널리스트 리포트 200% 활용법

기업의 감가상각비는 크게 두 가지로 나뉜다

기업의 감가상각비는 크게 두 가지로 나눠서 재무제표에 반영된다. 하나는 직접적으로 제품 생산 과정에서 발생하는 감가상각비가 있다. 다른 하나는 본사 직원들이 근무하는 건물 등 생산된 제품의 판매를 위한 영업과 경영관리 과정에서 발생하는 감가상각비가 있다.

전자는 제품 생산 과정에서 발생한 감가상각비인 관계로 매출원가에 반영되며, 후자는 제품의 판매와 관리 과정에서 발생한 감가상각비인 관계로 판매비와 관리비에 반영된다. 같은 직원의 급여라도 생산직 직원들의 급여는 매출원가에, 관리직 직원들의 급여는 판매비와 관리비에 포함되는 것과 같은 회계 처리 기준이다.

제조업체의 경우 감가상각비는 매출원가에 반영되는 감가상각비가 판매비와 관리비에 반영되는 감가상각비보다 훨씬 큰 경우가 대부분이다. 제품 생산에 직접 사용되는 생산 설비감가상각 기간이 보통 7~8년와 공장에서 발생하는 감가상각비가 본사 건물감가상각 기간이 20년 이상에서 발생하는 감가상각비보다 크기 때문이다.

기업의 감가상각비는 재무제표 여기에서 파악이 가능하다

〈그림 6-21〉은 LG화학의 연결손익계산서다. 전자공시 시스템의 사업보고서 연결재무제표에서 발췌한 것이다. 매출원가, 판매비, 관리비에는 감가상각비가 나눠서 포함되어 있다. 그래서 감가상각비 금액이 어느 수준인지는 전혀 알 수 없다.

따라서 기업의 연결손익계산서에서는 투자 유망 종목을 고르는 데

그림 6-21 LG화학의 연결손익계산서

연결손익계산서

제 17 기 2017.01.01 부터 2017.12.31 까지
제 16 기 2016.01.01 부터 2016.12.31 까지
제 15 기 2015.01.01 부터 2015.12.31 까지

(단위 : 백만원)

	제 17 기	제 16 기	제 15 기
매출	25,698,014	20,659,296	20,206,583
매출원가	20,134,488	16,595,060	16,540,541
매출총이익	5,563,526	4,064,236	3,666,042
판매비와관리비	2,635,069	2,072,316	1,842,474
영업이익(손실)	2,928,457	1,991,920	1,823,568
금융수익	240,434	179,940	151,789
금융비용	319,835	300,243	234,460
지분법손익	6,620	(3,791)	11,013
기타영업외수익	478,262	540,612	539,907
기타영업외비용	770,043	748,610	742,174
법인세비용차감전순이익	2,563,895	1,659,828	1,549,643
법인세비용	541,922	378,834	401,112
당기순이익(손실)	2,021,973	1,280,994	1,148,531
당기순이익(손실)의 귀속			
지배기업의 소유주지분	1,945,280	1,281,124	1,152,987
비지배지분	76,693	(130)	(4,456)
지배기업 소유주지분에 대한 주당이익			
보통주 기본 및 희석주당이익 (단위: 원)	25,367	17,417	15,674
우선주 기본 및 희석주당이익 (단위: 원)	25,605	17,467	15,724

그림 6-22 LG화학의 사업보고서에 있는 전체 감가상각비

(4) 감가상각비가 포함되어 있는 계정과목별 금액은 다음과 같습니다.

(단위: 백만원)

구분	2017	2016
매출원가	1,206,469	1,196,548
판매비와 관리비	98,825	85,722
기　타	3,613	518
합　　계	1,308,907	1,282,788

도움이 되는 감가상각비를 알아낼 방법이 없다. 특정 기업의 특정 회계 연도 감가상각비 금액 전체를 재무제표에서 파악할 수 있는 방법은 3가지다.

〈그림 6-22〉는 LG화학의 2017년 사업보고서에 있는 전체 감가상각비에 대한 부분이다. 비용의 성격 항목에 감가상각비 총액을 포함해서 공시하는 회사도 있고, LG화학처럼 감가상각비만 따로 떼어내서 공시하는 회사도 있다.

어쨌든 대부분 기업들의 감가상각비는 연결재무제표 주석 사항 비용 부분에서 찾을 수 있다.

〈그림 6-23〉은 LG화학의 2017년 사업보고서 연결재무제표 주석 사항 중 영업으로부터 창출된 현금흐름 세부 내역이다. 2017년 발생한 감가상각비 총액을 확인할 수 있다.

개인적으로 기업의 감가상각비를 가장 잘 파악할 수 있는 부분이, 바로 〈그림 6-24〉라고 생각한다.

〈그림 6-24〉는 전자공시 시스템에 있는 LG화학의 2017년 연결재무제표 주석 사항에서 유형자산 변동 내역이다. 건물, 구축물, 기계장치, 차량운반구 등 매출원가, 판매비, 관리비에 포함된 2017년 전체 감가상각비에 대한 자세한 세부 내역을 볼 수 있다.

참고로 보유한 토지에서는 감가상각비가 발생하지 않는다. 2017년 전체 감가상각비 1.3조 원 중에서 9,553억 원이 기계장치에서 발생했다. 판매비와 관리비에 포함되는 건물에서 발생한 감가상각비는 751억 원인 것을 볼 수 있다.

그림 6-23 LG화학의 사업보고서에서 영업으로부터 창출된 현금흐름

(1) 당기와 전기 중 영업으로부터 창출된 현금은 다음과 같습니다.

(단위: 백만원)

구 분	2017	2016
법인세비용차감전 순이익	2,563,895	1,659,828
조 정		
- 감가상각비	1,305,324	1,282,379
- 무형자산상각비	96,718	54,314
- 퇴직급여	140,153	122,052
- 금융수익	(111,029)	(134,850)
- 금융비용	197,233	202,963
- 외환차이	(88,652)	16,249
- 재고자산 평가손실	1,401	20,050
- 유형자산 처분이익	(8,793)	(8,284)
- 무형자산 처분이익	(1,869)	
- 유형자산 처분손실	46,302	30,178
- 무형자산 처분손실	2,264	1,342
- 유형자산 손상차손	143,482	51,783

그림 6-24 LG화학의 연결재무제표 주석란에서 유형자산 변동 내역

(1) 당기와 전기 중 유형자산의 변동내역은 다음과 같습니다.

(단위: 백만원)

구 분	2017.12.31										
	토지	건물	구축물	기계장치	차량운반구	공기구	비품	기타의 유형자산	건설중인 자산	미착기계	합계
기초 순장부금액	1,470,226	2,181,396	651,061	4,288,509	8,594	384,777	95,905	100,360	473,111	26,194	9,680,133
기초 취득원가	1,507,154	2,796,650	1,145,962	12,656,297	41,183	1,005,567	323,646	238,906	484,950	26,194	20,226,509
감가상각누계액	-	(575,932)	(479,210)	(8,305,213)	(32,439)	(611,202)	(225,767)	(138,098)	-	-	(10,367,861)
손상차손누계액	(36,928)	(39,322)	(15,691)	(62,575)	(150)	(9,588)	(1,974)	(448)	(11,839)	-	(178,515)
사업결합(주석34)	62,738	81,497	6,590	109,011	197	8,256	2,918	-	164,722	57,392	493,321
취득 / 대체	38,594	607,656	51,272	955,563	9,761	180,809	45,578	41,658	2,535,725	133,175	4,599,791
처분 / 대체	(2,972)	(9,999)	(767)	(50,527)	(48)	(31,254)	(1,242)	-	(1,820,436)	(74,475)	(1,994,630)
외화환산차이	(291)	(28,426)	(5,133)	(77,319)	(121)	(6,971)	(1,821)	-	(2,854)	-	(122,936)
감가상각	-	(75,093)	(46,529)	(955,324)	(4,691)	(125,354)	(35,001)	(66,915)	-	-	(1,308,907)
손상	-	(1,390)	(3,039)	(98,125)	(39)	(6,142)	(652)	(1,704)	(32,391)	-	(143,482)
손상환입	-	6,836	1,194	3,721	2	797	91	-	-	-	12,641
매각예정자산 대체 (주석 35)	-	-	-	(3,036)	-	(1,396)	(17)	-	-	-	(4,449)
기말 순장부금액	1,568,295	2,762,588	654,629	4,169,473	13,654	403,522	105,759	73,399	1,317,877	142,286	11,211,482
기말 취득원가	1,605,247	3,438,000	1,190,383	13,157,481	39,945	1,085,752	352,106	211,585	1,361,431	142,286	22,584,216
감가상각누계액	-	(637,025)	(521,806)	(8,840,809)	(26,143)	(669,189)	(243,973)	(136,034)	-	-	(11,074,979)
손상차손누계액	(36,952)	(38,387)	(13,948)	(147,199)	(148)	(13,041)	(2,374)	(2,152)	(43,554)	-	(297,755)

앞에서 언급한 것처럼 매출원가에 반영되는 감가상각비가 판매비와

관리비에 포함되는 감가상각비보다 훨씬 크다는 것을 알 수 있다.

그림 6-25 **롯데케미칼의 애널리스트 리포트**

2019년 감가상각비 1조원

2018년 하반기에는 여수 NCC 20만톤 증설과 미국 ECC 100만톤 설비가 완공됨에 따라 2019년부터 연간 감가상각비가 1조원을 상회할 전망이다. 2023년 완공 예정인 인도네시아 NCC 신설 등을 감안하면 향후 롯데케미칼의 감가상각비는 1.4조원 수준에 달할 전망이다. 2021년 하반기 완공 예정인 오일뱅크와의 75만톤 NCC 투자는 세전이익의 수준을 Level Up 시켜줄 것이다. 이 정도 수준이면 설령 영업이익이 "0"원이더라도 현금이 쌓이는 구조가 된다. 국내외 투자 완료 후 영업이익 또는 세전이익 기준으로 독보적인 존재가 될 것이다.

〈그림 6-25〉는 롯데케미칼에 대한 어느 증권사의 애널리스트 리포트 일부분이다. 2019년부터 연간 감가상각비가 1조 원을 상회하여 설령 영업이익이 '0'원이더라도 현금이 쌓이는 구조라는 분석이다.

감가상각비는 절대 공짜가 아니다

'Chapter 2'에서 목표 주가 계산식의 한 종류인 EV/EBITDA 문제점에서 살펴본 대로 감가상각비만큼 현금이 회사에 쌓이는 구조는 분명 맞지만, 감가상각비는 절대 공짜가 아니라는 사실을 기억하자.

기업이 제품을 생산하기 위해서 필요한 설비투자를 위한 자금은 말 그대로 영업을 위한 비용이다. 그런데 규모가 큰 설비투자 자금을 일시에 비용으로 처리하게 되면, 설비투자를 한 회계 연도에는 대규모 적자가 불가피하다. 이런 문제를 해결하기 위해서 설비투자에 들어간 자금을 비용이 아닌 유형자산으로 일단 회계 처리하고, 감가상각 기간만큼 나눠서 감가상각비로 비용 처리하는 것이다.

따라서 감가상각비는 이미 설비투자에 들어간 자금을 나눠서 회수하는 개념이며, 마치 부가적으로 현금이 회사로 들어오는 것은 절대 아니다.

제과점에서 빵을 만드는 기계를 도입하는 경우를 생각해보자. 제빵기계는 분명히 영업을 위한 비용이다. 하늘에서 뚝 떨어진 것이 아닌 이상 제빵기계의 감가상각비는 이미 영업을 위해서 들어간 비용을 감가상각 기간 동안 나눠서 회수하는 것이다.

따라서 감가상각비가 제거된 영업이익이 기업의 실제 영업활동을 더 정확하게 보여준다. 다행히 주식시장에서도 감가상각비가 포함된 EBITDA 마진보다는 영업이익을 기업의 실적을 판단하는 데 있어서 더 중요한 지표로 받아들이고 있다.

기업의 감가상각비를 주식투자에 활용하기

매출원가에 반영되든 판매비와 관리비에 포함되든, 감가상각이 종료되면 기업의 영업이익은 감가상각비만큼 이론적으로 증가하게 된다. 따라서 감가상각비가 대규모로 종료되는 기업을 사전에 파악할 수 있다면, 영업이익 급증에 따른 주가 상승을 충분히 기대할 수 있다고 전문가들은 주장한다.

다음은 필자가 기업의 감가상각비가 언제, 그리고 어느 규모로 종료되는지 예측하는 방법에 대한 설명이다.

〈그림 6-26〉은 우진플라임의 2015~2017년까지 연결현금흐름표다.

애널리스트 리포트 200% 활용법

그림 6-26 우진플라임의 연결현금흐름표

연결현금흐름표

제 26 기 2017.01.01 부터 2017.12.31 까지
제 25 기 2016.01.01 부터 2016.12.31 까지
제 24 기 2015.01.01 부터 2015.12.31 까지

(단위 : 원)

	제 26 기	제 25 기	제 24 기
영업활동현금흐름	(13,431,576,951)	28,476,852,533	(6,332,156,555)
영업으로부터 창출된 현금흐름	(7,547,231,081)	33,133,385,189	575,195,472
배당금수취(영업)	2,256,000	940,000	1,880,000
이자지급(영업)	(5,036,895,457)	(5,214,105,648)	(6,478,516,169)
이자수취(영업)	73,737,664	3,892,669	19,146,735
법인세납부(환급)	(923,444,077)	552,740,323	(449,862,593)
투자활동현금흐름	(10,586,073,476)	2,725,558,419	36,420,074,455
유형자산의 취득	(18,041,980,796)	(5,594,531,603)	(17,185,820,976)
유형자산의 처분	27,376,760	1,003,554,365	277,073,229
무형자산의 취득	(197,601,431)	(283,192,084)	(140,880,691)
무형자산의 처분	72,272,727	0	0
금융상품의 취득	(275,929,344)	(231,296,148)	(312,794,375)
금융상품의 처분	272,561,825	110,695,600	8,156,828,253

그림 6-27 우진플라임의 연결재무제표 주석란에서 유형자산 변동 내역

1) 당기

(단위 : 천원)

과 목	기초	취득	처분	감가상각비	대체	외환차이	기말
토지	39,316,194	–	–	–	–	–	39,316,194
건물	88,570,250	108,693	–	(2,393,373)	7,892,771	–	94,178,341
구축물	732,295	97,915	–	(21,159)	–	–	809,051
기계장치	24,470,895	9,061,995	(13,237)	(5,362,548)	565,844	(2,894)	28,720,055
차량운반구	1,383,918	536,979	(2)	(822,403)	–	(14,376)	1,084,116
공구와기구	5,195,873	1,291,694	–	(1,679,001)	6,273	(1,556)	4,813,283
비품	601,210	209,012	–	(238,081)	(97,181)	912	475,872
건설중인자산	481,626	9,117,871	(19,854)	–	(8,367,707)	–	1,211,936
합 계	160,752,261	20,424,159	(33,093)	(10,516,565)	–	(17,914)	170,608,848

우진플라임은 2017년에도 대규모로 생산 내재화를 위한 투자를 했다. 최근 3년간 우진플라임의 영업이익 규모에 비해서 큰 규모인 총400억 원 이상의 유형자산 취득이 이루어졌다.

〈그림 6-27〉은 우진플라임의 2017년 사업보고서 연결재무제표 주석 란에서 유형자산 변동 내역에 대한 부분이다. 유형자산 변동 내역을 통

해서 대규모로 기업의 감가상각비가 종료되는 시점을 충분히 유추할 수 있다.

2017년 우진플라임의 감가상각 총액은 105억 원이며, 기말에 남아 있는 감가상각 대상 금액은 총1,706억 원이다. 2017년 신규로 감가상각 대상인 유형자산 취득 금액은 총204억 원이다. 향후 추가적인 유형자산 취득이 없다고 가정하면 대략 4~5년 뒤에는 '기계장치', '공구와 기구' 항목의 감가상각비가 종료된다. 그래서 연간 70억 원가량의 영업이익 개선 효과가 발생할 것이다.

이는 현재 우진플라임의 시가총액인 400~500억 원 수준을 감안했을 때, 아주 큰 금액의 영업이익 개선이며 주가를 크게 상승시킬 수 있는 동력이 된다.

4~5년 뒤 감가상각비가 대규모로 종료될 것으로 계산한 방법은 예를 들어 '기계장치' 항목 기말 유형자산 금액인 287억 원을 2017년 감가상각비인 53억 원으로 나누면, 대략 5년 정도 감가상각 기간이 남은 것으로 계산되기 때문이다.

우진플라임은 현재 매출 규모에 비해서 과잉 설비투자 상태_{과도한 유형자}산 보유 중이기 때문에 과잉 설비투자가 해소될 때까지는 추가적으로 유형자산을 취득할 가능성이 작다.

그리고 현재 기준으로 4~5년 뒤에는 연간 70억 원 수준의 감가상각비가 더 이상 발생하지 않기 때문에, 기업의 영업이익은 증가할 가능성이 높다는 이야기다.

힌트는 대규모 설비투자 공시, 그러나 그렇지 않은 경우도 많다

감가상각비와 관련해서 많은 전문가는 다음과 같은 주장을 한다. 대부분의 기업들은 생산 설비의 감가상각이 종료된 이후, 즉시 감가상각이 종료된 생산 설비를 폐기하지는 않는다. 그런 이유로 신규 생산 설비를 도입하지 않기 때문에, 기업의 매출원가 개선에 따라 영업이익이 증가하는 경향이 많다고 언급한다.

당연히 기업 입장에서는 감가상각이 종료된 이후에도 생산 설비를 최대한 오래 사용하고자 할 것이다. 따라서 제조업체의 경우 버티면 버틸수록 유리하다는 전문가들의 주장이다.

이론적으로는 전문가들의 주장대로 대규모 감가상각비가 종료된 기존의 제조업체가 신규로 진입한 동종 제조업체보다 감가상각비만큼 매출원가에서 유리한 고지에 있을 수 있다.

그러나 수많은 기업을 탐방하면서 단순히 대규모 감가상각비 종료로 매출원가 개선에 따라, 경쟁력 측면에서 유리한 고지에 올라선 기업을 필자는 거의 발견하지 못했다. 그 이유는 기업 입장에서는 노후화된 생산 설비를 최대한 사용해서 매출원가를 개선시키는 것보다는 신규 생산 설비를 도입하더라도 제품의 경쟁력을 유지하는 일이 훨씬 더 중요하기 때문이다.

많은 전문가들은 대규모로 설비투자를 한 기업의 경우 감가상각비가 대규모로 종료되는 시점을 예측하면, 영업이익이 급증하는 시기를 파악할 수 있다고 주장한다. 실제 기업의 예를 들어 살펴보자. 특히 공장을 새로 건설하는 경우 대규모 감가상각비가 종료되는 시점을 파악할

그림 6-28 **서흥의 설비투자 공시**

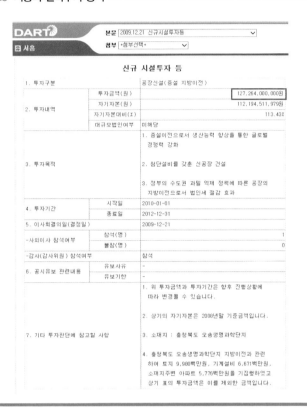

수 있다고 한다. 과연 그럴까?

〈그림 6-28〉은 서흥의 2009년 12월 설비투자 공시다. 충청북도 오송으로 첨단 설비를 갖춘 신공장을 건설 이전하겠다는 내용이다. 1,200억 원이 넘는 대규모의 설비투자다.

위의 공시를 바탕으로 서흥의 유형자산 취득 내역을 살펴보자.

〈그림 6-29〉는 서흥의 2009년 12월 대규모 설비투자 공시 이후, 유형

그림 6-29 현금흐름표에서 볼 수 있는 유형자산의 취득

현금흐름표

제 40 기 2012.01.01 부터 2012.12.31 까지
제 39 기 2011.01.01 부터 2011.12.31 까지
제 38 기 2010.01.01 부터 2010.12.31 까지

(단위 : 원)

	제 40 기	제 39 기	제 38 기
영업활동현금흐름	918,688,881	6,009,305,969	10,142,092,565
당기순이익(손실)	(11,432,173,261)	15,837,267,309	13,934,050,775
당기순이익 조정사항 (주26)	28,748,492,624	8,626,573,410	12,821,036,406
영업활동관련자산부채변동 (주26)	(7,781,058,818)	(12,073,502,602)	(9,668,226,067)
이자수취	126,658,052	152,217,542	186,625,151
배당금의 수취	200,000	200,000	500,000
이자지급	(7,821,498,346)	(3,066,611,515)	(2,315,421,492)
법인세납부(환급)	(921,931,370)	(3,466,838,175)	(4,816,472,208)
투자활동현금흐름	(31,987,762,832)	(92,225,470,050)	(36,088,440,433)
기타장기금융상품의 처분	729,952,380	0	2,500,000
매도가능금융자산의 처분	149,824,920	730,705,431	372,821,800
관계기업투자지분의 처분	6,800,000,000	0	900,000
배당수취	321,300,000	428,600,000	0
투자부동산의 처분	0	3,130,080,077	0
유형자산의 처분	1,119,094,105	453,405,225	11,881,336,596
유형자산매각선수금	4,579,500,000	0	0
기타장기금융상품의 취득	(120,644,448)	(117,644,448)	(1,352,541,301)
매도가능금융자산의 취득	(200,000)	(374,715,000)	(8,280,000)
관계기업에투자지분의 취득	(2,800,000,000)	(3,344,054,454)	(400,000,000)
유형자산의 취득	(42,744,589,789)	(92,125,246,881)	(49,272,925,360)
무형자산의 취득	(22,000,000)	(1,006,600,000)	(300,000,000)

자산 취득 내역을 투자활동 현금흐름에서 확인한 것이다. 2011년 920
억 원 이상의 유형자산을 취득한 것을 볼 수 있다.

서홍의 감가상각비가 언제쯤 대규모로 종료될 수 있는지 유형자산
변동 내역에서 살펴보자.

〈그림 6-30〉은 서홍의 2017년 유형자산 변동 내역이다. 물론 연결재
무제표 주석에서 발췌한 내용이다. 2010~2012년 대규모 유형자산 취
득에 따라 대규모 감가상각비의 종료가 임박했을 것이라는 전문가들
의 이론적인 예상과는 다르게, 서홍의 연간 유형자산 취득 금액465억 원

그림 6-30 서흥의 유형자산 변동 내역

(단위:천원)

구 분	토지	건축물	기계장치	기타 유형자산	건설중인 자산	합 계
[취득원가]						
기초	85,665,444	144,364,668	243,457,373	27,441,650	11,562,139	512,491,274
취득	5,328,486	728,501	5,824,665	2,866,693	31,822,680	46,571,025
처분	(63,453)	–	(1,022,911)	(520,990)	(1,479,042)	(3,086,396)
기타증감	(791,080)	14,074,481	3,185,245	859,730	(24,332,812)	(7,004,436)
기말	90,139,398	159,167,649	251,444,373	30,647,084	17,572,965	548,971,468
[누적감가상각비와 손상차손]						
기초	–	(20,641,425)	(139,844,743)	(20,784,970)	–	(181,271,138)
감가상각비	–	(3,493,585)	(18,706,513)	(2,683,625)	–	(24,883,723)
처분	–	–	366,816	401,135	–	767,951
기타증감	–	383,754	2,276,718	182,051	–	2,842,523
기말	–	(23,751,256)	(155,907,722)	(22,885,409)	–	(202,544,388)
[정부보조금]						
정부보조금	–	–	(1,430,176)	(103,560)	–	(1,533,736)
[장부금액]						
장부금액	90,139,398	135,416,393	94,106,476	7,658,115	17,572,965	344,893,345

이 감가상각비 총액248억 원보다 훨씬 큰 것을 볼 수 있다.

기말 감가상각 대상인 기계장치의 잔액은 1,559억 원으로, 2009년 대규모 설비투자 공시 금액보다 더 많이 남아 있다. 서흥은 2009년 이후 계속해서 감가상각비보다 더 많은 설비투자를 진행하고 있는 것이다.

기업의 감가상각비와 관련된 필자의 결론은 다음과 같다. 업종마다 기업의 설비투자는 다르다. 그리고 같은 업종이라도 기업의 영업 전략에 따라서 설비투자의 시기와 규모, 그에 따른 감가상각비의 대규모 종료 시기도 제각각 다르다는 것이다.

또한 '오래 버텼다'라는 사실만으로 신규로 진입한 회사보다 항상 유리한 위치에 있는 것이 결코 아니다. 감가상각비만큼 매출원가 측면에서 기존 회사가 이론적으로는 유리하다. 하지만 신기술과 한 단계 업그

레이드된 성능을 지닌 제품을 출시하면서 신규로 업종에 진입한 회사가, 오래 버틴 기존 회사의 지위를 위협하는 경우도 경험상 자주 볼 수 있었다. 즉 제품 경쟁력이 감가상각비 종료보다는 훨씬 기업 경영에 중요하다.

마지막으로 대규모의 설비투자를 한 기업이 7~8년 뒤에 그에 비례해서 대규모로 감가상각비가 종료되는 경우도 있지만, 서흥의 사례처럼 그렇지 않은 경우도 많다.

정리하자면 감가상각비가 대규모로 종료되는 투자 유망 종목을 고르는 방법은 다음과 같다.

먼저 6~7년 전 일회성으로 대규모 설비투자를 한 기업들에 대해서 일일이 유형자산 변동 내역을 확인하여, 현재 기준으로 신규 유형자산 취득 내역이 없어서 조만간 대규모로 감가상각비 종료가 예상되는 기업을 선별한다.

그런 후에 회사에 직접 전화를 걸어 주식 IR 담당자에게 향후 추가적인 설비투자 계획의 여부를 확인하는 방법으로만 대규모 감가상각비가 종료되는 기업을 찾을 수 있다. 그리고 그런 기업은 영업이익 증가로 주가도 상승할 가능성이 커진다.

단 대규모 감가상각 종료 이후 기업의 영업이익이 감가상각비 감소분만큼 증가하는 기간 역시, 기업의 영업 전략에 따른 신규 생산 설비 도입 시기에 따라 언제든지 달라진다. 즉 도식화된 영업이익 증가 시기와 규모가 정해져 있지 않다는 이야기다.

감가상각비의 절대 규모를 차지하고 있는 기계장치를 기업이 감가상각이 종료된 이후에도 10년 이상 사용하는 경우도 많다고 말하는 전문가도 있다. 그러나 이는 기업의 현실을 제대로 파악하지 못하고 제품의 품질이 크게 중요하지 않은 일부 저가 범용제품 생산기업의 기계장치 사용 기간을 언급하는 것이 아닌가 생각된다.

우리의 관심 대상인 상장기업들은 제품의 품질이 기업 경쟁력을 좌우하는 경우가 대부분이다. 따라서 감가상각 기간을 포함해서 20년 가까이 노후화된 기계장치를 사용하는 기업을 본 적이 필자는 한 번도 없다.

기업의 비용 구조에 대한 이해만 정확해도 주식투자가 쉬워진다

기업이 벌어들이는 영업이익과 당기순이익을 계산하는 식을 다시 한번 생각해보자.

영업이익 = 매출 − 매출원가 − 판매비와 관리비
당기순이익 = 영업이익 − 영업외 비용 − 법인세

기업의 비용에서 가장 큰 부분을 차지하는 부분이 바로 매출원가이며, 그다음이 판매비와 관리비다. 이자 비용 등 영업외 비용은 기업의 부채 규모에 따라서, 법인세는 기업이 벌어들이는 이익 규모에 따라서 언제든지 달라진다. 그렇기 때문에 이자 비용 등 영업외 비용과 법인세의 규모와 중요성은 매출원가나 판매비와 관리비에 비해서 상대적으로 떨어진다.

즉 기업의 비용 중 매출원가, 판매비와 관리비가 가장 중요하다. 두 비용에 대해서만 정확하게 분석하고 있어도 기업이익이 증가하는 시기를 예측할 수 있다. 따라서 그 어떤 다른 방법보다도 쉽게 주식투자로 수익을 낼 수 있다.

'Chapter 3'에서 살펴봤듯이 기업의 비용은 원재료 등의 변동비, 인건비와 감가상각비 등의 고정비로 크게 나눠서 생각할 수 있다. 제품의 생산 과정에 들어가는 고정비와 변동비는 매출원가에 반영된다. 그리고 제품 판매를 위한 영업과 본사 관리에 들어가는 고정비와 변동비는 판매비와 관리비에 포함된다. 기업의 총비용을 고정비와 변동비로 나눠서 정확하게 분석하고 있으면 우리는 주식투자의 승자가 될 수 있다.

원재료 등 변동비 비중이 높은 기업의 경우 원재료 가격이 하향 안정화되는 시기에 당연히 기업이익이 증가한다. 고정비 비중이 높은 기업의 경우 매출이 크게 증가하는 시기에 기업이익이 증가한다. 이는 많은 재무제표 관련 서적에서 다루고 있는 내용이다. 그리고 회계적 상식이 부족하더라도 조금만 생각하면 누구나 이해할 수 있다.

정작 중요한 것은 일반투자자들이 실전에 어떻게 활용할 수 있느냐다. 그런 구체적인 실전 적용 사례를 다룬 서적은 거의 찾아볼 수 없다. 아무리 훌륭한 투자 이론이라도 실전 투자에 어떻게 적용해야 할지, 그 구체적인 방법을 일반투자자들에게 제시하지 못한다면 무슨 소용이

그림 6-31 **동성화학의 애널리스트 리포트**

볼륨 성장은 천천히, 수익성 개선은 빠르게

한국 폴리우레탄 산업의 큰 형님: 동성화학은 1959년 설립한 폴리우레탄 및 EVA 수지 제조사다. 매출액 거의 대부분이 국내외 신발 산업에서 창출된다. 부산 신평 공장을 비롯해 중국, 베트남, 인도네시아 등 네 곳에 생산 라인을 두고 있다. 2018년 3분기까지 누적 영업이익이 40억원에 그쳐 전년동기 대비 58% 감소했다. 핵심 원재료인 MDI, TDI, PO의 가격 급등 영향이다.

거북이 같이 꾸준하고 토끼 같이 기민하다: 올해 원재료 가격 하락에 따른 가파른 수익성 개선이 예상된다. MDI, TDI, PO 모두 글로벌 화학업체들의 공급능력 확대로 지난해 하반기부터 가격이 하락하고 있다. 신발 및 합성피혁용 폴리우레탄 수지는 판매가격이 원재료 가격에 거의 연동하지 않으며, 따라서 원재료 가격 변동이 동사의 수익성에 크게 영향을 미친다. 신발 산업의 특성상 가파른 매출 성장은 기대할 수 없다. 그러나 시의적절한 생산 포트폴리오 재배치와 EVA 등 신제품 출시를 통해 느리지만 꾸준히 외형을 확대해 왔다는 점에 주목해야 한다. 자본지출 부담이 크지 않고 배당가능 재원이 쌓이는 사업 구조라는 것도 매력적이다.

있겠는가?

구체적인 종목 사례를 보자. 〈그림 6-31〉은 동성화학의 2019년 애널리스트 리포트 일부분이다. 핵심 원재료의 가격이 하락하고 있으며, 제품 가격은 원재료 가격에 거의 연동하지 않아서 원재료 가격 변동이 동성화학의 수익성에 크게 영향을 미친다는 내용이다.

과연 원재료 비중이 어느 정도인지, 구체적으로 전자공시 시스템에 나와 있는 실적보고서의 재무제표 주석란을 살펴보자.

〈그림 6-32〉는 동성화학의 재무제표 주석 사항 중 비용을 분류한 부분이다. 동성화학은 주로 운동화 창의 소재인 폴리우레탄을 생산하는 기업이다. 나이키의 주된 거래처다. 변동비인 원재료와 부재료 비중이, 무려 기업 전체 비용의 70% 이상이다.

그림 6-32 **동성화학의 재무제표 주석란에서 비용 부분**

23. 영업이익
23-1 비용의 성격별분류
당분기와 전분기 중 발생한 비용을 성격별로 분류한 내역은 다음과 같습니다.

(단위: 원)

구 분	당 분 기	전 분 기
재고자산의 변동	506,322,764	2,447,920,008
원재료와 부재료의 사용액	99,985,465,231	110,527,536,315
종업원급여	14,634,357,335	16,405,538,610
감가상각 및 상각비	3,449,592,297	3,703,350,412
전력비(용수, 수도광열비 포함)	1,715,282,479	1,971,960,394
소모품비	1,272,309,322	1,256,168,985
수출경비	1,759,185,182	1,868,577,977
지급수수료	3,355,012,357	3,370,811,376
기타비용	9,956,980,000	7,632,346,854
영업비용 합계	136,634,506,967	149,184,210,931

따라서 주요 원재료 가격이 하향 안정화되는 시기에 동성화학의 이익은 급증하게 되고, 우리는 원재료 가격 동향을 수시로 체크동성화학회사에 직접 전화해서 원재료 가격 변동 추이를 질문할 수도 있다해서 적절한 시기에 동성화학을 매수하여 수익을 낼 수 있다.

참고로 동성화학의 주원재료는 국제 유가와 비슷한 흐름을 보인다. 따라서 2018년 하반기 이후 국제 유가 하락에 따라 원재료 가격은 하향 안정화되었고, 동성화학의 실적은 원재료 가격이 하락하면서 2018년 3분기 이후 개선되고 있다.

〈그림 6-33〉은 동성화학의 실적을 보여주고 있다. 국제 유가 하락에 따른 원재료 가격의 하락으로 2018년 3분기 영업이익이 급증하고 있는 것을 볼 수 있다.

그림 6-33 **동성화학의 실적**

주요재무정보	최근 연간 실적				최근 분기 실적					
	2015.12	2016.12	2017.12	2018.12 (E)	2017.09	2017.12	2018.03	2018.06	2018.09	2018.12 (E)
	IFRS 연결	IFRS 연결	IFRS 연결	IFRS 연결	IFRS 연결	IFRS 연결	IFRS 연결	IFRS 연결	IFRS 연결	IFRS 연결
매출액(억원)	1,808	1,768	2,043	1,950	526	456	442	455	509	
영업이익(억원)	213	205	82	50	26	-13	1	5	33	
당기순이익(억원)	118	153	51	60	21	-19	9	15	27	
영업이익률(%)	11.76	11.58	4.02	2.56	5.00	-2.82	0.20	1.18	6.58	

그림 6-34 **동성화학의 주가 차트**

〈그림 6-34〉는 동성화학의 일봉 주가 차트다. 2018년 3분기 실적 발표 이후 주가가 꾸준히 오르고 있다. 원재료 가격의 하락에 따라 기업 실적이 개선되고 있는 것이다.

동성화학에 대한 투자로 수익을 내기 위해서는 기업의 비용 분석이 선행돼야 하고, 그러고 나서 원재료 가격이 어느 시기에 하향 안정화되

그림 6-35 **가온미디어의 애널리스트 리포트**

디램 가격 급등으로 빛이 바랜 2018년 실적: 가온미디어는 2001년 설립한 셋톱박스 및 네트워크 장비 제조사다. 탁월한 IP기반기술을 바탕으로 성장 정체에 빠진 글로벌 셋톱박스 시장에서 7년 연속으로 외형이 성장했다. AI 스피커와 셋톱박스를 접목한 AI 셋톱박스 '기가지니', '누구' 판매 호조로 2018년 3분기까지 누적 매출액이 전년대비 14% 이상 증가했다. 반면 3분기 누적 영업이익률은 핵심 부품인 디램 가격이 급등하면서 전년동기 4.2%에서 1.5%로 급락했다.

볼륨 확대과 수익성 개선이 동시에 진행될 2019년: 4Q18부터 시작된 디램 가격 하락으로 올해 1분기부터 셋톱박스 수익성이 점진적으로 개선될 것으로 전망한다. 디램 구매비는 동사 매출액의 8~9%에 달하며, 따라서 디램 가격이 10% 하락하면 동사 영업이익률은 1%p 가까이 개선된다. 전년도 급증했던 국내 AI 셋탑박스 판매량은 올해 정체되겠지만, 북미 지역 홈 게이트웨이 수출 증가로 매출 성장 추세가 지속될 전망이다. 전환사채 잔액을 감안한 동사의 환산 시가총액은 1,200억원 수준으로, 가파른 수익성 개선 전망을 제대로 반영하지 못하고 있다.

는지 파악하고 있기만 하면 된다.

일단 다른 종목을 하나 더 살펴보자.

〈그림 6-35〉는 가온미디어에 대한 애널리스트 리포트다. 셋톱박스를 주로 생산하고 있는 가온미디어에서 원재료인 D램 구매 비용이 동사 매출액의 8~9%에 달하며, D램 가격이 10% 하락하면 가온미디어의 영업이익률은 1% 가까이 개선된다는 내용이다.

이는 일반투자자들에게 아주 유용한 정보다. 가온미디어의 비용 구조를 파악하기 위해서 전자공시 시스템에서 재무제표 주석란을 살펴봤으나, 아쉽게도 기업의 비용 구조에 대한 상세한 정보는 없었다.

대신 〈그림 6-36〉과 같이 주요 원재료에 대해 사업의 내용 부분에서 찾을 수 있었다.

그림 6-36 가온미디어의 사업 내용 중 주요 원재료 부분

당사가 생산하는 제품의 주요 원재료는 메인 칩(Main Chip), 하드디스크(HDD), 튜너,플래시 메모리(Flash Memory), 메모리(SDRAM), 회로기판(PCB), 그리고 전원공급장치(SMPS) 등이 있습니다. 플래시 메모리와 SDRAM 등은 반도체 경기에 따라 수급이 변하는 특징이 있습니다. 또한 메인 칩, 하드디스크, 튜너, PCB, SMPS 등도 전자 업종 전반적인 경기의 영향을 받는 경향을 보이고 있습니다.

당사는 메인 칩과 하드디스크, 튜너의 공급에 있어, 장기적 제휴관계(LOI)를 체결하여 안정적 공급을 기하고 있으며, 구매선을 다변화하여 수급상의 변동성을 최소화하고 있습니다.

그림 6-37 가온미디어의 주가 차트

가온미디어의 경우 전자공시 시스템만을 봐서는 기업의 비용 구조를 정확하게 파악하기가 어렵다. 대신 애널리스트 리포트를 기억해두면, 우리는 반도체 가격 추이를 보면서 가온미디어의 이익이 언제 개선이 될지 충분히 짐작할 수 있다.

가온미디어의 주가는 〈그림 6-37〉처럼 반도체 가격이 하락하기 시작

애널리스트 리포트 200% 활용법

한 2018년 4분기부터 이미 급등하기 시작했다. 2019년 들어서도 반도체 가격은 YoY전년 동기 대비 20~30% 하락 중이다. 가온미디어의 이익이 어느 정도 개선될지 충분히 예측이 가능하다.

필자는 일반투자자들에게 자신만의 기업 리스트를 만들어서 수시로 들여다보라고 추천하고 싶다. 기업의 비용 구조를 정확하게 기억하고 있으면, 주식투자가 이전보다 한결 쉽고 재밌게 느껴진다. 물론 애널리스트 리포트를 꾸준히 읽으면 기업의 비용 구조를 이해하는 데 많은 도움을 받을 것이다.

||||||||||||||||||||||||||||||||||||||||||| **기업 리스트의 예** |||||||||||||||||||||||||||||||||||||||||||

기업명	비용 구조의 특징 / 종목의 경쟁력	투자 포인트
동성 화학	1) 원재료 비중이 전체 비용의 70% 이상 2) 원재료는 국제 유가에 연동됨	국제 유가가 하락하는 시기에 기업의 수익성 개선
가온 미디어	1) 반도체 D램이 전체 매출의 8~9% 2) 반도체 가격 10% 하락 시 영업이익률 1% 개선	반도체 가격이 급락하기 시작하는 시기
S-Oil	1) 원재료 투입에서 제품 판매까지 대략 45일 내외 소요 2) 주요국 정유사 가동률 추이가 중요 3) 국제 유가 하락이 멈추기만 해도 기업의 수익성 개선됨	국제 유가가 급락 후 횡보만 해도 기업의 수익성은 개선됨
철강 업종	1) 대표적인 경기순환업종으로 경기 예측 가장 어려움 2) 글로벌 철강 수급 상황을 수시로 체크해야 함 : 애널리스트 산업 관련 리포트 수시로 참고	POSCO의 경우 장기간 주가 하락을 하였을 경우 분할 매수
화학 업종	1) 대표적인 경기순환업종으로 경기 예측 어려움 2) 화학업체의 제품별 판매 비중과 수시로 제품 스프레드 파악	롯데케미칼 역시 주가가 많이 하락을 하였을 경우 분할 매수

필자의 경험상 원재료 등 변동비 비중이 높은 기업의 변동비 변화 예측은 상대적으로 쉬웠다. 따라서 변동비 비중이 높은 기업들의 특징을 리스트화해서 가지고 있다면, 그리고 리스트에 추가하는 기업의 수가 늘어날수록 주식투자로 수익을 내는 경우가 훨씬 많아질 것이다.

표에 있는 기업 리스트에서 동성화학과 가온미디어는 이미 설명했고, 나머지 종목들에 대해서 설명하겠다.

S-Oil의 이익은 원재료와 제품 판매 가격의 차이인 스프레드가 가장 중요하다. S-Oil의 가장 큰 난제는 원재료를 구매해서 정제한 뒤 제품을 판매하기까지, 대략 45일 내외의 시간이 소요된다는 것이다. 판매 제품의 가격은 국제 유가의 영향을 실시간으로 받는다.

따라서 국제 유가가 급락하는 시기에 원재료인 국제 유가는 45일 전 높은 가격에 구매한 것이다. 그러므로 현재 판매하는 정유제품은 최근의 국제 유가 시세를 따라가는 관계로 스프레드가 급격하게 악화되어, 기업의 수익성은 가파르게 나빠지는 특징이 있다.

국제 유가가 급락하면 기업 실적에 대한 우려로 주가 역시 크게 하락하는 경우가 많다. 그리고 국제 유가 하락이 멈추기만 해도 기업의 수익성은 쉽게 회복된다. 물론 국제 유가가 상승하는 시기에 기업의 수익성도 당연히 개선된다. 따라서 국제 유가 동향을 자세히 파악하면 좋은 매수 기회를 찾을 수 있다.

대표적인 경기순환업종인 철강과 화학업종의 경우 업종 경기가 언제 회복될지, 언제 하락으로 전환할지 예측하는 일은 대단히 어렵다. 다음의 가상 사례를 살펴보자.

　　　　애널리스트 리포트 200% 활용법

철강 생산회사와 자동차회사가 각각 3개씩만 존재하는 시장이 있다고 단순 가정한 표를 보자.

A철강회사는 C, E철강회사와 경쟁관계에 있다. B자동차회사는 D, F 자동차회사와 경쟁관계에 있다. 단순히 A철강회사는 B자동차회사와만 거래하고 있다. 마찬가지로 C철강회사는 D자동차회사와, E철강회사는 F자동차회사하고만 거래하고 있다.

그런데 어느날 B자동차회사는 야심차게 새로운 전기차 모델의 자동차를 준비해왔다. 그래서 기존의 자동차 생산을 위한 철강 수요보다 일시적으로 더 많은 철강이 필요하게 되어, A철강회사에 기존보다 더 많은 철강의 납품을 요구하게 된다.

B자동차회사의 갑작스러운 철강 납품 요청에 A철강회사는 자동차산업 경기가 좋아지는 것이 아닌가 하고, 이전보다 높은 철강 납품 단가를 요구하게 된다. A사의 철강 가격 인상 요구에 B자동차회사는 화가 났다. 하지만 야심차게 준비한 전기차 신모델로 더 많은 돈을 벌 자신이 있기 때문에, A철강회사의 요구를 들어주기로 결정한다.

이를 지켜본 C철강회사는 자신의 거래업체인 D자동차회사에 철강 납품 단가 인상을 요구하게 된다. D자동차회사는 화가 났지만, 혹시라도 C철강회사가 다른 경쟁 자동차회사와 거래할 것을 우려해서 C철강회사의 요구 조건을 수용하게 된다.

일련의 과정을 전부 지켜본 E철강회사는 자동차산업의 호황과 이에 따른 철강 경기 회복을 확신하게 되고, 자신의 거래업체인 F자동차회사에 철강 가격 인상을 일방적으로 통보하게 된다. 이제 철강업종은 새로운 호황 국면을 맞이하게 된다.

전기차 신전략 모델 출시를 준비한 B자동차회사가 본의 아니게 철강산업의 경기를 회복시켜준 것이다. 마치 도로에서 옆 차선의 자동차가 차선을 변경하면 뒤에서 달리던 자동차는 브레이크 페달을 밟게 되고, 연이어 달리던 차들도 연쇄적으로 브레이크 페달을 밟게 된다. 그 영향으로 조금 더 떨어진 뒤에 있는 차들은 아예 서 버리게 된다. 이것을 과연 누가 예측할 수 있겠는가?

물론 위 사례는 필자의 허황된 시나리오일 수 있다. 하지만 기업탐방을 수없이 많이 하면서, 기업조차 자신이 속한 산업의 경기순환을 전혀 예측하지 못하는 것을 아주 많이 봤다. 따라서 POSCO, 롯데케미칼 등 업종 대표기업의 주가가 많이 하락했을 때 시차를 두고 분할 매수하는 전략이 경험상 가장 좋은 투자 전략이었다.

고정비 비중이 높은 기업들의 경우 매출이 증가해야 기업이익이 증가한다. 그런데 수많은 기업탐방 경험상 기업의 매출이 증가한다는 구체적인 정황을 파악하는 일은 매우 어렵다. 기업의 매출은 기업의 제품 경쟁력, 신제품의 출시 여부, 기업 간 경쟁관계의 변화 등 다양한 요인들의 영향을 복합적으로 받기 때문이다.

가장 확실한 방법은 기업의 생산라인을 직접 눈으로 확인하고, 생산 책임자로부터 최근의 기업 제품 생산 현황을 수시로 체크하는 일이다. 그러나 이는 주식투자자에게 현실적으로 쉽지 않다. 따라서 이를 남들보다 앞서서 파악한다는 일은 아주 어렵다.

〈그림 6-38〉은 사람인에이치알에 대한 어느 증권사의 2018년 11월 애널리스트 리포트다. 구인·구직 취업포털사이트 운영회사인 사람인에이치알의 주된 수입원은 구인회사가 사람인에이치알 취업포털에 싣는 구인광고료다. 사람인에이치알의 미래 수익성_{구인광고회사 증가 및 광고단가} _{인상}을 판단하는 중요한 지표 중 하나가 구직자의 월평균 방문 횟수다.

〈그림 6-39〉는 사람인에이치알 분기보고서에 있는 사업의 내용 중 일부분이다. 월간 순방문자 수 추이를 보면 여타 경쟁회사보다 많은 숫자를 보이고 있다. 회사는 순방문자 수를 바탕으로 구인활동을 하는 기업체와의 광고단가를 협상한다. 당연히 순방문자 수가 많아 여타 취업포

그림 6-38 **사람인에이치알의 애널리스트 리포트**

<u>3분기 공공기관 공채 확대와 취업 포털 단가 인상 효과로 전체 매출액은 y-y 7.5% 증가</u>
하였으며, 마케팅비 감소로 영업이익도 y-y 32.7% 증가
정부의 일자리 확대 정책으로 4분기 정규직 채용은 더욱 확대될 전망이며, 지속적인 단가
인상과 유료 서비스 도입으로 내년 10% 중반대의 취업 포털 매출 성장이 예상됨
현재 주가는 채용시장 위축에 대한 우려로 글로벌 취업 포털 기업 대비 크게 저평가. 취
업 포털의 안정적 성장을 감안하면 주가 상승 여력은 매우 높다고 판단됨

털사이트를 운영하는 기업보다 유리한 입장에 있을 수 있다.

광고단가 인상 여부가 기업의 수익성에 절대적으로 큰 영향을 미치는 이유는 다음과 같다.

〈그림 6-40〉은 사람인에이치알의 2018년 3분기 비용 구조다. 전자공시 시스템 재무제표 주석란에서 찾은 내용이다. 2018년 3분기 전체 비용 157억 원 중에서 무려 72%의 비용이 고정비인 인건비와 복리후생비다. 그 어느 회사보다 인건비 비중이 높은 회사다.

이는 회사의 수익 구조를 파악하면 쉽게 이해가 간다. 취업포털사이트를 운영하는 관계로 생산 설비가 전혀 없다. 그 대신 취업포털 사이트 관련 프로그램개발 및 유지보수, 대외 마케팅 인력이 대부분의 영업활동이다. 따라서 기업의 수익은 PC 기반 및 모바일 취업포털사이트 광고기업 숫자의 증가와 광고 단가 인상이 절대적으로 중요한 요인이다.

그런데 기업이 언제 어느 규모로 광고 단가를 인상할지를, 일반투자자들이 애널리스트 리포트만으로 예측하는 일은 아주 어렵다. 만일 광고단가 인상으로 사람인에이치알의 실적이 개선된다는 내용을 담은 애널리스트 리포트가 나온다면, 이는 광고단가가 인상되어 실적 개선 기대감이 이미 주가에 반영된 후일 것이다.

이를 미리 알기 위해서는 회사를 직접 방문해서 주식 IR 담당자와 미팅하거나, 회사에 전화해서 광고단가를 언제 어느 규모로 인상할 예정인지 수시로 체크하는 수밖에 없다.

그림 6-39 사람인에이치알의 월간 순방문자 수 추이

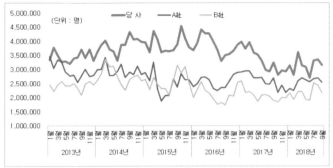

[매칭 플랫폼 3개사 월평균 순방문자수 추이]

* 출처 : 코리안클릭 (PC 및 모바일 합산)

그림 6-40 사람인에이치알의 비용 구조

(단위 : 천 원)

구 분	당분기		전분기	
	당3분기	누적	전3분기	누적
급여	10,291,244	31,719,404	9,842,176	30,641,699
퇴직급여	672,722	2,254,997	572,506	1,487,874
대손상각비	1,327	36,621	16,930	39,511
복리후생비	1,046,214	3,305,606	1,227,494	3,391,138
소모품비	16,315	62,109	16,297	63,287
지급수수료	1,042,471	2,804,717	704,845	2,532,859
광고선전비	862,044	4,113,462	1,525,774	4,947,953
통신비	130,784	373,137	117,629	357,996
세금과공과	44,556	106,009	48,905	122,934
여비교통비	49,357	140,891	42,254	125,975
감가상각비	254,994	738,457	231,866	718,270
무형자산상각비	294,270	829,790	318,531	969,730
지급임차료	129,725	325,664	69,150	198,967
접대비	51,842	124,893	55,064	107,740
건물관리비	99,785	282,116	100,215	271,013
차량유지비	45,239	132,818	41,166	114,322
외주비	499,412	1,859,971	435,499	1,380,423
교육훈련비	65,444	246,696	95,274	265,069
도서인쇄비	31,751	74,999	26,533	77,762
주식보상비용	37,837	112,278	37,837	102,613
기타	65,281	154,146	10,916	40,025
합계	15,732,614	49,798,781	15,536,861	47,957,160

다수의 업종 담당 애널리스트가 커버하는 중·소형 종목이 유망하다

스몰캡중·소형주의 경우 특별히 투자가 유망하다고 확신이 서면 업종 담당 애널리스트가 정식으로 커버하는 경향이 있다.

예를 들어 글로벌 기업인 삼성전자와 SK하이닉스를 커버하는 반도체 담당 애널리스트가 반도체장비회사를 정식으로 커버를 시작하는 리포트를 발간했다. 그렇다면 일반투자자들은 해당 종목에 관심을 가지기 시작해야 한다. 애널리스트 스스로가 해당 기업의 성장을 확신하고 있기 때문이다.

그리고 커버하고 있는 반도체업종 담당 애널리스트가 많을수록, 해당 기업은 경쟁력을 충분히 가지고 있다고 판단할 수 있다.

우리는 한경컨센서스에서 반도체장비회사 중 애널리스트 리포트가 상대적으로 많이 나오는 회사를 충분히 찾아낼 수 있다.

대부분 증권사는 리서치 조직 내에 중·소형 주식을 전담하는 스몰캡 팀을 따로 두어, 투자 유망 중·소형 종목을 커버하도록 하고 있다. 그리고 스몰캡 팀은 정기적으로 투자가 유망하다고 판단을 내린 여러 기업을 탐방하고 관련 리포트를 내는 경우가 많다.

〈그림 6-41〉은 어느 증권사의 스몰캡 팀이 월간 탐방한 기업들에 대한 애널리스트 리포트다. 물론 스몰캡팀에서 내는 애널리스트 리포트에 있는 종목들이, 투자가 유망하지 않다고 언급하는 것은 절대 아니다.

다만 스몰캡팀은 업종 전반에 걸쳐서 중·소형 종목들을 분석하다 보니, 특정 업종만을 담당하는 애널리스트보다는 당연히 특정 산업과 거기에 속한 기업에 대한 전문성과 분석력이 떨어질 수밖에 없다.

애널리스트 리포트에서 찾은 투자 유망 종목 사례

여기서는 애널리스트 리포트에서 찾을 수 있는 투자 유망 종목들의 사례들을 소개하고자 한다. 애널리스트 리포트를 어떻게 이해하고 분석해야 하는지 실제 사례들이다.

물론 전부 필자의 경험이며, 이러한 분석 연습을 반복하다 보면 일반투자자들도 애널리스트 리포트를 분석하는 능력을 키울 수 있다고 확신한다.

테스 : 글로벌 반도체회사가 투자를 시작하면 가장 먼저 수혜를 받는 기업

〈그림 6-42〉는 테스에 대한 어느 증권사의 2018년 12월 애널리스트 리포트 일부분이다.

〈그림 6-43〉은 테스에 대한 다른 증권사의 2018년 1월 애널리스트 리포트 일부분이다. 여러분은 두 화면에서 빨간 줄을 친 부분에서 테스에 대한 어떤 투자 힌트를 얻었는가?

그림 6-42 **테스의 애널리스트 리포트 1**

2002년 9월 설립, 2009년 상장.
주요 제품군으로는 PE-CVD, GPE(Gas Phase Etcher), OLED TFE, MOCVD 등
반도체 장비(PE-CVD): ACL(Amorphous Carbon Layer), ARC(Anti Reflection Coating)막 증착용 CVD
√ ACL는 AMAT, ARC는 TEL과 경쟁 구도
√ 3D NAND 단수 증가로 인해 식각 공정 노출 빈도 증가. ACL 장비도 비례해 수요 증가
3Q18 기준 주요 고객은 삼성전자(52%), SK하이닉스(40%), 기타(8%) 순
중화향 OLED Encapsulation, UVLED 공정용 MOCVD등 사업 다각화 진행 중

그림 6-43 **테스의 애널리스트 리포트 2**

테스: 반도체 장비 수주로 2018년 상반기 중 분기 매출이 사상 최대 수준 달성 가능성 높아짐
테스는 연초 이후 3건 (SK하이닉스 135억원, 삼성전자 134억원, 삼성전자 223억원)의 반도체 장비 수주를 공시했으며 주요 고객사들이 상반기에 DRAM 시설투자를 적극 전개할 것으로 전망되어, 당사의 기존 예상과 달리 테스의 매출이 1분기 또는 2분기 중에 사상 최대 수준 (1,000억원 이상)을 달성할 가능성이 높아지고 있음. 동사의 매출 인식 기준이 '진행 기준'에서 '인도 기준'으로 변경되더라도 동사가 분기 기준 사상 최대 매출을 달성하는 데 무리 없을 것으로 판단

위의 두 리포트를 종합 정리하면, 전체 매출의 90% 이상이 삼성전자와 SK하이닉스에서 발생하고 있다. 또한 3D NAND 식각공정에도 장비가 사용되고 있고, DRAM에도 장비가 사용되고 있다는 것을 알 수 있다.

|||||||||||||||||||||||||||||||||||||||||||| **주요 매출처** ||||||||||||||||||||||||||||||||||||||||||||

업체명	2018년 3분기 매출 비중	비고
SK하이닉스	40%	SK하이닉스 중국법인 및 SK하이닉스시스템IC 포함
삼성전자	52%	삼성전자 중국법인 포함
기타	8%	–
합계	100%	–

전자공시 시스템에 있는 테스의 2018년 3분기보고서 사업 내용 중 일부분을 표로 정리했다. 삼성전자와 SK하이닉스가 매출의 90% 이상인 것을 실제로 확인할 수 있다.

반도체업종은 다소간의 부침은 있어도 IT기술이 퇴보하지 않는 이상 지속적으로 성장하는 산업이다. 인공지능, 빅데이터 처리, 가상현실, 자율주행 등등 산업의 기술이 발전할수록 반도체 칩은 더 많이 필요하다. 그에 따라 칩 자체도 점점 더 고사양화를 요구한다. 반도체산업의 특징을 제대로 이해하고 있으면, 반도체 경기 둔화에 대한 우려로 관련 기업들의 주가가 급락하는 상황이 아주 좋은 매수 기회인 것이다.

애널리스트 리포트를 제대로 분석한다면, 우리는 반도체장비회사인 테스가 삼성전자와 SK하이닉스에 모두 장비를 납품하는 회사라는 것을 알 수 있다.

삼성전자나 SK하이닉스는 자기 회사의 반도체 투자 계획이 외부로 알려지는 것을 극도로 꺼린다. 따라서 자신과 거래하는 장비회사가 경쟁관계에 있는 회사에 동시에 납품하는 것을 원치 않는다. 실제로 국내의 많은 반도체장비회사들은 삼성전자 혹은 SK하이닉스 한 회사와만 거래관계를 유지하고 있다.

이러한 국내 반도체업계의 상황에도 불구하고 삼성전자와 SK하이닉스에 동시에 반도체장비를 납품하고 있다는 사실은 테스의 반도체장비 경쟁력을 간접적으로 보여주는 것이다. 또한 테스가 메모리와 NAND장비 모두 납품이 가능한 회사라는 것을 알 수 있다.

정리하자면 글로벌 반도체시장을 선도하고 있는 삼성전자와 SK하이닉스 기업 중 누가 먼저 생산 설비투자를 시작하든, 그리고 메모리 쪽 투자든 NAND 쪽 투자든 그 어느 기업보다도 우선적으로 수혜를 받는 기업이라고 분석할 수 있다.

테크윙 : 비메모리 전장용 반도체 테스트시장 진출 가능성 및 자회사 실적 회복 가능성

〈그림 6-44〉는 테크윙에 대한 2019년 2월 나온 애널리스트 리포트 일부분이다. 커버리지 개시로 새롭게 분석을 시작하는 리포트다.

리포트 내용을 보면 메모리 테스트 핸들러 글로벌 1위업체로 삼성전

그림 6-44 테크윙의 애널리스트 리포트 1

메모리 테스트 핸들러 전문 기업

테크윙은 메모리 테스트 핸들러 글로벌 1위 업체로 시장 점유율 약 60% 수준을 차지하고 있으며 주요 고객은 삼성전자를 제외한 SK하이닉스, 마이크론, 도시바, 샌디스크 등 다양하다. 2011년 메모리 핸들러 매출 비중이 80% 이상으로 절대적이었으나, 이후 비메모리 및 모듈, SSD 등으로 신규 사업을 진출한 결과 2017년 기준 메모리 핸들러 매출 비중은 50% 이하로 감소하고 사업 다각화에 성공하였다. 이외에도 인터페이스 보드, C.O.K 등 관련 파츠 매출 비중이 30%에 육박하며 안정적인 매출 규모를 유지하고 있다. 향후 비메모리 핸들러 및 공정 자동화 향 매출 확대가 기대된다.

2019년 실적 성장

테크윙은 2018년 생각보다 빠른 NAND 공급 과잉 진입에 따른 NAND 투자 감소와 자회사 부진 이슈로 매출액 1,957억원(-12.1%), 영업이익 286억원(-31.1%)으로 역성장이 불가피할 전망이다. 반면 2019년에는 매출액 2,134억원(+9.0%), 영업이익 386억원(+34.9%)으로 실적 반등이 기대된다. SK하이닉스의 M15 및 미뤄졌던 도시바, 마이크론 등이 NAND 후공정 투자 일부를 재개할 전망이기 때문이다. 또한 비메모리 핸들러 경쟁사의 구조 변화에 따른 비메모리 핸들러 매출 확대와 자회사 이엔씨테크놀로지의 실적 회복도 기대된다.

투자의견 매수, 목표주가 12,000원으로 커버리지 개시

동사에 대해 투자의견 매수와 목표주가 12,000원으로 커버리지를 개시한다. 동사는 2018년 NAND 업황 부진 및 자회사 손실 이슈로 실적이 부진하면서 주가는 고점대비 약 62.1% 수준 급락하였다. 반면 2019년 비메모리 핸들러 시장 진입에 따른 실적 반등이 기대되는 상황에서 동사의 PER은 5.9배(2019년 추정치) 수준으로 밸류에이션 매력도 충분하다. 이에 현 주가에서 동사에 대해 매수 추천한다.

자를 제외한 시장 점유율이 60%인 업체라고 적혀 있다. 비메모리 핸들러 경쟁사의 구조 변화에 따른 비메모리 핸들러 매출 확대와 자회사 이엔씨테크놀로지의 실적 회복도 기대가 된다는 내용이다.

〈그림 6-45〉는 테크윙에 대한 다른 증권사의 2019년 1월 애널리스트 리포트 일부분이다. 자회사인 이엔씨테크놀로지가 어떤 회사인지 우리는 파악이 가능하다.

이제 위의 두 리포트를 종합해서 분석해보자.

그림 6-45 **테크윙의 애널리스트 리포트 2**

19년 **성장의 Key는 OLED, 자회사 매출액 330억원(+239% YoY) 기대**
2019년 자회사 이엔씨테크놀로지(지분율 56.9%, OLED) 성장에 주목할 만하
다. 주요 제품은 디스플레이 패널 외관 검사 장비다. 고객사 설비 투자 지연으
로 2018년 매출액 97억원(-74% YoY)으로 부진했다. 2019년 고객사 디스플
레이 검사 장비 투자 확대시 자회사 매출액 330억원(+239% YoY)이 전망된
다.

테크윙의 메모리 테스트 핸들러시장 점유율이 삼성전자를 제외하고
60%라는 이야기는 삼성전자를 제외한 전 세계 모든 메모리 반도체회
사에 테스트 핸들러를 납품하고 있다는 이야기다. 글로벌 메모리 반도
체 시장의 삼성전자 시장 점유율이 40% 수준이기 때문이다. 즉 기술
력이 아주 뛰어난 회사이며 메모리 반도체시장이 회복되면 당연히 수
혜를 받는 기업이다.

비메모리 핸들러 경쟁사의 구조 변화에 대한 구체적인 설명은 없었
다. 이런 부분은 일반투자자들이 테크윙 종목에 투자하기로 결정했다
면, 절대로 그냥 지나쳐서는 안 되는 부분이나. 어떤 변화가 생겨서 비메
모리 핸들러 매출 확대가 기대되는지 반드시 확인해야 하는 부분이다.

필자가 추천하는 방법은 회사에 직접 전화를 걸어 확인하는 것이다.
그것이 가장 빠른 방법이다. 필자는 위의 리포트가 나오기 이전부터 주
기적으로 테크윙회사에 전화를 해왔고 이미 알고 있는 내용이다.

필자는 테크윙의 주식 IR 담당자와 전화통화를 할 당시 비메모리 핸
들러 매출이 언제쯤 확대될 것으로 예상하는지 질문한 적이 있었고,
2019년 하반기부터 매출 확대를 기대한다는 답변을 받았다. 왜 그렇게

전망하는지 다시 질문했고, 주식 IR 담당자는 자동차용 비메모리반도체 테스트 핸들러는 기존에 글로벌 메이저 2개 회사가 양분하고 있어서 테크윙이 진입하기가 쉽지 않은 상황이었다고 대답했다.

즉 메이저 2개 회사를 벤더로 두고 있는 주요 고객사들이 테크윙을 벤더로 추가할 필요성을 느끼지 못하고 있었다. 물론 3개의 벤더를 사용하는 것이 고객사 입장에서는 벤더의 납품 불가한 리스크를 더 충분히 피해 갈 수 있다. 하지만 기존의 2개 메이저 비메모리 핸들러장비회사를 벤더로 두어도 아무 문제가 없는 상황이었다.

그러나 2018년에 두 회사가 합병해서 하나의 회사가 되었고, 이제는 기술력이 뛰어난 테크윙을 벤더로 필요로 하는 상황이 되었다고 주식 IR 담당자가 전해줬다. 이는 충분히 설득력 있는 설명이었고, 필자는 2019년 비메모리 핸들러 매출이 확대될 가능성이 아주 높다고 판단을 내렸다. 자회사는 테크윙이 몇 해 전에 인수한 OLED 검사장비회사이며, 올해 삼성디스플레이의 투자가 확대되면 당연히 수혜를 입는 상황이다.

위의 두 애널리스트 리포트 분석을 토대로 우리는 다음과 같은 결론을 내릴 수 있다. 테크윙을 사야 하는 이유는 크게 3가지다.

삼성전자를 제외한 전 세계 모든 메모리 반도체회사가 고객이라서 반도체 경기가 회복되면 수혜를 입으며, 2019년 하반기부터는 비메모리 핸들러 매출이 본격적으로 발생할 가능성이 높다. 또한 OLED시장이 회복된다면 자회사 실적도 추가로 개선된다.

서흥 : 진입 장벽과 인건비 비중이 높은 회사

〈그림 6-46〉은 서흥에 대한 어느 증권사의 2014년 애널리스트 리포트 일부분이다. 상당히 시간이 지난 리포트를 인용하는 이유는 최근에 리포트가 나오지 않았기 때문이다. 그 주된 이유는 매출과 영업이익의 증가가 기대에 미치지 못하면서 지난 2~3년간 주가가 6만 원대에서 2만 원대로 지속적으로 하락한 영향이 가장 컸다.

〈그림 6-47〉은 서흥에 대한 다른 증권사의 2014년 애널리스트 리포트 일부분이다. 위의 두 리포트를 통해서 우리는 서흥이 국내 유일의 의약품용 하드캡슐 제조업체이며, 국내 95% 이상의 점유율과 글로벌 3위업체이며, 베트남에서 생산 설비 능력을 계속 확장시키고 있다는 사실을 알 수 있다.

하드캡슐 제조는 초기에 대규모 설비투자가 필요하며, 하드캡슐 판매 단가가 워낙 낮아서 투자 회수 기간이 장기간 소요되는 특징이 있다는 설명이다. 이는 진입 장벽을 높이는 아주 중요한 요인이다. 하드캡슐 제조시장에 진입하려는 기업은 초기 몇 년간은 대규모 적자를 감수해야 한다.

또한 제약회사 입장에서는 매출원가에서 아주 미미한 부분을 차지하는 하드캡슐의 비용을 아끼고자, 다른 기업으로 하드캡슐의 공급을 바꿀 이유도 거의 없다. 오랜 기간 서흥이 하드캡슐을 생산해오는 동안 여타 기업의 시장 진입이 없었다. 다른 기업들이 진입할 거였으면 이미 진입했어야 했다. 즉 진입 장벽이 높으며, 안정적인 매출이 가능한 기업이다.

애널리스트 리포트 200% 활용법

그림 6-46 서흥의 애널리스트 리포트 1

기업개요

- 국내 유일, 글로벌 3위(MS 7~8%) 의약품용 하드캡슐 및 건강기능식품용 소프트캡슐 제조업체 주력 사업부인 하드캡슐 제조는 대규모 라인투자가 필요하며 투자회수기간이 장기간 소요되는 산업으로 서흥은 연 300억개 하드캡슐을 생산할 수 있는 글로벌 3위 업체
- 매출비중 하드캡슐 37%, 의약품 및 건강기능 식품 51%(이익은 하드캡슐이 60~70% 차지)

3분기 preview: 전년동기대비 영업이익 64% 증가 전망

- 3분기 매출액, 영업이익은 +7.8%, +64.4% yoy 증가한 748억원, 89억원 전망
- 휴가에 따른 영업일수 감소로 전분기대비 하드캡슐 사업부 매출 감소가 예상되지만, F&P사업부 매출 증가 및 이익 증가가 예상됨
- 2013년 하반기 공장 이전에 따른 비용 증가로 영업이익 base가 낮기 때문에 3분기, 4분기 영업이익 성장률은 +64.4%, +57.8%yoy에 달할 것으로 예상함

4분기 전망: 전년동기대비 영업이익 58% 증가 전망

- 4분기 매출액, 영업이익은 +15.7%, +57.8% yoy 증가한 779억원, 90억원 전망
- 웰빙 열풍과 고령화 사회 진입에 따라 건강기능식품 사업부 매출 성장이 지속되고 있으며, 원가개선 작업에 따른 마진 개선도 기대됨
- 베트남 법인의 가동률이 높게 유지 되고 있기 때문에 2015년 증설에 따른 성장 기대감은 점차 확대되고 있음

그림 6-47 서흥의 애널리스트 리포트 2

- 동사의 경쟁력은 ①사업초기 시장선점을 바탕으로 국내 유일의 하드캡셀 아웃소싱 제조업체로서 95% 이상 M/S를 확보하고 있음. 또한 ②21C 성장산업분야인 의약품과 건강기능성식품 부분에서 아웃소싱과 관련 시장 지배력을 확대 중이며, 최근 ③화장품 분야까지 영역을 확대하고 있다는 점에서 성장성이 높다는 점

여기에 더해서 필자는 서흥의 비용을 추가로 분석했다. 투자하고자 하는 기업의 비용을 분석하는 일은 아주 중요하다. 필자는 기본적으로 기업의 비용 구조를 분석하면서 투자 아이디어를 얻는다.

〈그림 6-48〉은 서흥의 2018년 3분기 연결재무제표 주석란에 나와 있

는 비용 분류다. 서흥은 다른 어느 기업보다도 아주 자세히 기업의 비용을 분류해서 공시하고 있다. 전체 비용 중 원재료와 소모품의 비중이 가장 높다. 원재료의 가격 동향은 표에서 확인이 가능하다.

서흥의 비용 구조 중 눈에 띄는 부분은 바로 인건비다. 2018년 3분기 전체 인건비는 130억 원에 이르며, 전체 비용 중 거의 15%에 이른다. 즉 고정비인 인건비 비중이 높은 기업이다. 서흥의 분기별 영업이익은 평균 80~100억 원 내외다. 인건비의 변동 요인이 발생하면 기업이익에 유의미한 변화를 충분히 가져다줄 수 있는 기업이다.

그림 6-48 **서흥의 연결재무제표 주석란에서 비용의 분류**

비용의 성격별 분류는 다음과 같습니다.

(단위:천원)

구 분	당분기		전분기	
	3개월	누적	3개월	누적
[매출원가]				
상품·제품·재공품의 변동	(2,612,346)	9,455,403	4,225,093	9,429,665
원재료와 소모품의 사용	36,436,848	137,068,236	44,867,968	143,005,977
종업원급여	8,834,044	31,490,291	11,378,917	32,828,866
감가상각비 및 기타상각비	6,341,335	18,526,743	5,950,941	17,438,392
기타비용	27,747,906	43,057,515	5,007,254	12,467,498
소 계	76,747,787	239,598,188	71,430,173	215,170,398
[판매비와관리비]				
종업원급여, 복리후생비	3,136,991	8,806,014	2,720,979	8,057,506
감가상각비 및 기타상각비	306,432	894,598	262,198	744,909
수출비용	2,421,748	6,927,819	2,597,906	7,381,404
기타비용	2,848,973	8,056,367	2,114,711	6,623,003
소 계	8,714,144	24,684,798	7,695,794	22,806,822
[연구개발비]				
종업원급여, 복리후생비	757,413	2,119,900	638,822	1,806,600
감가상각비 및 기타상각비	74,424	221,997	86,654	257,022
기타비용	462,839	987,913	282,524	978,731
소 계	1,294,676	3,329,810	1,008,000	3,042,353
합 계	86,756,607	267,612,796	80,133,967	241,019,573

애널리스트 리포트 200% 활용법

주요 원료	구분	제46기 3분기	제45기	제44기
젤라틴	국내	9,622	9,876	9,765
	수입	7,136	7,162	7,505
하이드	국내	166	197	276

서홍의 2018년 3분기 연결재무제표 주석란에 나와 있는 원재료 가격 동향을 표로 정리했다. 지난 3년간 원재료 가격은 거의 변동이 없었다. 즉 서홍의 비용 중 변동비인 원재료 비중이 높기는 하나 아주 안정적으로 움직이기에, 원재료의 가격 변동에 따른 기업이익 변동 가능성은 거의 없다.

서홍을 종합적으로 분석하면 다음과 같은 결론을 내릴 수 있다. 아주 안정적으로 매출이 발생하는 기업으로 경쟁기업의 진입을 걱정할 필요가 없고, 인건비에 변화가 생기면 영업이익도 의미 있게 변하는 기업이다. 즉 쉬는 날이 많을수록 기업이익에 불리한 특징을 가지고 있다.

특히 설이나 추석 연휴가 길면 길수록 인건비와 상여금이 영업이익에 유의미한 영향을 미칠 수 있는 기업이다. 설 연휴는 매년 1분기에 속해있다. 그리고 추석 연휴는 매년 9월 아니면 10월이다. 2018년에는 9월에 추석 연휴가 있었다. 그러나 2017년에는 10월에 무려 9일간 추석 연휴였다. 즉 추석 연휴의 영향으로 2018년 4분기는 YoY전년 동기 대비 매출과 영업이익이 유의미하게 증가할 가능성이 높다고 판단을 내릴 수 있다.

사실 '이렇게까지 자세히 기업을 분석할 능력이 생길까' 하는 생각이 드는 독자가 있을 듯하다. 기술적 차트 분석 서적 대신 애널리스트 리포트와 전자공시 시스템에 나와 있는 기업 실적보고서를 열심히 읽는다면, 여러분도 필자와 같은 기업 분석 능력을 충분히 키울 수 있다고 확신한다.

아이센스 : 기업의 실적을 한 단계 점프시켜줄 연속혈당측정기

〈그림 6-49〉는 아이센스에 대한 어느 증권사의 2019년 1월 애널리스트 리포트 일부분이다. 혈당측정기 및 소모품인 혈당스트립을 주로 생산하는 기업이다. 글로벌 4개사가 과점적인 지위를 누리고 있는 글로벌 혈당측정기시장에서 아이센스의 시장 점유율은 2%가 되지 않는 미미한 수준이다.

아이센스의 비용 구조를 파악하면 연속혈당측정기시장 진출이 얼마나 중요한 터닝포인트가 되는지 알 수 있다.

〈그림 6-50〉은 아이센스에 대한 2018년 3분기 분기보고서 연결재무제표 주석란에 있는 비용의 성격별 분류 내용이다. 2018년 3분기까지 총비용인 1,072억 원 중 297억 원이 원재료 비용이고, 349억 원이 인건비다. 원재료 비용과 인건비 비중이 전체 비용의 60% 이상이다.

아이센스의 2016년 이후 주요 원재료의 가격 추이를 표로 정리했다. 대부분 상장회사들의 원재료 가격 추이는 전자공시 시스템의 분기보고서 사업 내용에서 찾아볼 수 있다.

아이센스의 원재료 가격은 거의 변동이 없는 것을 알 수 있다. 즉 원

애널리스트 리포드 200% 활용법

재료 역시 인건비처럼 거의 고정적으로 들어가고 있다. 따라서 현재 3개의 회사가 독점하고 있으며, 2조 원 규모로 조만간 확대될 연속혈당측정기시장 진출은 아이센스의 실적과 주가를 한 단계가 아닌 두세 단

그림 6-49 **아이센스의 애널리스트 리포트**

연속혈당측정기로 퀀텀 점프

개요: '00년에 설립된 아이센스는 첨단 바이오센서 기술을 기반으로 한 혈당측정기 제조사다. 혈당 관련 매출 비중이 91%, 현장진단기기(POCT) 매출이 9%다.

> **투자포인트:** '20년 상반기에 출시할 연속혈당측정기가 핵심 성장동력이다. '17년 기준 총 8.5조원인 혈당측정 시장에서 연속혈당측정은 1.3조원 규모지만, 빠르게 자가혈당측정 시장을 잠식하며 곧 2조원을 돌파한다. 아이센스는 '19년 상반기에 양산을 마치고 하반기에 임상을 마친 후, '20년 상반기에 한국과 뉴질랜드 시장에 제품을 출시할 계획이다. 연속혈당측정기는 채혈로 인한 번거로움과 통증을 덜어주는 무채혈 방식으로, 중증 환자들이 선호한다. 사용시간을 고려한 평균ASP는 자가혈당측정기 대비 약 세 배 이상이다. 단 세 개 회사가 전 세계 독점하고 있는 시장이며, '17년 이후 신규 진입자가 없을 만큼 진입장벽이 높다.

의견: 연속혈당측정 시장의 잠재 성장력이 매우 커 현재는 장기투자로 접근하기 좋다. 자가혈당측정 시장 성장이 멈췄음에도 불구하고 아이센스가 10% 매출 증가를 이어가고 있는 점은 인상적이다. '19년 예상 PER은 약 18~19배다.

그림 6-50 **아이센스의 연결재무제표 주석란에서 비용 분류**

(단위:천원)

구 분	2018년 3분기		2017년 3분기	
	3개월	누적	3개월	누적
재고자산의 변동	(857,574)	(1,672,485)	(218,049)	(225,382)
원재료 사용	11,554,693	29,692,132	11,918,329	32,180,307
상품의 매입	1,923,122	3,807,106	453,955	1,023,071
종업원급여	12,597,811	34,909,607	11,111,380	32,156,710
광고선전비	383,611	1,197,458	911,632	1,268,497
운반비	155,397	501,398	181,506	433,075
지급수수료	3,395,999	7,786,193	1,525,897	5,125,134
감가상각비와 투자부동산상각비 (주석8)	1,704,324	4,843,826	1,459,492	4,380,866
무형자산상각비 (주석9)	368,152	1,086,956	625,381	1,807,442
기타	7,061,009	25,105,843	7,238,584	19,421,926
매출원가 및 판매관리비 합계	38,286,544	107,258,034	35,208,107	97,571,646

계 올려줄 절호의 기회가 될 것이다.

이처럼 우리는 애널리스트 리포트와 전자공시 시스템의 기업 실적보고서를 잘 활용하면 충분히 좋은 회사를 선별해서 수익을 낼 기회가 언제든지 있는 것이다.

(단위 : 원)

구분	제19기 3분기	제18기	제17기
양면 TAPE	808	804	809
MCU	1,309	1,192	1,438
Carbon Paste	198,290	208,028	210,057
Flip-top vial	170	183	182
PET 하판	414	410	396
PSA	1,116	1,150	1,217
IR Sensor	516	580	603

실전 투자 사례

20년 이상 증권업에 몸담고 있으면서 아무리 좋은 투자 이론이라도 실전 투자에 적용하기 어렵다면, 그 의미가 전혀 없다고 생각한다. 따라서 필자는 증권 서적을 출간할 때마다 실전 투자에 적용한 실제 사례도 첨부해왔다.

마지막으로 'Chapter 6'에서 설명한 애널리스트 리포트를 이용해 투자 유망 종목을 찾고, 그것을 실전 투자에 적용한 실제 사례를 소개한다.

그림 6-51 **어느 투자자의 동성화학과 서흥 보유 현황**

구분	종목코드	보유수량	미결제매도수량	정산수량	현재가	평가금액	평가손익
통화코드	종목명	주문가능량	미결제매수수량	매입금액	매입평균가	융자/대주매각대금	평가수익율(%)
현금	A005190	3,500		3,500	14,400	50,400,000	5,774,260
	동성화학	3,500		44,625,740	12,750		12.93%
현금	A008490	1,500		1,500	25,950	38,925,000	2,708,770
	서흥	1,500		36,216,230	24,144		7.47%

〈그림 6-51〉은 어느 고객에게 매수해준 동성화학과 서흥의 보유 현황이다. 동성화학은 원재료 가격 하락에 따른 기업 실적 개선 예상으로 2018년 3분기 실적이 발표되기 전에 매수해드렸으며, 2019년에는 국제 유가 하락에 따른 이익 개선이 본격화될 것으로 예상되어 아직 보유 중이다.

서흥 종목도 실적에 비해서 과도하게 하락해서 매수해드렸다. 서흥은 2년 이상 장기 보유해드릴 예정이다. 다른 기업의 진입이 어려운 시장 구조이며, 베트남을 중심으로 동남아 시장이 현재보다는 더 확대될 것으로 예상하기 때문이다.

소득수준이 올라가면 당연히 의료비 지출은 증가할 것이고, 서흥의 매출도 연동되어 증가할 것이다.

〈그림 6-52〉는 다른 고객의 주식계좌 잔고 현황이다. 서흥을 매수해드린 이유는 이미 설명했고, S-Oil을 매수해드린 이유는 더는 국제 유가가 추가적으로 급락하는 일은 없을 것이라는 판단과 최근 애널리스트 리포트를 읽고 결정했다.

〈그림 6-53〉은 2019년 2월 15일에 나온 산업 리포트의 일부분이다.

그림 6-52 어느 투자자의 주식계좌 잔고 현황

구분	종목코드	보유수량	미결제매도수량	정산수량	현재가	평가금액	평가손익
통화코드	종목명	주문가능량	미결제매수수량	매입금액	매입평균가	융자/대주매각대금	평가수익율(%)
현금	A008490	500		500	26,050	13,025,000	462,840
	서흥	500		12,562,160	25,124		3.68%
현금	A010950	250		250	101,000	25,250,000	226,180
	S-Oil	250		25,023,820	100,095		0.90%
현금	A089030	4,000		4,000	11,500	46,000,000	9,915,710
	테크윙	4,000		36,084,290	9,021		27.47%
현금	A095610	4,000		4,000	16,000	64,000,000	15,786,430
	테스	4,000		48,213,570	12,053		32.74%
합계						148,275,000	26,391,160
				121,883,840			21.65%

그림 6-53 국제 유가 하락으로 미국 정유사 가동률이 급락했다는 산업 리포트

미 정유사 가동률 급락. 베네수엘라 원유 수입 금지 영향 가능성. 중질유 수급 타이트
지난주 미국 정유사 가동률은 전주대비 4.8%p 급락한 85.9%를 기록했다. 지난 2017년 10월 이후 가장 낮은 가동률을 기록했으며, 과거 비슷한 기간과 비교하더라도 상당히 낮은 수준이다. 미국 정유사 정제 처리량(Crude Run) 역시 전주대비 865KBPD 급락했다.

국제 유가 하락으로 미국 정유사의 가동률이 급락했다는 소식이다.

〈그림 6-54〉는 같은 산업 리포트에 나온 미국 정유사들의 연도별 가동률 차트다. 2019년에 들어와서 80%대까지 가동률이 하락하고 있는 것을 볼 수 있다. 전통적으로 미국 정유사들의 가동률 하락은 정유회사들의 마진 개선으로 이어져 왔다.

따라서 필자는 국제 유가가 하락이 멈추고 미국 정유사들의 가동률이 급락해서 매수 적기라는 판단으로 S-Oil을 매수한 것이다.

〈그림 6-55〉는 2019년 3월 7일 산업 리포트 일부분이다. 미국 정유회사들의 가동률이 급락했다는 뉴스가 나온 지 20여 일 만에 정제 마

진이 개선되고 있다는 뉴스다. 이렇듯 애널리스트 리포트를 우리는 실전 투자에 유용하게 이용할 수 있다.

테크윙과 테스의 투자 포인트에 대해서는 이미 앞에서 설명한 관계로 추가 설명은 생략하겠다. 2018년 하반기 이후 반도체장비회사들의 주가는 급락하면서 반도체 경기 악화를 충분히 반영했다고 판단을 내리

그림 6-54 **미국 정유사들의 연도별 가동률**

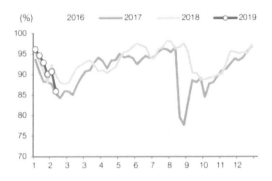

그림 6-55 **가동률 조절에 따른 정제 마진이 개선되고 있다는 산업 리포트**

[정유] 가동률 조절에 따른 정제 마진 개선 지속 전망, Top Pick S-Oil

가동률 조절에 따른 정제 마진 개선 지속 전망: 크게 둔화되었던 정제 마진은 휘발유를 중심으로 회복되고 있다. 마진 수준이 지나치게 낮아 가동률 조절로 공급이 축소되고 있는 것으로 추정된다. 마진이 정상 수준으로 개선될 때까지 회복세가 지속될 가능성이 높아 보인다.

19년 중반 이후 IMO 수혜 기대, Top Pick S-Oil: 최근 연료유 마진 강세로 IMO 규제 기대감이 약화되었으나, 현재 시황에서 규제가 예정대로 시행될 경우 연료유 마진 둔화, 등경유 마진 강세가 불가피할 것으로 예상된다. 정제 마진 개선 시 순수 정유 업체이자 이미 고도화 설비가 완공된 S-Oil의 수혜 폭이 클 것으로 예상된다.

고, 반도체장비업체 중 경쟁력이 높은 회사라고 판단한 두 종목을 매수해드린 것이다.

필자는 고객에게 매수해준 실제 거래 내역을 보여줌으로써 일반투자자들도 애널리스트 리포트를 분석해서 충분히 투자 유망 종목을 고를 수 있다는 사실을 확인시켜주고 싶었다.

주식 고수들처럼 30분 만에 재무제표 숫자 사이,
'핵심을 꿰뚫어본다!'

김대욱 지음 | 신국판 | 248쪽 | 값 17,000원

재무상태표, 손익계산서, 현금흐름표는
기업의 의도가 다분히 반영된 결과만을 말해주지만,
그 이전의 숨겨진 행간을 읽어야 한다.
즉 재무제표 계정 간의 관계와 숫자적 변화의 의미를 파악해야 한다는 것이다.

그래서 재무제표 분석에서 '취해야 할 것과 버려도 될 것'을 구분해,
실전투자에 바로 활용할 수 있도록 했다.

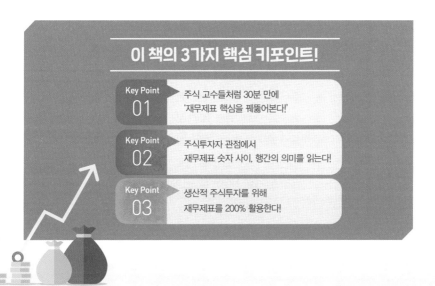

이 책의 3가지 핵심 키포인트!

Key Point 01
주식 고수들처럼 30분 만에
'재무제표 핵심을 꿰뚫어본다!'

Key Point 02
주식투자자 관점에서
재무제표 숫자 사이, 행간의 의미를 읽는다!

Key Point 03
생산적 주식투자를 위해
재무제표를 200% 활용한다!